Boskie zwierzęta

SZYMON
HOŁOWNIA

Boskie zwierzęta

Wydawnictwo Znak
Kraków 2018

Projekt okładki
Adam Gutkowski

Opieka redakcyjna
Kinga Janas

Adiustacja
Katarzyna Węglarczyk

Korekta
Barbara Gąsiorowska

Łamanie
Dariusz Ziach

ISBN 978-83-240-5449-7

znak

Książki z dobrej strony: www.znak.com.pl
Więcej o naszych autorach i książkach: www.wydawnictwoznak.pl
Społeczny Instytut Wydawniczy Znak, 30-105 Kraków, ul. Kościuszki 37
Dział sprzedaży: tel. (12) 61 99 569, e-mail: czytelnicy@znak.com.pl
Wydanie I, 2018. Printed in EU

Mojej ukochanej córce
Marii Franciszce,
której bardzo chciałbym zostawić
choć trochę lepszy świat

„Niesiesz, Panie, ocalenie ludziom i zwierzętom"

(Ps 36, 7c)

WSTĘP

Czyli uprzejma prośba do czytelników, jeszcze zanim się rozkręcę

Doskonale wiem, że za tę książkę po łbie dostanę od wszystkich. W pierwszej kolejności od święcących ubojnie biskupów, adorujących lisie truchła księży myśliwych oraz tych, którzy z lektury Pisma zapamiętali wyłącznie to jedno słynne zdanie: „czyńcie sobie ziemię poddaną", a w których przekonaniu Jezus wyłącznie przez niedopatrzenie (albo spisek starożytnych wegetarian) w *Modlitwie Pańskiej* we frazie „chleba naszego powszedniego" nie dodał: „i wędliny". Tych dwóch słów, tak drogich naszemu sercu, że przecież to niemożliwe, by nie były też bliskie Jemu (wiadomo przecież, że z faktu, iż Bóg nas stworzył na swój obraz i podobieństwo, wynika nasze prawo do odwdzięczenia Mu się tym samym). Mięsożerstwo, ten smaczny dowód szczególnej ontycznej pozycji człowieka, to wszak jeden z głównych artykułów naszej wiary.

Łomot spuszczą mi też pewnie za nią środowiska radykalnych obrońców praw zwierząt, najpierw jak zwykle każąc mi się tłumaczyć ze wszystkich głupot wypisywanych obecnie przez tak zwanych konserwatywnych publicystów, a następnie wyzywając, również jak zwykle, od mięczaków, hipokrytów i morderców – bo przecież choć parę lat temu udało mi się ostatecznie pożegnać się z jedzeniem mięsa kur, świń, krów, owiec, jeleni i antylop, to wciąż jem ryby (jak również krewetki, odkąd kolega Marcin Prokop przyrządził mi je kiedyś w sosie cytrynowym podczas romantycznego kawalerskiego wieczoru), a także jajka i sery. Tak jak dla pierwszych będę więc lewackim oszołomem (wiadomo, każdy „ekolog" jest jak arbuz: z wierzchu zielony, w środku czerwony jak serce Lenina), tak dla drugich – „miękką fajką" siedzącą okrakiem na barykadzie, gatunkowym szowinistą *etc*.

W tej książce spróbuję się zmierzyć z argumentami i jednych, i drugich (nie ukrywając, do których mi bliżej i dlaczego). Jednak zanim jeszcze odpalę publicystyczne race i wyłożę, po co w ogóle zdecydowałem się zaczernić znów tyle papieru, chciałbym prosić czytelników o kredyt zaufania, o odrobinę cierpliwości.

Tych, co czytają na wyrywki, zachęcam, by przejrzeli tytuły rozdziałów. Wybierzcie to, co was interesuje, resztę spokojnie odrzućcie. Do tych, co czytają po kolei, apel: wytrzymajcie. Na początku tej książki – zwłaszcza w rozdziale drugim, traktującym o tym, czy zwierzęta mają duszę, czy pójdą do nieba i za kogo je w ogóle uważać – jest nieco teorii. Być może ktoś uzna ją za nudną, niemniej w mojej ocenie jest potrzebna. Bo łatwo byłoby po raz kolejny utyskiwać, że ludzie są straszni dla zwierząt (i przyrody w ogóle), warto jednak spróbować ustalić, co legło u podstaw takiej dyspozycji, co i dlaczego ludzie mają w tym zakresie w głowach (i czemu niektórzy twierdzą, że to, co w nich mają, to w dużej mierze zasługa katolicyzmu). Trzeci rozdział to *hardcore*. Ale jak nie mówić o całej tej cywilizacji śmierci, którą – w praktyce i w teorii (również, niestety, w teologii) – reszcie stworzeń (i sobie, bo tam, gdzie cierpi Ziemia, cierpią wszyscy) zafundował człowiek? Tego się nie da pudrować, o tym trzeba pisać z detalami. Dlaczego? Bo to się dzieje, a zamykanie oczu nie sprawi, że dziać się nie będzie. Tym razem proszę wrażliwców, by to wytrzymali. I doszli wraz ze mną do miejsca, od którego piszę już głównie o życiu.

Gdyby ktoś mnie dziś zapytał, o czym są *Boskie zwierzęta*, odpowiedziałbym: o tym, że zwierzęta (i cały świat) są właśnie boskie, nie ludzkie. O tak często brukanej świętości danego światu przez jego Twórcę życia. Tak, bardzo bym chciał, by ta książka dała nam wszystkim (mnie też) po głowie, ale nie po to, by nas pobitymi zostawić, ale byśmy wyśpiewali na koniec wspólny hymn na cześć życia. Bóg, w którego wierzę, jest samym czystym życiem. Jest – wybacz mi, Panie Boże – psychofanem życia! Abraham i Mojżesz jeszcze tego nie wiedzieli, my już wiemy: nie ma w Nim cienia śmierci. On codziennie, z naszą pomocą – ludzi zaproszonych przecież do współtworzenia, nie do eksterminacji – chce napełniać ten świat życiem, by ono, „rozpychające" się wszędzie, odbijało centymetr po centymetrze latyfundia śmierci.

Bóg dał swoim stworzeniom Ziemię, na której bez kłopotu zmieszczą się wszystkie, w harmonii. Nie brakuje mi dowodów na to (część będę miał szansę tu przedstawić), że problemem współczesnego świata nie jest nadmiar ludzi. Nie jest nim brak zasobów. Konflikt człowieka z przyrodą wcale nie jest nieunikniony. Ziemia może spokojnie wyżywić jeszcze drugie tyle mieszkańców. Wody i gazu też wystarczy dla wszystkich. Wilki i dziki spokojnie mogłyby żyć swoim naturalnym trybem, nie niepokojone przez tych, co przywykli okazywać miłość przyrodzie ołowiem. Na Boga – Bóg nie stworzył przecież jakiejś koślawej Ziemi! Nie oszukał nas, ukrywając w niej pułapki niedoborów. To my generujemy wszystkie jej problemy przez niesprawiedliwy podział wspólnych dóbr, przez wyniesiony pod niebiosa egotyzm, przez gatunkowy terror i towarzyszące mu opowiastki, którymi racjonalizujemy swoje złodziejstwo i przemoc, przez owe straszne wizje: „Albo przyroda, albo my. Zdecyduj się, możesz ocalić tylko jedno, co wybierzesz: naturę czy może swoje ukochane dziecko?".

Gdyby to zdanie było garnkiem, kipiąca zeń obłuda w try miga zalałaby nam kuchnię. To oczywiste, że życie mojego dziecka i życie mojego psa nie są dla mnie warte tyle samo. Uważam jednak – i wykażę – że dziś, w Europie, na obecnym etapie rozwoju mojej społeczności, jestem w stanie zupełnie spokojnie pogodzić interesy obojga. My, ludzie żyjący w dwudziestym pierwszym wieku, naprawdę możemy wyżywić naszych głodnych, wyleczyć chorych, nie zadając przy tym bólu całej reszcie stworzeń. Dziś, przy tym wszystkim, co już wiemy i mamy, nie tylko do pomyślenia, ale i do zrobienia jest Ziemia, do której współtworzenia zaprosił nas Stwórca: Ziemia, która dla każdego żyjącego, niezależnie od jego miejsca na drabinie bytów, będzie domem, nie rzeźnią, nie więzieniem.

Gdy umawialiśmy się z wydawnictwem na tę książkę, sądziliśmy, że wyjdzie z tego sympatyczny katolicki „bambizm": „piesek na mnie spojrzał tak głęboko, że pomyślałem: on musi mieć duszę". Albo – to jednak kilka pięter wyżej – coś w stylu fascynujących przyrodniczych opowieści mojego kolegi Wajraka, przerobionych na kato. Wyszedł płomienny (chyba) manifest chrześcijanina, który ma dość maszyny idącej dziś przez Ziemię i robiącej z niej piekło dla najsłabszych: i ludzi, i wszystkich innych stworzeń; dość robienia z Boga służącego ludzkich apetytów, ma za to szczerą nadzieję całość stworzenia spotkać kiedyś w niebie (gdy już odsłuży czyściec, którego reszta stworzeń odsługiwać nie będzie musiała – co też daje do myślenia).

Na bramce spodziewam się usłyszeć od Niego: w której drużynie grałeś, Szymon? Czym byłeś? Śmiercią? Czy, tak jak Ja, byłeś życiem?

„Miłujesz bowiem wszystkie byty, niczym się
nie brzydzisz, co uczyniłeś, bo gdybyś miał coś
w nienawiści, nie byłbyś tego ukształtował.
Jakże by coś trwać mogło, gdybyś Ty
tego nie chciał?"

(Mdr 11, 24–25)

„Bóg jest nie mniej Bogiem jastrzębi niż jaskółek.
Mikrobów nie mniej niż człowieka".

Austin Farrer

ROZDZIAŁ PIERWSZY

Czyli właściwie dłuższy wstęp o tym, po co to wszystko i dlaczego chrześcijanin powinien pogapić się czasem na zwierzęta, a nie tylko na obrazy czy w lustro

Najpierw należało ustalić, czy szczury, które pożarły roczne plony owsa i zostały za to pozwane przez rolników przed kościelny trybunał w Autun we Francji, powinny stanąć przed nim jako podsądni świeccy czy duchowni. Z sądem kościelnym – rozstrzygającym sprawy w imieniu samego Stwórcy – żartów nie ma, by nie zmienić go w ordynarny ludzki samosąd, lecz pozostać w kręgu boskiej jurysdykcji, należało skrupulatnie dopełnić przewidzianych przez kanonistów formalności. Mecenas Chassenée, którego sądowi oficjałowie wyznaczyli gryzoniom na obrońcę z urzędu, twardo bronił tezy, że szczury to jednak świeccy. Wszelkie stworzenia rodzą się bowiem w stanie świeckim. Wypada więc wyjść z założenia, że podsądni w nim pozostają, no chyba że ktoś dysponuje dowodem przyjęcia święceń lub złożenia zakonnych ślubów i zechce przedstawić go sądowi. Chassenée był zręcznym kauzyperdą, sroce spod ogona nie wypadł. Długo stosował wszystkie możliwe środki obstrukcji procesowej, próbując nie dopuścić do skazania klientów *in absentia*. Wykazywał na przykład, że trybunał nie może uzyskać pewności, iż rzeczywiście wszyscy zainteresowani otrzymali zawiadomienie o toczącym się postępowaniu (sąd nakazał więc odczytanie wezwania do szczurów w czasie mszy ze wszystkich ambon w prowincji). Następnie sięgnął po przepis, który zwalniał z odpowiedzialności za niestawienie się przed sądem tego, kto nie był w stanie bezpiecznie dotrzeć na posiedzenie, by bronić swoich racji (a wiedzą powszechną było, ile kotów grasuje w okolicy).

Rozstrzygnięcia procesu niestety nie zachowały się lub przynajmniej nie zostały odnalezione. Chassenée pozostawił nam jednak wydany w 1531 roku poradnik, swoisty pamiętnik z prawnych batalii stoczonych w licznych procesach, w których oskarżonymi byli nie-ludzcy mieszkańcy Ziemi. Rzecz nosi tytuł *De excommunicatione animalium insectorum* i dowodzi się w nim (na przykładach świętych usuwających z pól owady i biskupów oczyszczających swoimi pobożnymi zaklęciami jeziora z nadmiaru węgorzy), że ponieważ wszyscy wyszliśmy z ręki tego samego Stwórcy, a nie ze wszystkimi naszymi braćmi i siostrami w stworzeniu możemy się dogadać, zawsze istnieje droga odwoławcza – udanie się na skargę do Taty.

Osiągnięcia myśli prawnej francuskiego mecenasa relacjonuje Edward Payson Evans w opublikowanej w 1906 roku, a odnalezionej kiedyś przeze mnie w jakimś londyńskim antykwariacie pracy pt. *The Criminal Prosecution and Capital Punishment of Animals*. Autor, sam z lekka chyba powątpiewający w supermoce kościelnej instytucji, ze zdumieniem konstatuje, że Chassenée nie tylko wierzył, iż człowiek rzeczywiście ma prawo ekskomunikować (a precyzyjniej: przeklinać) rośliny i zwierzęta (powołując się między innymi na przykłady przeklęcia węża w ogrodzie Eden lub przeklęcia drzewa figowego przez Jezusa, który liczył na to, że skoro znalazł na nim liście, znajdzie i owoce), ale też był święcie przekonany o operacyjnej, mierzalnej skuteczności tej metody dezynsekcji czy deratyzacji.

Absurd sprzed wielu wieków? Zacznijmy od tego, że wcale nie sprzed tak wielu. Evans cytuje również prace na przykład z lat dziewięćdziesiątych dziewiętnastego stulecia, gdzie zastanawiano się nad poziomem prawnej odpowiedzialności zwierząt za akty przemocy, za jakie ludzie w identycznych okolicznościach są surowo karani. Na Bałkanach jeszcze w połowie dziewiętnastego wieku wykonywano publiczne egzekucje świń, które – żyjąc dużo bliżej ludzi niż dziś, w dobie rolnictwa przemysłowego – najczęściej gryzły małe dzieci. Przez wiele stuleci zwyczajem na naszym kontynencie było krzyżowanie pochwyconych na łupieniu trzód wilków (w Afryce Północnej robiono to samo z lwami) w przekonaniu, że wywrze to odstraszający wpływ na ich towarzyszy. W internecie można obejrzeć zdjęcia z dokonanej 13 września 1916 roku w Tennessee egzekucji (przez powieszenie na kolejowym dźwigu) słonicy Mary, która podrażniona w bolesne miejsce przez nieudacznego cyrkowego pomagiera, zrzuciła go z grzbietu i pozbawiła życia. Biedne zwierzę przeżyło pierwszą próbę wieszania, spadło z łańcucha, łamiąc sobie kości, i zmarło podczas drugiej próby, obserwowanej przez tysięczną gawiedź, w tym liczne grono dzieci.

Gdy podobna sytuacja zdarzyła się w 1994 roku – słonica Tyke występująca w cyrku w Honolulu zaatakowała w czasie pokazu swojego tresera i zabiła go, po czym uciekła z areny na ulicę – sprawczyni zginęła zastrzelona przez policję (choć to nieprecyzyjny opis: została ostrzelana, trafiona ponad sto razy, umierała przeszło dwie godziny). A skoro już jesteśmy przy „problematycznych" zwierzętach cyrkowych: w 2017 roku pewien polski cyrk postanowił pozbyć się małpki kapucynki, która sprawiała kłopoty treserom, nikogo nie zabiła, ale była zbyt aktywna i podobno agresywna. Tu wyrok miano wykonać przez uśpienie. Na szczęście weterynarz okazał się odpowiedzialnym człowiekiem i po ustaleniu, że częścią problemu były uciskające Juliana (bo takie imię dostał ów małpi samiec), wbijające się w podbrzusze szelki, zwierzę trafiło do poznańskiego zoo (polecam relacjonujący tę historię materiał na stronie internetowej TVN24).

W dwudziestym pierwszym wieku nasze sprawy ze stworzeniami, które weszły nam w szkodę, załatwiamy w taki właśnie, bardziej „cywilizowany" sposób: insekty, gryzonie trujemy, ze wszystkim od kota w górę radzimy sobie za pomocą strzelby albo śmiertelnego zastrzyku. Tylko czasem komuś puszczą nerwy i zdarza się to, co miało miejsce w lipcu 2018 roku w indonezyjskiej części wyspy Papua, gdy ponadsześćsetosobowy tłum metodycznie wyrżnął 296 będących pod ochroną aligatorów w ośrodku opieki nad nimi w dystrykcie Sorong, mszcząc się w ten sposób za zabicie ziomka, który niechcący zapuścił się na teren „sanktuarium". Ludzie podzielili się pracą: jedni wiązali krokodylom pyski, drudzy wykańczali je maczetami i szpadlami.

Najgorsze wydaje się jednak co innego.

Evans w swojej książce opisuje świat, w którym zwierzęta z całą pewnością nie miały lekkiego życia, ale niezależnie od tego, jak bardzo dla picu urządzane były te wszystkie procesy, kościelni formaliści czuli, że nie można przejść sobie, ot tak, do porządku dziennego nad porządkiem świata danym nam przez Stwórcę. Śmiech z naszych średniowiecznych przodków wlokących przed prawników świnie albo skazujących na uduszenie pszczoły, które śmiertelnie pożądliły człowieka, więźnie jakoś w gardle, gdy czyta się u niego o winiarzach z Saint-Julien. Otóż w drugiej połowie szesnastego wieku parokrotnie wnosili oni do kościelnego sądu sprawę przeciw niszczącym im uprawy insektom. Najpierw uznali, że skoro Bóg jest Panem wszystkich stworzeń, najwyraźniej chce zakomunikować coś rolnikom przez zesłanie na nich takiej plagi. W podejściu drugim postanowili zaś wyznaczyć insektom całkiem obszerną działkę, w pełni odpowiadającą ich potrzebom (co miało zostać potwierdzone inspekcją owadziej delegacji), na którą miały się przenieść, tak by i one, i ludzie mogli spokojnie realizować wyraźną instrukcję daną im przecież przez wspólnego Stwórcę: „A dla wszelkiego zwierzęcia polnego i wszelkiego ptactwa powietrznego, i dla wszystkiego, co się porusza po ziemi i ma w sobie życie, daję na pokarm wszelkie rośliny zielone" (Rdz 1, 30).

Śmiech więźnie w gardle, bo kto dziś zawracałby sobie głowę takimi korowodami? Opryskano by co trzeba i po sprawie. Czasy po rewolucji przemysłowej, ze szczególnym wskazaniem na ostatnie trochę ponad pół wieku, to dla przyrody i dla wzajemnej relacji człowieka z resztą Bożych stworzeń czas najgorszy w całej naszej wspólnej (do niedawna), liczącej wiele wieków historii. W zdewastowanym przez drugą wojnę światową zachodnim świecie zadziałał mechanizm psychologicznej kompensacji nakazujący ludzkości odreagować koszmarne „lata chude", wszyscy rzucili się więc do zaludniania Ziemi i przekształcania jej według coraz to bardziej ekspansywnych pomysłów w podręczny magazyn wszelkich dóbr.

Jasne, że i dotąd bywało różnie. W ciągu tych paru milionów lat, w których po Ziemi pałętają się przedstawiciele gatunku *homo*, i tych paruset tysięcy, kiedy ma ona zaszczyt gościć u siebie *homo sapiens* (usilnie starającego się dowieść, że nie zasługuje na drugi człon swojej nazwy), zdarzały się liczne poważne kryzysy. Jak choćby ten, gdy nasi pradziadkowie zorganizowali się na tyle, że byli w stanie wydostać się z Afryki i Eurazji i popłynąć do Australii (działo się to jakieś czterdzieści tysięcy lat temu). A z Syberii – gdy stopniały lodowce – w ciągu dwóch tysięcy lat (od około czternastu do dwunastu tysięcy lat temu) skolonizować obie Ameryki, aż do Ziemi Ognistej. W czasie tej tak zwanej rewolucji poznawczej, opisanej z właściwą mu brutalną, faktograficzną swadą przez izraelskiego pisarza Noaha Yuvala Harariego w megagłośnej książce *Sapiens. Od zwierząt do bogów*, ludzie w Australii wykończyli dwadzieścia trzy z dwudziestu czterech gatunków zwierząt o masie przekraczającej czterdzieści pięć kilogramów. W Amerykach w podobnym czasie (około dwóch tysiącleci) wybito w pień siedemdziesiąt–osiemdziesiąt procent gatunków tamtejszych wielkich ssaków: mamuty, amerykańskie wielbłądy, żyjące tam od trzydziestu milionów lat tygrysy szablozębe itd. Wszędzie – czy na Madagaskarze, skąd zniknęły lemury olbrzymie i półtonowe nieloty mamutaki, czy na wyspach Oceanii – powtarzał się ten sam schemat: zachwycająca biologiczna różnorodność, nadejście człowieka, gigantyczna eksterminacja fauny i flory i totalna dominacja *homo sapiens*. „Nie wierzmy idealistycznym ekologom przekonującym, że nasi przodkowie żyli w harmonii z przyrodą, bo żyli z nią w dysharmonii. Na długo przed rewolucją przemysłową *homo sapiens* był wśród wszystkich organizmów sprawcą wymarcia największej liczby gatunków roślin i zwierząt. Mamy wątpliwy zaszczyt bycia najbardziej morderczym gatunkiem w annałach biologii" – przekonuje Harari.

Wraz z postępem technologii usprawniliśmy co trzeba i dziś jesteśmy na najlepszej drodze, by osobiście, bez żadnej pomocy bóstw czy wściekłych Kasjopean, wyprzedzić przewidywaną dotąd na za jakieś dwa–trzy miliardy lat zagładę życia na Ziemi (związaną ze starzeniem się, a więc i podgrzewaniem, naszego poczciwego Słońca). Histeria? Elizabeth Kolbert, dziennikarka pisząca o nauce do „The New York Times", w swojej książce

Szóste wymieranie. Historia nienaturalna w przekonujący sposób dowodzi, że jeśli tylko utrzyma się tempo wymierania (obecnie – uwaga – tysiąc razy większe, niż wynikałoby to z normalnego rytmu przyrody nie tłamszonej przez człowieka), to dzięki nam do 2050 roku wymrze dwadzieścia cztery procent żyjących obecnie na naszym globie gatunków flory i fauny, a do końca wieku – uwaga – aż połowa! Marcin Rotkiewicz, dziennikarz naukowy tygodnika „Polityka", w książce *W królestwie Monszatana. GMO, gluten i szczepionki* (do której wracał tu będę jeszcze parokrotnie) bije po oczach każdego, kto choć raz w życiu był na wsi, spostrzeżeniem zdawałoby się oczywistym: rolnictwo to przecież nic innego jak niszczenie wszystkiego poza tym, co akurat chcemy wyhodować; każde pole uprawne to pod względem bioróżnorodności pustynia. „Ceną za uwolnienie się od zbieractwa i łowiectwa była kumulacja dóbr prowadząca do powstania nierówności społecznych. A także zniszczenia środowiska naturalnego na niespotykaną skalę. Staliśmy się największymi destruktorami bioróżnorodności. Na świecie żyje dziś około czterystu tysięcy gatunków roślin, z których potencjalnie nadawałoby się do jedzenia jakieś trzysta tysięcy. Ale my zapewniamy przestrzeń i warunki rozwoju jedynie około dwustu gatunkom, spośród których największe znaczenie ma tylko piętnaście gatunków, dostarczających 95 proc. kalorii spożywanych w postaci żywności na świecie".

To nie jest problem wyłącznie teoretyczny, lecz jak najdosłowniej samobójcza pętla. Jeśli kogoś nie rusza fakt, że sto lat temu było na świecie pewnie koło stu tysięcy tygrysów, a dziś jest ich z pięć tysięcy – ma kłopot. Aysha Akhtar, amerykańska neurolog i epidemiolog, w książce *Animals and Public Health. Why Treating Animals Better is Critical to Human Welfare* zwraca uwagę, że mniejsza bioróżnorodność to na przykład większe zagrożenie epidemiologiczne dla człowieka, większe zagęszczenie organizmów będących kolejnymi etapami rozwoju i mutacji groźnych patogenów. To mniej owoców, warzyw i setek innych produktów, gdy wyginą pszczoły. To mniej ryb dla nas, gdy wyłowimy i przerobimy na paszę dla krów mniejsze morskie organizmy, ich pożywienie (szerzej o tym procederze – w rozdziale trzecim), a dodatkowo zanieczyścimy ich środowisko tak, jak potrafimy tylko my (filozof Ewa Bińczyk w swojej znakomitej książce *Epoka człowieka. Retoryka i marazm antropocenu* cytuje prognozy, że w 2050 roku masa wyrzuconego do mórz plastiku ma się zrównać z masą żyjących tam ryb). Oto właśnie ów antropocen, Era Człowieka, a precyzyjniej rzecz ujmując: era prowadzenia przezeń okupacji reszty świata, któremu (a w konsekwencji i samemu sobie, trwającemu w złudzeniu, że uniezależnił się wreszcie od natury) – niesie śmierć. Dlatego nie brakuje takich, którzy ów „nasz czas" w historii świata nazywają czasem śmierci, nekrocenem.

„Znowu jakiś ekooszołom robi wielki raban. Już miała nas zalać woda. I co, zalała? Smażalnia przy plaży w Dębkach – widziałem na wakacjach – jak stała, tak i stoi. Mięso miało nas zatruć, bo tyle było krzyku, że pakuje się w nie antybiotyki – a przecież ja żyję! Że gatunki jakieś znikają? Jak znikają! Las, który mijam, gdy jadę do pracy, ciągle stoi, widziałem bociana, a drogę przebiegł mi kot".

Zaprawdę, wiem coś o tym, jak trudno jest wytłumaczyć człowiekowi, którego refleksja opiera się na nakreślonych wyżej założeniach, że żyć w przekonaniu, iż jeśli coś się widzi, to to jest, a jeśli się nie widzi – to tego nie ma, ma prawo mniej więcej dwumiesięczne dziecko. Jak nader trafnie zauważył w jednym z tekstów dla portalu TVN24.pl polityk Paweł Kowal (choć on akurat pisał o końcu znanej nam geopolityki, rozwodzie Europy i USA): „Ludzie nigdy nie wiedzą, że żyją na krawędzi epoki". Wydaje się, że złe trendy przeminą, wszystko jakoś się ułoży. Jasne, wokół wiele się dzieje – wybuchają wojny, nadciągają kolejne kataklizmy, ktoś publikuje jakieś badania, ktoś ostrzega, ktoś w najlepsze błaznuje. Aż tu któregoś dnia, nie wiadomo jak i dlaczego właśnie tego, nagle wszystko leci na łeb na szyję: ktoś gdzieś długo zbierał proch, zupełnym przypadkiem komuś obok z ręki wyszła iskra.

Doskonale wiem, że ludzie nie są gotowi umierać za naukowe wykresy i piętrzone przed nimi przez ekspertów liczby. Od nas nikt jednak nie wymaga (jeszcze) marszu na barykady. Jedyną realną ofiarą, jaką musielibyśmy ponieść, by zejść z drogi, którą – ze słuchawkami na uszach – zdążamy ku śmierci, i wrócić na drogę ofiarowanego nam przez Stwórcę życia, byłaby korekta smaków. Rezygnacja z – broń Boże, nie całego, ale choćby odrobiny – komfortu. Z samostraszących zaklęć, które powtarzamy, okłamując samych siebie, że przecież jeśli tylko zmienimy cokolwiek, zaraz czeka nas głód, nieszczęście, cierpienie. Mówiąc „my", mam na myśli mieszkańców bogatszej części Ziemi. Nie raz w tej książce przyjdzie mi pokazać, jak rachunek za nasze wygody płacą nasi bracia i siostry z globalnego Południa. Kolejne dane z książki profesor Bińczyk: siedem procent największych gospodarek świata wytwarza pięćdziesiąt procent zagrażających nam coraz wyraźniej gazów cieplarnianych. Czterdzieści pięć procent najuboższych obywateli świata odpowiada za emisję siedmiu procent tych gazów. W tej książce będę wołał, jak umiem, o natychmiastową rewizję naszej relacji ze stworzonym światem, nie tylko dlatego, że uważam, iż on – nie nasz, lecz wciąż Stwórcy („do Pana należy ziemia i wszystko, co ją napełnia"; Ps 24, 1) – po prostu na to zasługuje. I nie dlatego, że zamierzam rozdzierać szaty wyłącznie nad cierpiącą w rzeźni krówką czy umierającą od rolniczych oprysków pszczołą. Życie mrówki to życie poddające się dokładnie tym samym biologicznym prawom co życie Einsteina, moje, mojego dziecka, setek dzieci, które codziennie przez fundację Dobra Fabryka leczymy z głodu w prowincji Północne Kivu w Kongu. Jeśli samolot spada – klasa biznes i klasa ekonomiczna spadają i kończą tak samo.

Z resztą stworzeń żyjemy i umrzemy razem. Ratowanie ich od przemysłowej eksterminacji nie jest więc dziś żadną tam „ochroną przyrody", ale ratowaniem człowieka. A w nim – jego wiary. Na naszych oczach w dwudziestym pierwszym wieku powtarza się wszak – wypisz wymaluj – fundamentalna scena z Księgi Rodzaju: człowiek wyłącza się z podarowanej mu wspólnoty. Eric Mascall, angielski filozof i teolog anglikański, ujął to tak: „niczym mikroskopijne pęknięcie w porcelanowym wazonie zapoczątkował [człowiek] proces dezintegracji i zepsucia, którego konsekwencje rozciągnęły się daleko poza obszar ich powstania i dotknęły całą późniejszą historię rasy ludzkiej i świata materialnego". „Można zatem stwierdzić, że grzech człowieka miał znaczenie antyekologiczne. (...) Po grzechu pierworodnym cała przyroda zaczęła uczestniczyć w losach upadłego człowieka – skutkiem niegodziwości człowieka żyzna ziemia zamieniła się w słony ugór, rzeka w pustynię, a oaza w ziemię spragnioną (por. Ps 107, 33–34)" – jak równie trafnie zauważył metropolita katowicki arcybiskup Wiktor Skworc we wspaniałej homilii wygłoszonej 4 października 2018 roku, w dniu wspomnienia świętego Franciszka, podczas inauguracji roku akademickiego na Wydziale Teologicznym Uniwersytetu Śląskiego.

Panoszący się dziś antropocentryzm ma wręcz kosmiczne skutki. Pociąga bowiem za sobą nie tylko zamianę komunii stworzeń na bolesne współuzależnienie, ale też faktyczną detronizację, „upupienie" Boga. Przejście z teizmu, czyli (z grubsza) przekonania, że Bóg jest i kieruje wszystkim, w deizm, czyli przekonanie, że Bóg, owszem, jest, ale to bezosobowy konstruktor, który stworzył świat i sobie poszedł. (Winston Churchill musiał mieć o Nim takie wyobrażenie, skoro w rozmowie z królem Jerzym VI miał powiedzieć o swoim ojcu, że „był niczym Bóg: zajęty gdzie indziej"). Sprowadzenie Go teraz do roli gwaranta mojego prawa do schaboszczaka czy futra z norek (o czym traktują rozdziały trzeci i czwarty) oznacza więc rażącą poznawczą niegospodarność, absurdalną redukcję Absolutu. To obraza Boga, który nie zaczął przecież swojej kadencji wraz z nami: dziś wiemy już, że był Bogiem wszystkiego przez te prawie czternaście miliardów lat, kiedy nas jeszcze we Wszechświecie nie było. I któremu nikt nie kazał umieścić w Objawieniu zdania o tym, że Chrystus „jest pierworodnym wobec wszelkiego stworzenia" (Kol 1, 15b). Antropocen to koniec teocenu.

Zacytujmy jeszcze raz homilię arcybiskupa Skworca: „Problem ekologiczny sięga korzeni naszej wiary. Przypomina nam o tym choćby odmawiane przez nas *Credo*, w którym wyznajemy: »Wierzę w jednego Boga, Stworzyciela nieba i ziemi, wszystkich rzeczy widzialnych i niewidzialnych«". Bóg nie potrzebuje Wszechświata. On go chce. Jest jego wyłącznym suwerenem, a każdy z Jego poddanych ma prawo żyć w Jego królestwie na ustalonych przez Niego zasadach. Świat, w którym Bóg zostaje sprowadzony do roli moralnego certyfikatora kotletów – to świat zafałszowany i bardzo wygodny, bo my, ludzie, mamy w nim tylko prawa, włącznie z tym do pisania sobie listy obowiązków. One nie wynikają już z samej istoty rzeczy, lecz jedynie z naszego widzimisię. Nie ogranicza nas nic, nawet ból innej istoty, choć on – w mojej ocenie – powinien być dla nas wartością graniczną, punktem, na którego przekroczenie nie powinniśmy dawać sobie prawa bez naprawdę najważniejszych powodów.

Chrześcijaństwo nie jest wcale, jak twierdzi dziś wielu, religią ze swojego DNA antyekologiczną. Ewangelizacja nie jest synonimem ekoignorancji ani ekoeksterminacji. Bywa, ale to wypaczenie zasady, nie zasada. Wszak jeśli Bóg, w którego wierzę, rzeczywiście jest samym Życiem, źródłem wszelkiego, nie tylko ludzkiego, życia – to każde życie jest dla mnie dziełem, śladem, odciskiem dłoni Tego, Kogo kocham. Cały świat, jak chcieli klasyczni chrześcijańscy pisarze, staje się księgą, w której ślady Boga znajdą nawet ci, co nie znaleźli Go dotąd na kartach ksiąg zawierających święte teksty. Biofilia – termin ukuty przez Edwarda Wilsona z Uniwersytetu Harvarda: miłość do życia, poczucie realnej wspólnoty z innymi istotami żywymi – to moim zdaniem postawa chrześcijańska w stu procentach. Bycie „*pro-life*" w świecie, w którym – jak dowiaduję się z raportu o skutkach zanieczyszczenia powietrza udostępnionego mi przez Kamila Wyszkowskiego, szefa polskiego oddziału United Nations Global Compact – syf wrzucany do polskich pieców zwiększa o kilkadziesiąt procent ryzyko obumarcia płodu w trzecim trymestrze ciąży oddychającej zanieczyszczonym w ten sposób powietrzem kobiety, podwyższa prawdopodobieństwo rozwinięcia się u dziecka autyzmu, może skutkować obniżeniem jego inteligencji o cztery punkty IQ (a w innych badaniach, których wyników jeszcze nie opublikowano, przeczytamy być może, iż liczba poronień naturalnych z tego powodu zbliżona jest w Polsce do liczby dzieci ginących na skutek legalnie przeprowadzanych aborcji), to dziś naprawdę dużo szersze niż wczoraj pojęcie.

Z wielką radością myślę już o tych wszystkich ideologicznych mędrcach, którzy zaraz będą mnie pewnie podszczypywać, błyskotliwie dopytując, czy zamierzam miłością darzyć również życie dwoinki zapalenia płuc albo karaczana prusaka, i przekonywać, że uprawiając niebezpieczne relatywizowanie nadrzędnego statusu człowieka, doprowadzę do sytuacji, w której hipotetyczny człowiek, widząc hipotetyczny pożar także hipotetycznego domu, zacznie się wahać, czy uratować zeń najpierw kociaka czy kwilące dziecko. I jedno, i drugie to oczywiście wydumane retoryczne bicie piany. Wymyślanie niestworzonych dylematów mające za zadanie odwrócić uwagę od realnych wyborów. Tych zaś dokonamy nie przy pożarze domu z dzieckiem i kotem, którego większość z nas nigdy nie będzie świadkiem, ale w sklepie, w którym dziś znajdziemy się (albo już się znaleźliśmy) na pewno (moim osobistym zmaganiom w nim poświęcę rozdział przedostatni).

Nie pamiętam, bym do którejkolwiek z napisanych dotąd przeze mnie książek musiał przeczytać tyle, ile przeczytać musiałem do tej. Dziesiątki tomów, setki artykułów, do tego wysłuchiwanie wykładów na wielu konferencjach. Mimo to nadal, rzecz jasna, nie jestem i nie będę w tej dziedzinie fachowcem. Pytanie tylko, czy ktokolwiek z nas, pozostając przecież w stałej, bliskiej, codziennej, intensywnej relacji z Ziemią, rzeczywiście jest w niej tylko amatorem. Czy prawo do pisania, mówienia, myślenia o miłości mają wyłącznie licencjonowani psycholodzy? Nie wypowiadam się tu w imieniu Kościoła. Nie sądzę jednak, by zwykły chrześcijański laik nie mógł zadawać pytań o to, jak przepracować wstyd, który noszę w sobie od paru lat. Odkąd – kiedy zobaczyłem to, co zobaczyłem, podróżując coraz więcej po świecie – zaczęło do mnie docierać, że świat jest mną, moim postępowaniem i myśleniem, coraz bardziej zmęczony.

Że spalam dużo więcej tlenu, niż mógłbym i powinienem, że zostawiam po sobie wciąż za dużo śmierci i cierpienia.

Co będę miał na swoją obronę, gdy na sądzie ostatecznym przyjdzie mi dźwigać moją część odpowiedzialności za to, że – jak wykazuje Philip Lymbery w swojej książce *Dead Zone. Where the Wild Thing Were* (o czym więcej w rozdziale trzecim) – połowa pobieranej dziś od Matki Ziemi żywności nie odżywia człowieka, że co roku na śmieci trafia ilość mięsa odpowiadająca wadze dwunastu miliardów zwierząt hodowlanych? Jak mogłem współdopuścić do tego, że tak zwany *Earth Overshoot Day*, Dzień Długu Ekologicznego, czyli umowna data, od której wykorzystanie zasobów naturalnych przez ludzkość w skali rocznej przekracza zdolność Ziemi do ich odnawiania i żyjemy już na kredyt, prowadzimy czystą gospodarkę rabunkową, kradnąc świat naszych dzieci i wnuków, dwa lata temu wypadał 8 sierpnia, a dziś – w 2018 roku – 1 sierpnia? Czy kiedykolwiek, odruchowo tankując benzynę, odkryłem, że – podobnie jak żywność – nie bierze się ona ze sklepu? Czy wpadłem na pomysł, by podziękować za to, że ten świat mozolnie, przez miliony lat, ją dla mnie szykował, bo jeden jej litr to około dwudziestu czterech ton szczątków żyjących przed tysiącleciami roślin i zwierząt (jak słusznie zauważył etyk i teolog Larry L. Rasmussen w książce *Earth-honoring Faith*: „Zasoby ekosfery produkowane były w rytmie geologicznym, człowiek zużywa je w rytmie rolniczym, przemysłowym, miejskim")?

Przez jakieś trzydzieści lat mojego świadomego uczestnictwa w życiu Kościoła osobiście ani razu nie słyszałem kazania poświęconego relacjom człowieka i środowiska (choć głosili je i ksiądz Jan Twardowski, i ksiądz Roman Rogowski, autor *Teoekologii* – pierwszej książki z tej dziedziny w mojej bibliotece, kupionej prawie dwadzieścia lat temu, głosi je – jak się okazuje – arcybiskup Skworc, regularnie robi to również ojciec Stanisław Jaromi – szef franciszkańskiego Ruchu Ekologicznego Świętego Franciszka z Asyżu, REFA, walczący dzielnie na tym polu mimo znacznego oporu, z jakim w branży się spotyka); ja, biedny katolicki żuczek, beneficjent (a czasem ofiara) tak zwanego duszpasterstwa ogólnego, nie mam więc wielkiego wyboru – muszę wygłosić je dziś sobie sam. W zasadzie mogłoby się ono składać z dwóch pytań. Pierwsze: kto wie, że spośród dwudziestu tysięcy plastikowych butelek z napojami kupowanych co sekundę na świecie tylko połowa zostanie poddana recyklingowi, a reszta już dziś trafi do gleby lub do oceanów i wróci do nas, tyle że tym razem po prostu ją zjemy (badacze z Plymouth University znaleźli mikroplastik w – uwaga – jednej trzeciej ryb łowionych na wybrzeżu Wielkiej Brytanii)? Drugie: tak, została nam dana władza nad tym światem – cośmy z nią jednak, na litość boską, zrobili?

Ratunku nie szukam w jaraniu się myślą, że ludzkość jest w stanie wyprodukować dziś w laboratorium bakterię z genem robaczka świętojańskiego czy soję rozpuszczającą układ pokarmowy wcinającego ją pasożyta, lecz raczej starając się coraz uważniej, z rosnącym pietyzmem patrzeć na to, co zostało nie przez nas stworzone. Bo to tam – mam wrażenie – czeka wyjaśnienie, jak to możliwe, że większość wskaźników cywilizacyjnego rozwoju rośnie, ale życie na Ziemi, w każdym jego wymiarze: od społecznej niesprawiedliwości w podziale dóbr po pochód chorób cywilizacyjnych, staje się coraz trudniejsze do zniesienia.

Żałuję, że nie jestem przyrodnikiem. Że nie wiem o życiu i zwyczajach zwierząt tyle co wybitni prymatolodzy, ornitolodzy, etolodzy, co mój kolega Adam Wajrak. Wiem jednak, że to strasznie słabe, gdy ktoś, próbując uzasadnić swoje złe (albo po prostu bezmyślne) postępowanie wobec kogoś innego, stosuje wobec niego strategię „oczerniania ofiary", pokazuje go w jak najgorszym świetle, poniża, redukuje. To bardzo niemądre w dwudziestym pierwszym wieku opierać swoją ekologiczną refleksję (oraz teologię) na wiedzy przyrodniczej z wieku piątego czy dziewiątego. Ileż to już razy słyszałem, że nie mogę mieć żadnych zobowiązań wobec stworzeń, które nie są przecież „rozumne", czytaj: nie są takie jak ja, nie umieją wynaleźć bomby atomowej i *ad mortem defaecatam* myśleć o swoich myślach (czyli: oprócz świadomości mieć też samoświadomość; będę o tym pisał w następnym rozdziale). Traktuję je „humanitarnie", a więc zgodnie z moim, ludzkim, a nie ich, zwierzęcym, wyobrażeniem o ich potrzebach i komforcie. Zagłębienie się w tę tematykę uświadomiło mi, jak nieprzebrane są tkwiące we mnie pokłady hipokryzji. To chyba nic osobliwego w świecie, w którym – jak słusznie zauważył Nicolas Kristof z „The New York Times" – dręczenie jednego kurczaka to wołająca o lincz zbrodnia, dręczenie milionów – to po prostu agrobiznes. I w którym – jak postuluje z kolei (jeżdżący trochę po mnie, ale wybaczam mu, bo książkę napisał świetną) Dariusz Gzyra w *Dziękuję za świńskie oczy. Jak krzywdzimy zwierzęta* – tragedia miliarda znów musi stać się dla nas miliardem tragedii.

To wydobycie konkretnego istnienia, losu, życia pojedynczego kurczęcia z kilkudziesięciu miliardów hodowanych dziś kurczaków, dostrzeżenie świni w „wieprzowinie", jelenia w „dziczyźnie" – to nie żaden „bambizm", to znów bardzo chrześcijański realizm. Jeśli bowiem nie poprzestajemy na twierdzeniu, że „Bóg stworzył ludzkość", dostrzegamy, że „Bóg stworzył człowieka", nie możemy też nie widzieć, że Bóg nie stworzył „drobiu", lecz każdego, jeden po drugim, kurczaka. Nie powołał do życia gatunku, zasobu, odnawialnego przez prokreację kontyngentu „dziczyzny". On nie jest statystykiem, ale twórcą – artystą, który tworząc, nie tworzy „malarstwa", tworzy obraz. Ewangelia według świętego Łukasza wyraźnie mówi, że mój Bóg ma policzone wszystkie co do jednego wróble, a więc pewnie i kurczaki, i interesuje się ich losem. Bóg nakazał mi być pasterzem. A dobry pasterz ma znać swoje owce po imieniu. Pasterz pasący „baraninę" wiadomo, do jakiej ludzkiej części ciała jest pasterzem. Patrz na zwierzę, nie na gatunek! Po huraganie Katrina w 2005 roku zginęły miliony pozamykanych w chlewniach przemysłowych świń („pogłowia trzody chlewnej"), ale równocześnie prawie połowa Amerykanów, którzy odmówili ewakuacji, zrobiła to, by ratować swoje pozostałe w domu zwierzę (wtedy jeszcze przepisy nie pozwalały na wspólną ewakuację). Ci ludzie zaryzykowali własne życie dla życia zwierzęcia. Bo je znali. Bo widzieli w nim istotę. Bo szli rytmem, który Bóg wpisał w ten świat, a który teraz musimy przywrócić.

Mam zamiar pokazać w tej książce wiele znaków, choć uparcie, na granicy jakiegoś obsesyjnego wypierania, nie dostrzeganych, to jednak jak wół widocznych na niebie i na ziemi. Wszystkie wskazują, że to najwyższy czas, byśmy i w tym naśladowali Boga, który tyle razy zawierał już z nami przymierze, że zawrzemy wreszcie przymierze z resztą stworzeń.

O roślinach, o ziemi napiszę może kiedyś inną książkę. Tę chcę poświęcić w głównej mierze zwierzętom, bo na przykładzie relacji z nimi wspaniale widać i nasze błędy, i cudowny pomysł Boga, do którego powrót mógłby umeblować nie tylko naszą wieczność, ale i zupełnie doczesne życie. Poza tym jesteśmy im to chyba winni. Co roku człowiek na swoje potrzeby pozbawia życia setki miliardów z nich. Wśród tych trylionów zwierząt, które jako ludzie spożyliśmy, które straciły życie, byśmy nie zamarzli, nie chorowali, mogli pracować przy świetle, nie zatruli się, wygrali nasze wojny, mogli obronić nasze dzieci – każde było czymś więcej niż mięsem czy futrem, każde było na tym świecie nie tylko dla nas, ale z nami.

Sami już się nie przekonamy. Spójrzmy więc na zwierzęta, bo jeśli im na to pozwolimy, pozwolą nam stać się lepszymi ludźmi, nauczą nas wiele o nas, o świecie i Stwórcy. Wielu czworonożnych bohaterów tej książki przypomni nam pojęcia takie, jak: prostota, lojalność, troska, oddanie. Ba – pokażę, że uczyć nas mogą także modlitwy. To nie podręczniki do teologii mówią nam, jaki jest świat. To świat uczy nas teologii. W Księdze Hioba ten sterany cierpieniem człowiek mimo wszystko wyznaje wiarę w to, że ponieważ Bóg jest Stwórcą, musi też – na koniec – okazać się Wybawcą. Proponuje: „Zapytaj zwierząt – pouczą. I ptaki w powietrzu powiedzą. Zapytaj podziemia – wyjaśni; pouczą cię i ryby w morzu. Któż by z nich tego nie wiedział, że ręka Pana uczyniła wszystko: w Jego ręku – tchnienie życia i dusza każdego człowieka" (Hi 12, 7–10). Świat uczy nas też o świecie, pomaga nam go zrozumieć. Jak trafnie zauważa Dariusz Gzyra, dzięki unikatowym umiejętnościom zwierząt, których my nie mamy, „świat może być odczuty, zobaczony, wysłuchany, posmakowany i powąchany pełniej".

Tak, zwierzęcych losów będzie w tej książce sporo. Będą ginące codziennie miliony ofiar przemysłowej produkcji mleka, będą radzieckie psy latające w kosmos, psy przeżywające wraz ze swoimi żołnierskimi kompanami ostrzały artyleryjskie i gazowe ataki, opiekuńcze delfiny, przeżywające żałobę na grobie swoich bliskich słonie. Prędzej czy później na te karty przyczłapią też (bo one zawsze prędzej czy później zjawiają się ze spacerowo-żywieniowo-pieszczotowymi roszczeniami, gdy mam do oddania pilną robotę) Żelka i Grafit, dwa kundelki, mały i duży, które adoptowaliśmy z żoną dwa lata temu z warszawskiego schroniska Na Paluchu.

Na rozgrzewkę, by było podniośle, weźmy jednak przykład z domeny niebios. Oto fulmar, północnoatlantycki ptak, o numerze nadajnika 1568, który w ciągu dwóch tygodni wczesnym latem 2012 roku pokonał ponad sześć tysięcy dwieście kilometrów, szybując nad oceanicznymi i skalistymi pustyniami, by – jak zwykle – powrócić do swojej długoletniej partnerki, czekającej nań w gnieździe na Orkadach. Chce ktoś piękniejszej opowieści o tym, że dwie rzeczy, do których wszyscy zostaliśmy stworzeni, to relacje i wolność? Nie spotkałem w czasie mojej kwerendy innego autora, który potrafiłby pisać o tych mieszkańcach „pałaców z powietrza i wody" tak jak Adam Nicolson. To w jego wspaniałej książce *Krzyk morskich ptaków* śledziłem zapierającą dech w piersiach podróż, jaką odbył kolega 1568. To od Nicolsona uczyłem się szacunku do nie zauważanych przeze mnie dotąd podczas moich podróży głuptaków czy mew. Morskie ptaki to od zawsze, od pierwszych północnoeuropejskich mitów, nasi łącznicy z transcendencją, ze światami spoza naszego świata; „im mniej my jesteśmy gdzieś zadomowieni, tym bardziej w domu są one". Pełna zgoda z Nicolsonem, gdy pisze, że patrzenie na nie musi zmusić człowieka nie tyle do transcendencji, ile do inscendencji (pojęcie ukute przez ekologa i katolickiego księdza ze zgromadzenia pasjonistów Thomasa Berry'ego, o którym też będzie jeszcze mowa): do zajrzenia do wewnątrz życia, zadania sobie pytania, co jest jego fundamentem, nie dającym się już podzielić na mniejsze części jądrem.

Nie zazdroszczę, współczuję tym, którzy uważają, że nam, ludziom, wszystko się od reszty świata należy. Nie widzą, że każdego dnia, w każdym pokoleniu ludzkość zaciąga wobec reszty stworzenia dług, który spłaci jej kiedyś nasz Ojciec.

Od tego właśnie zacznijmy więc nasze dalsze rozważania. Zapytajmy, czy świadomi już chyba tego, ile łączy nas z przyrodą i reprezentującymi ją w szczególny sposób zwierzętami (z którymi dzielimy istotowo nieporównanie więcej niż ze światem roślin), nie moglibyśmy na przykład zaprosić ich do danej nam nadziei na to, że wspólnie przeżyjemy śmierć. Na to, że za tak zwanym tęczowym mostem – tak wyśmiewanym przez tych, którym chrześcijaństwo pomyliło się z tępym egzystencjalnym maczyzmem – czekać będzie na nas dużo większa niż tylko ludzka reprezentacja stworzeń. Pytanie: „Czy zwierzęta idą do nieba?", słyszałem w ciągu ostatnich lat nader często. Jakie to szczęście, że odpowiedział na nie za mnie w swojej ostatniej encyklice papież Franciszek. Ale nie uprzedzajmy faktów. Po kolei.

„Przysyp ją piaseczkiem, zbudujemy zamek,
pa pa już zrobiłaś nieżywej biedronce,
jeszcze poślij całus (rano sobie wstanie),
my tymczasem wznośmy tamę ponad końcem
murka a drabinką (gdyby desant bąków
chciał się nagle przedrzeć do butli z Kubusiem,
to napotka próżnię – miejsce nad biedronką
znaczone rumiankiem), zaraz światło uśnie,
zaraz go nie będzie (jak je zapalimy?,
w niewidzialnej ścianie czy jest jakiś kontakt?),
o coś, czego nie ma, główką uderzymy,
z czymś, co nie istnieje, musimy się spotkać"

Dariusz Suska, *Przysyp ją piaseczkiem,*
zbudujemy zamek

ROZDZIAŁ DRUGI

O tym, czy zwierzęta idą do nieba, a jeśli tak,
to gdzie są, kiedy my jesteśmy w czyśćcu.
O tym, czy w ogóle mają duszę. I o tym, czy moja
Żelka wie, że jest Żelką, gdy nikt nie patrzy –
czy myśli o własnych myślach, a gdy boli ją łapa,
to czy cierpi, czy po prostu ją boli

Każdy z nas, którzy choć raz w życiu zadaliśmy sobie to pytanie, pamięta, w jakich okolicznościach zakołatało mu w sufit po raz pierwszy. Ja miałem wtedy pięć, może sześć lat, był początek lat osiemdziesiątych ubiegłego wieku.

Część wakacji spędzałem w domu krewnej mojej babci (precyzyjne wyłożenie familijnych zależności domagałoby się osobnej publikacji). Znalazłem niedawno zdjęcie z tamtych czasów: oto stoję w przedziwnym „dorosłym" podkoszulku i dżinsowych ogrodniczkach. Z uwagą przyglądam się „wujkodziadkowi" (mężowi owej babcinej krewnej), który podaje mi do pogłaskania cudownie puchate, popiskujące, żółte gęsie pisklęta. Pamiętam parę wieczorów, podczas których dzieci zaganiano do domu, wujek znikał na podwórku, a ciocia rozpalała maszynkę spirytusową. Raz udało mi się, wymijając ostrzegawcze krzyki dorosłych z wdziękiem slalomisty, dopaść do okna i wyjrzeć przez zasłonę. Zobaczyłem pieniek, wujka z tasakiem i biegającą po podwórku w pośmiertnym szale bezgłową gęś. Jej truchło przyniesiono później do domu, ciocia wzięła się do oskubywania. Woń palonego pierza. Płakałem i już nie pamiętam, czy dorośli pocieszali mnie, chwaląc, że jestem taki wrażliwy, czy litując się nade mną, że jestem wciąż tak głupi. Pamiętam tylko to niemożliwe wtedy jeszcze do zwerbalizowania przeczucie, że obcuję z rewersem życia, z za dużą do pojęcia dla za małego serca tajemnicą. I – śmiejcie się, proszę, do woli – tego wieczora po dziecięcemu „zmówiłem paciorek" za tę gęś. Z głębokim poczuciem (którego gwarantem była dobra Bozia zabezpieczająca zdrowie i szczęście wszystkim, których znałem), że jeśli na ziemi spotkał ją taki wieczór, ranek z pewnością spędzi w jakimś gęsim niebie.

Odkąd świat światem, od naskalnych rysunków, człowiek otacza swoje dzieci wyobrażeniami zwierząt. W nosidełkach najmniejszych przedstawicieli gatunku *homo sapiens*, w ich kołyskach, wózkach nie widuje się jeszcze Supermenów ani Barbie. Do drugiego–trzeciego roku życia ten świat „zaludniają" ekskluzywnie misie, małpki, kotki, rybki, pieski. Nie chodzi tu wyłącznie o sierść i jej fizyczną miękkość, o to, że maleństwu będzie przyjemniej pogładzić futerko sztucznej wiewiórki, niż kaleczyć się plastikowymi obcasami Barbiszona. Wszak książki czytane naszym niemowlakom to też w osiemdziesięciu procentach (jak nie lepiej) opowieści o lwach, świnkach, krówkach i żabach. Rzecz też chyba nie w najbardziej wulgarnym z możliwych wytłumaczeniu tego fenomenu. W tym, co (przyznaję: zdumiony) usłyszałem kiedyś z ust pewnego lekarza, specjalisty od najmniejszych dzieci, który familiarnie gawędząc o swoim potomstwie, wyznał, że na początku przecież i tak za wiele roboty dla myślącego człowieka przy tym nie ma, bo toto ma wszak „móżdżeczek wielkości tik-taka". A więc: „Idź złoto do złota". Mózgi wielkości drażetki poczują się raźniej, gdy włożymy im do wózeczków podobizny stworzeń im „jakościowo" podobnych. Gdy już się nieco bardziej uczłowieczą, gdy ciut zbliżą się do naszego poziomu, wtedy damy im do zabawy symbole tego, co najlepszego udało się stworzyć naszej dojrzałej cywilizacji: generycznych piękności o ustach glonojadów, przypakowanych zabijaków czy krzyżówek ludzi z robotami (to symptomatyczne, że nie słyszałem jeszcze, by ktoś dawał dzieciom do zabawy figurki noblistów).

A co, jeśli – załóżmy tak sobie roboczo – miś, piesek czy kotek w kołysce to wyraz podświadomej tęsknoty nas, dorosłych, za czymś, co utraciliśmy? Gałgankowa albo pluszowa namiastka świata, który – wiemy – byłby odpowiedni dla tego, co sami mamy najdroższego i najbardziej kruchego: dla naszych dzieci? Oznaczałoby to, że tym, którzy (na razie) w stopniu znacznie większym od nas są czyści, niewinni i prości, dajemy symbole świata nieskalanego naszym brudem. Podarowanie dziecku pluszowej sarenki albo hipcia nie byłoby wtedy wyższościowym komunikatem: „Na razie jesteś, kochany szkrabie, na poziomie zoo", lecz aktem naszej, w pełni rozwiniętych przedstawicieli *homo sapiens*, kapitulacji. Przyznania, iż to, że zaszliśmy daleko, nie wyklucza możliwości, że podróż tę odbyliśmy w ślepej uliczce. Że sens, istotę spraw i nas samych zostawiliśmy na początku tej drogi, bo znów pomyliliśmy postęp z rozwojem (nigdy dość przypominania tej banalnej prawdy, że postęp nie zawsze jest rozwojem; nie jest nim na przykład w sytuacji, gdy stoi się na krawędzi przepaści).

Bzdury o rzekomym „pierwotnym okrucieństwie" zwierząt najchętniej powielają ludzie chcący w ten sposób odwrócić uwagę od własnych dewiacji, których nazwanie „pierwotnymi" byłoby obrazą pierwotności. Świat zwierząt nie zna bowiem „myślistwa sportowego", osobników, które wykładają równowartość wielu dni czy miesięcy pracy, by nabyć możliwość pozbawienia życia afrykańskiego słonia albo polarnego niedźwiedzia i powieszenia sobie jego łba nad kominkiem (takie polowania w RPA, USA lub Rosji nierzadko odbywają się na ogrodzonych ranczach, skąd zwierzę nie ma szansy uciec, często jest też po prostu wpędzane pod lufę myśliwemu, który ceni sobie czas i nie ma go na jałowe łażenie po buszu). Kaczki nie strzelają do ludzi dla czystego funu i wyrobienia celności, pozostawiając po sobie – jak co roku robią to polscy myśliwi – wiele nie podjętych, dogorywających później godzinami na wpół trupów. Lwy nie prowadzą – jak nasi hodowcy – przemysłowej hodowli antylop, w których te stłoczone byłyby tysiącami na minimalnej powierzchni, przez dokładnie całe życie (z wyjątkiem podróży do rzeźni) pozbawione słońca, wiatru, nigdy nie kosztujące normalnej żywności, nie skubiące trawy, żywione miksturami z podajników.

Dla niemowlęcia bazującego na pierwotnie mu wgranym systemie operacyjnym pies czy kot jest równoprawnym partnerem (Desmond Morris sformułował ciekawą teorię, że dla małych dzieci duże zwierzęta są najpierw „obrazami" z tej samej kategorii co rodzice, później stają się kolegami, a kiedy człowiek się starzeje – znów patrzy na nie jak na dzieci). Nasze osobiste domowe psy, po pierwszym szoku związanym z pojawieniem się na pokładzie nowej, malutkiej osoby, podchodzą do niej dokładnie tak jak do pozostałych domowników: domagają się od niej głaskania, na powitanie obwąchują i machają ogonami. Córka traktuje je zaś po prostu jak inne niemowlaki: przygląda się, dotyka, wokalizuje, z zaangażowaniem dokarmia z wysokości swojego fotelika wszystkim, co sama dostanie do jedzenia (a ja, żyjąc już czterdzieści dwa lata na tym świecie, dopiero teraz się dowiaduję, że polski kundel jest w stanie jeść selera albo banany!). Ciąganie za ogon, za uszy? To przecież element normalnego dziecięcego badania świata i weryfikowania granic: ludzi dzieci traktują dokładnie tak samo i tak samo mówi im się przecież *non stop*, że kąsanie mamy czy policzkowanie tatusia nie jest specjalnie mile widziane.

Po co miniesej o rozwoju niemowlaka w książce o metafizyce zwierząt? Otóż w podróży do tajemniczej krainy, która nie doczekała się wielu map (albo pisze się o niej sentymentalnie, albo temat wykpiwa bez reszty), najczęściej poruszamy się po omacku, gdy tymczasem zdecydowanie warto nie stracić superważnego tropu podpowiadanego przez tych, którzy dopiero co wychynęli zza jej drzwi. Dać się im podprowadzić. „Gdy patrzysz na królika i widzisz tylko szkodnika albo posiłek, albo zbywalne dobro, albo materiał do badań, nie widzisz już królika. Widzisz tylko siebie, konstrukty i apetyty, jakie my, ludzie, przynieśliśmy na ten świat (...). Ludzie hodują króliki w milionach na pokarm i do badań medycznych, mając w głowie idee znacznie większe niż znaczenie jednego małego zwierzęcia w dziele stworzenia. Bo jakie ono może mieć znaczenie? A jednak usłyszeliśmy wyraźnie, że każde z nich jest policzone i znane przez Stwórcę" – pisze w znakomitej książce *Dominion* Matthew Scully, amerykański konserwatysta, katolik, autor przemówień George'a W. Busha i generalnie jedyny chyba zapamiętały republikanin tak wspaniale i głęboko widzący człowieka na tle jego środowiska. Jezus, co podkreśla Scully, zaleca swoim słuchaczom przyjęcie perspektywy dzieci. Dla nich królik to nie lokata kapitału ani białko, lecz po prostu fascynujące, kicające stworzenie; mogą nas odegotycznić, przypomnieć o wpisanym w nas DNA Bożej ekologii.

Starożytnego (żył na przełomie drugiego i trzeciego wieku po Chrystusie) chrześcijańskiego filozofa Orygenesa potępiano w czambuł między innymi za lansowanie doktryny o preegzystencji, czyli – po ludzku – za utrzymywanie, że zanim trafiliśmy na ziemię, żyliśmy już, bo Bóg stworzył wszystkie dusze przy stworzeniu świata, jeszcze przed naszym poczęciem. Ja, totalny teologiczny amator, czysty intuitysta, nie byłbym raczej z tym potępianiem aż tak prędki. Bo przecież skoro w Księdze Jeremiasza czytam: „Zanim ukształtowałem cię w łonie matki – znałem cię" (Jr 1, 5a), i skoro ów Pan jest wieczny i nie ma w Nim żadnej zmiany, mogę chyba spokojnie założyć przynajmniej prawdopodobieństwo, że jeszcze zanim zacząłem istnieć w czasie, istniałem w myśli Boga (a jakżeż On mógłby myśleć o mnie inaczej niż jak o osobie, skoro osobą jestem, nikim innym?). A zatem, że jakoś byłem już wiele milionów lat temu (oczywiście „wiele milionów" według mojej miary, u Boga nie ma „milionów lat", jest wieczne „teraz", On widzi moje narodziny, śmierć i koniec świata w jednym – znów złe słowo – momencie). Że już wtedy Stwórca wpisywał mnie w świat, a ów świat – w porządek, który miał mi, kochanemu dziecku, zapewnić jak najpełniejsze życie.

Larry L. Rasmussen przekłada to na konkret, pisząc w *Earth-honoring Faith*, że powinniśmy wreszcie – z zachwytem, z podniesioną, a nie opuszczoną w ciągłym utyskiwaniu głową – uświadomić sobie, iż nosimy w kieszeni paszport obywateli Drogi Mlecznej, należymy do kosmicznej wspólnoty, która zawiązała się na długo przed tym, jak powstał nasz gatunek, i – jeśli Bóg zechce utrzymać w mocy stworzone przez siebie prawa fizyki i biologii – będzie trwała długo po tym, jak zniknie planeta Ziemia. Rasmussen cytuje ekolożkę i filozofkę Joannę Macy: „Staram się wyglądać na swój wiek. Moje atomy mają jakieś czternaście miliardów lat". Czy to nie powinno nieco ostudzić naszych antropocentrycznych fantazji? Ja wiem, że nie od razu da się przestawić interpretację Objawienia opartą na wiedzy przyrodniczej z wieku szóstego na tę adekwatną do wieku dwudziestego pierwszego, kiedyś jednak, moi kochani polscy hiperkonserwatyści od blendowania krzyża z kotletem, trzeba to chyba zrobić. Pogodzić się z faktem, wypartym, a przecież wyraźnie zasugerowanym w Księdze Rodzaju: łączą nas nie tylko atomy (odpowiednik biblijnego prochu: każdy z nas składa się z atomów, z których kiedyś z pewnością składało się coś innego: może Mieszko I, może dwa nagie miecze, Mont Blanc, peruka carycy Katarzyny, jakiś oceaniczny stwór) czy geny (Marcin Rotkiewicz przypomina, że choć z szympansem, o czym wszyscy wiedzą, dzielimy prawie dziewięćdziesiąt dziewięć procent DNA, „mamy również wiele wspólnych genów z kotami, myszami, a nawet z ryżem"), łączy nas też modlitwa. Ileż to razy cytowałem już tych, którzy pisali, że zwierzęta samym swym istnieniem oddają chwałę Bogu! A skoro tak – to z każdym pozbawionym przeze mnie życia zwierzęciem owej chwały będzie nie więcej, ale mniej. Proste.

Mam czasem wrażenie, że wielu moich chrześcijańskich współbraci nie przejmuje się dogmatem o stworzeniu, bo ma własny: teologię osnutą na kanwie fantazji Ericha von Dänikena. Człowiek nie jest w niej częścią stworzenia, lecz kosmitą, który na Boskie zlecenie dokonał kolonizacji Ziemi. Wizja wspólnego raju, w którym psy nie staną się nagle gadającymi po francusku i angielsku ludźmi (choć niewykluczone, że ja, uwolniony z grzechu, będę w stanie wtedy ich psie komunikaty wprost rozumieć), ale będą miały wszystko, co jest im do pełni psiego szczęścia potrzebne (podobnie komary, pelikany i warany), przypomina mi, że przychodząc na ten świat, dołączyłem do orkiestry, która ma codziennie generować swemu Bogu koncert, nie konflikt. W której, jako człowiek, gram pierwsze skrzypce, ale kto inny jest dyrygentem, a tekst utworu rozpisany jest na dziesiątki instrumentów. Potrzeba świata, by stworzyć człowieka. Pępowina, jaka nas z nim łączy, nigdy nie zostaje przecięta, mimo że człowiek w samobójczym zapamiętaniu tak wytrwale próbuje to zrobić i tworzy coś, co Rasmussen nie bez trafności nazywa ekologicznym apartheidem. Znakomity polski publicysta, eseista, prozaik Jerzy Sosnowski pisze w książce *Co Bóg zrobił szympansom?*: „Być zewsząd, widzieć bliźniego w każdym – to chyba znaczył pierwotnie epitet *katholikos*: »powszechny«. W tę stronę prowadziło też pewnie pojęcie *oikumene*: »zamieszkała ziemia«".

To, że ten prezent od Stwórcy został rozkradziony, wypaczony i popsuty, nie jest winą ofiarodawcy, ale wyłącznie obdarowanych. Przyroda, zraniona ludzkim grzechem, odczuwa jego skutki, ale już się w nim – w przeciwieństwie do nas – głębiej nie pogrąża. I dlatego, że nie umie dzielić z nami czysto ludzkich skażeń: wyrachowania, cynizmu i przewrotności, może stać się dla nas swoistym sanktuarium, „miejscem teologicznym", przestrzenią Objawienia. I tu cały dotychczasowy wywód, po długim meandrowaniu, dochodzi wreszcie do sedna: uważnie przyglądając się swego rodzaju naturalnej komunii z resztą stworzenia, jaką u początków swej drogi mają nasze dzieci, możemy wypatrzeć drzwi, za którymi mieszka prawda nie tylko o tym, jaki był oryginalny pomysł na ten świat (o tym niżej). Ale też o tym, że Bóg już dziś – wbrew ludziom stającym Mu na drodze i wymachującym Mu czasem Jego własną Biblią przed nosem – chce ocalić każde ze swoich dobrych stworzeń (złych stworzeń nie ma, wyraźnie mówi o tym Pismo Święte). Niby dlaczego nie miałoby się więc okazać, że im też, nie tylko nam, pozwala przeżyć własną śmierć?

Przyznam bez bicia, że to jeden z głównych „napędów" pchających mnie do napisania tej książki. Zawsze, przekornie, miałem ochotę dać szczerą nadzieję wszystkim tym, których tak chętnie wyszydzają opakowani w teologiczne tytuły funkcjonariusze mojej religii. Ludziom wstydzącym się myśli o tym, że śmierć zwierzęcia, które pomogło im być lepszymi ludźmi, może być końcem rozdziału, ale jednak nie księgi.

Dwadzieścia czy nawet dziesięć lat temu pisałbym o tym pewnie inaczej. Niuansowałbym, zmiękczał, próbował wyważać podejścia. Dziś, gdy minąłem już półmetek życia i fizycznie wręcz czuję, jak na łeb na szyję pędzę z górki na spotkanie opisanego w wierszu Darka Suski nieuniknionego, i gdy napatrzyłem się już na wszelkie możliwe cierpienie różnych ziemskich istot, gdy doświadczyłem, jak nieprawdopodobnie nie z tego świata jest ta iskra życia, oddech, który do ostatniego momentu wyrywa się z każdego z nas, od człowieka aż do myszy czy mrówki – nie widzę już powodu, by kluczyć. Ani ci, co głoszą tezy o wyłącznie ludzkiej frekwencji w niebie, ani zwolennicy koncepcji wiecznego życia wszystkich stworzeń nie mają pojęcia, jak naprawdę będzie, nikt jednak nie zabroni mi mieć nadziei. Wcale nie czysto sentymentalnej, teologicznie nieuzasadnionej.

Zacznijmy od początku. Księga Rodzaju nie pozostawia wątpliwości. Świat był dobry nawet bez człowieka (Bóg widzi „dobroć" rzeczy, cieszy się po stworzeniu każdej z nich). Jasne, później pojawia się grzech, ale zwycięstwo dobra nad złem w Jezusie jest przecież totalne, obejmuje cały stworzony świat. Pisze o tym wyraźnie święty Paweł w Liście do Rzymian, zwracając uwagę, że nie jesteśmy wcale jakimś Bożym PGR-em, w którym jedni mają hodować i zjadać drugich, ale wspólnotą czekania, w której ja, adoptowany syn Boga, mam być dla wszystkich heroldem zbawienia. „Bo stworzenie z upragnieniem oczekuje objawienia się synów Bożych (...) w nadziei, że również i ono zostanie wyzwolone (...), by uczestniczyć w wolności i chwale dzieci Bożych. Wiemy przecież, że całe stworzenie aż dotąd jęczy i wzdycha w bólach rodzenia. Lecz nie tylko ono, ale i my sami, którzy już posiadamy pierwsze dary Ducha, i my również całą swoją istotą wzdychamy, oczekując odkupienia naszego ciała" (Rz 8, 19–23).

Co z tego wynika? Ano to, że na zdrowy chłopski rozum Boskie dobro – nawet ten jego okruch, który został zapisany w myszy lub mrówce – nie może przecież zostać unicestwione przez zło (czyli śmierć). Bo to musiałoby oznaczać, że w jakichś obszarach Bóg nie ma pełni władzy nad tym światem, że czyjaś siła przewyższa Jego ożywiającą moc. Co więcej – że Bóg jest twórcą śmierci albo śmierć tego, czemu dał życie, jest częścią Jego pomysłu na ten świat. Mielibyśmy więc znów Boga, który będąc Dobrym, ma też w sobie zło. A to absurd. Księga Mądrości mówi jasno: „Bóg nie jest sprawcą śmierci, nie ma upodobania w zagładzie żyjących. Uczynił wszystko, aby istniało, wszystkie stworzenia na ziemi są potrzebne, nie ma w nich zabójczego jadu, a otchłań śmierci nie panuje nad światem" (Mdr 1, 13–14). Kropka.

Powtórzę, bo nie mogę się temu nadziwić: nie pojmuję pastoralnej dezynwoltury, z jaką wielu znanych mi zawodowych teologów, księży, religijnych publicystów podchodzi do tej intuicji tak przecież licznych zastępów swoich „poddanych". Na samo zadanie pytania: „Czy mój pies będzie ze mną w niebie?", reagują fontanną żachnięć, fochów i okrzyków, jakby ktoś napluł im w twarz duszy. Ile to już razy słyszałem i czytałem owe połajanki o niebezpieczeństwach antropomorfizacji, zapełnianiu sobie luk w relacjach międzyludzkich poprzez projektowanie swoich emocji na resztę natury (patrz te przeklęte miejskie pary, co zamiast płodzić liczne dzieci, biorą sobie pieska). Albo moje ulubione zestawienia o najwyższym poziomie merytorycznej abstrakcji: „O pieski się martwicie, a giną nienarodzone dzieci". Mówią to ludzie, którzy jeszcze tego samego dnia kupią sobie pewnie coś smacznego, zaplanują wakacje i spokojnie pójdą spać, podczas gdy w tym czasie co minutę zginie na świecie z powodu prostych do uniknięcia przyczyn (takich jak biegunki, malaria, niedożywienie, brak czystej wody) kolejnych dwadzieścioro jeden dzieci poniżej piątego roku życia. Ludzie, którzy nie zdążyli zrozumieć, że sprawiedliwość, troska, miłość to z zasady nie są dobra, których zasób jest ograniczony, ale dobremu człowiekowi wystarczy ich dla całego świata.

Andrew Linzey, anglikański teolog, autor fundamentalnej pracy *Teologia zwierząt*, pisze o starej, lecz cytowanej do dziś doktrynie głoszącej, że „co nie zostało zawarte we wcieleniu, nie będzie uzdrowione w odkupieniu". Super, tylko jak wtedy rozumieć świętego Jana od Krzyża, twierdzącego przecież, że „łącząc się z człowiekiem, Bóg zjednoczył się z naturą wszystkich stworzeń"? Albo słowa świętego Pawła: „aby wszystko na nowo zjednoczyć w Chrystusie jako głowie, to, co w niebiosach, i to, co na ziemi" (Ef 1, 10), lub te: „Bóg pojednał w Chrystusie świat ze sobą" (2 Kor 5, 19)? Albo świętego Ireneusza, piszącego o Panu, „który zawiera w sobie wszystkie stworzone rzeczy i istnieje w całości stworzenia, gdyż Słowo panuje i urządza wszelkie stworzenie"? Mam czasem wrażenie, że jakoś bardziej i głębiej rozumieją to ludzie, którzy mają w sercu chrześcijański Wschód albo do niego po prostu należą. Nasz wybitny katolicki teolog, znakomity znawca prawosławia, ojciec Wacław Hryniewicz wiele razy pisał o tym, że nadzieję na niebo mogą mieć wszyscy: i ludzie, i wszystkie stworzenia, bo jesteśmy jednością, i basta. O tym, że niebo zwierząt to u prawosławnych nie „bambistyczna" fantazja, lecz kawał solidnej nadziei, przekonał mnie biskup Kallistos Ware w swojej bestsellerowej (jak na naszą religijną branżę) książce *Kościół prawosławny*. „Przemienienia dostąpi ostatecznie nie tylko ludzkie ciało, ale całe stworzenie. »Potem ujrzałem niebo nowe i ziemię nową, bo pierwsze niebo i pierwsza ziemia przeminęły« (Ap 21, 1). Odkupiona ludzkość nie ma być wyrwana z reszty stworzenia – wraz z nami zbawione i wsławione ma być również stworzenie (jak już zauważyliśmy, pierwocinami tego odkupienia materii są ikony). (...) Podobnie jak prawosławne nauczanie o ludzkim ciele i prawosławne pojmowanie ikony, to pojęcie »odkupienia kosmosu« opiera się na prawidłowym rozumieniu Wcielenia: Chrystus przyjął ciało – coś z materialnego porządku świata – i przez to umożliwił odkupienie i przemienienie (gr. *metamorphosis*) całego stworzenia – nie tylko tego niematerialnego, ale również fizycznego". Sytuacja jest tu więc prosta: to, co zostało stworzone, zostało zbawione i będzie ocalone. Tytułem do życia, biletem na drugą stronę śmierci, jest sam fakt bycia dziełem Boga, stworzonym z miłości (On inaczej niczego nie stworzył). Dzień końca świata, ów – jak go nazywali ojcowie Kościoła – „ósmy dzień tygodnia", nie przyniesie – jak wyobraża sobie wielu – destrukcji i Armageddonu, przyniesie kontynuację i kulminację dzieła stworzenia, odnowienie świątyni, którą jest cały świat. Ale do tego wątku wrócę jeszcze za chwilę.

Zaskakujące, że to my – widzący w zwierzętach nieco więcej niż ci, którzy widzą tylko kotlety – musimy udowadniać im, że mamy rację, a nie oni nam. Powtórzę: nadzieję na zmartwychwstanie całego stworzonego świata, wyrażającą się choćby w czułej pamięci o bliskich nam zwierzętach, uważam nie za herezję ani infantylizm, lecz za przejaw eschatologicznej wrażliwości. Owa wzięta z „viralowego" (analogowo, bo w czasach gdy powstał, nie było jeszcze virali, tego typu materiały kserowano więc i rozsyłano pocztą) anonimowego amerykańskiego wiersza idea „tęczowego mostu", za którym współtowarzysze naszej ziemskiej niedoli – wreszcie wolni od chorób, łańcuchów, smyczy, rzeźnickich noży – cieszą się pełnią istnienia, czekając, aż do nich dołączymy, w mojej ocenie jest do szpiku chrześcijańska. Mamy pełne prawo wierzyć, że nasze psy, koty, konie, chomiki będą z nami po tamtej stronie życia. Przede wszystkim dlatego, że one nigdy nie należały do nas. Choć meblowaliśmy im doczesność, meblowanie wieczności nie do nas już należy.

Papież Franciszek co do tej naszej wspólnej ze zwierzętami przyszłości też zdaje się nie mieć wątpliwości. Ochrzaniano go strasznie (i prostowano jego wypowiedzi, że przecież nie mógł mieć na myśli tego, co powiedział), gdy pocieszył dopytującego go o los swojego zmarłego psa chłopca: „Pewnego dnia zobaczymy nasze zwierzęta podczas ponownego przyjścia Chrystusa. Niebo jest otwarte dla wszystkich stworzeń Bożych". Ci, którzy nie mieli jasności co do tego, co papież ma na myśli, mają ją już w pełni po lekturze pierwszej ekologicznej encykliki w historii papiestwa (będzie o niej więcej w rozdziale czwartym) – *Laudato Si'*: „Cel drogi Wszechświata to Boża pełnia, którą osiągnął już zmartwychwstały Chrystus, będący fundamentem powszechnego dojrzewania. W ten sposób dodajemy kolejny argument, aby odrzucić wszelkie despotyczne i nieodpowiedzialne panowanie człowieka nad innymi stworzeniami. My sami nie jesteśmy ostatecznym celem wszystkich innych stworzeń. Wszystkie zmierzają wraz z nami i przez nas ku ostatecznemu kresowi, którym jest Bóg w transcendentalnej pełni, gdzie zmartwychwstały Chrystus wszystko ogarnia i oświetla. Ponieważ człowiek, obdarzony inteligencją i miłością, pociągany jest pełnią Chrystusa, powołany jest, by przyprowadzić wszystkie stworzenia do ich Stwórcy" (*Laudato Si'* 83; podkreślenia S.H.).

Od tego, o czym pisze papież, zaczęło się chyba w ogóle moje nieśmiałe mocowanie się z tezą, że zwierzęta też mogą wraz z nami przekraczać Styks (a po końcu świata – wraz z nami zza niego na „odnowioną" Ziemię wracać). Od narastającego poczucia odpowiedzialności. Od pierwszych wizyt w rzeźni (miałem wtedy piętnaście lat, byłem na młodzieżowo-katolickim wyjeździe w miejscowości Bombla na Podlasiu, tego, co tam widziałem, nie zapomnę nigdy), w schronisku dla zwierząt, na przemysłowej farmie. Od poczucia wielkiej niesprawiedliwości. Bo to my – jako się rzekło – ściągnęliśmy im przecież na głowę wzajemną agresję, choroby *etc.* przez grzech „korony stworzenia", Adama; swoim występkiem zainfekował on nie tylko siebie, ale całość systemu, którego był centralnym punktem. A skoro razem zanurzeni jesteśmy w cierpienie, ból i śmierć, nielogicznie byłoby sądzić, że Bóg zechce wciągnąć teraz na tamtą stronę tylko nas, bez zadośćuczynienia tej części swoich stworzeń, której schrzaniliśmy życie i raz już odebraliśmy wieczność (odbyłem w życiu sporo dyskusji o tym, czy w pierwotnym raju była w ogóle śmierć; lansowany przez niektórych teologów koncept, że była, ale taka jakby bezbolesna, przypominająca sen, wydaje mi się dziś z księżyca – że zostanę przy astronomicznym porównaniu, nie sięgając znów po anatomiczne – wzięta).

Wszystkich tych, co na takie moje *dictum* pukają się w głowę, dopytuję: OK, a jak wyobrażacie sobie swój raj? Owo coś „więcej, bardziej, mocniej, doskonale", do czego wszyscy zdążamy? Że co, że będzie tam tylko Bóg i ludzie? „Nie, no jednak może będą drzewa i zieleń, może jezioro jakieś, bo przecież jak tak żyć bez zieleni, bez jakiejś wody, bez cienia? Stwórca wpisał w nas potrzebę tego, co nam dał". Ach, więc będą nie tylko rośliny, ale i gwiazdy? A skoro będą one, to dlaczego miałoby tam nie być zwierząt? Parafrazując myśl amerykańskiego pisarza Ptolemy'ego Tompkinsa: skoro zwierzęta swoją wiernością, oddaniem, uwagą na tym świecie tak często przypominają nam o raju, który wspólnie utraciliśmy, my jesteśmy im winni zabranie ich do raju, za którym tęsknią, bo jest ich naturalnym środowiskiem dokładnie tak samo jak naszym.

Nie bez powodu chyba słynny wiersz Zbigniewa Herberta *U wrót doliny*, opisujący, jak na progu wieczności aniołowie rozdzielają matki z dziećmi, odbierają rodzinne pamiątki, a ludzie tulą zwłoki zbędnych w Chwale domowych zwierząt („staruszka niesie zwłoki kanarka / wszystkie zwierzęta umarły trochę wcześniej / był taki miły – mówi z płaczem / wszystko rozumiał / kiedy powiedziałam / głos jej ginie wśród ogólnego wrzasku"), części odbiorców (do których i ja należę) kojarzy się z selekcyjną rampą Auschwitz. To pokazuje, co zrobiliśmy z naszym wyobrażeniem Boga. Jak codziennie, od tysięcy lat, bluźnimy Mu w twarz. To nie On nam, to my Mu wyjaśniamy – jak przeczytałem u pewnego księdza – że „inne stworzenia miały sens tylko o tyle, o ile były przydatne człowiekowi, a w przyszłym świecie już przydatne nie będą. Bóg przecież sam człowiekowi wystarczy, więc po co dbać o świnkę?".

Czas znów przywołać Franciszka: „U kresu naszego życia spotkamy się twarzą w twarz z nieskończonym pięknem Boga i będziemy mogli z radosnym podziwem odczytywać tajemnice Wszechświata, który wraz z nami będzie uczestniczył w pełni bez końca. Tak, jesteśmy w drodze do szabatu wieczności, do nowego Jeruzalem, do wspólnego domu w niebie. Jezus mówi nam: »Oto czynię wszystko nowe« (Ap 21, 5). Życie wieczne będzie wspólnym zadziwieniem, gdzie każde stworzenie, świetliście przemienione, zajmie swoje miejsce i będzie miało coś, czym obdarzy ubogich ostatecznie wyzwolonych" (*Laudato Si'* 243).

Gdyby komuś nie wystarczyła Franciszkowa (i moja) nadzieja – jest jeszcze argument kolejny. O tamtym świecie wciąż niewiele wiemy, jednak o tym wiemy już naprawdę dużo więcej, niż wiedzieli Arystoteles czy święty Tomasz z Akwinu, przekonujący (ten ostatni), że w niebie nie może się znaleźć nic nierozumnego. Zwierzęta nie są „rozumne"? Ależ są. Budują czasem niezwykle zaawansowane społeczne relacje, są zdolne do przeżywania nie tylko lęku przed bólem czy śmiercią, ale i tęsknoty, współczucia, zachowań altruistycznych, a nawet żałoby. Jasne, z pewnością nie są ludźmi, nie mają ludzkiej duszy ani ludzkiej świadomości – ale mają swoją tożsamość, swoją „osobniczość". Wie to każdy, kto ma serce i oczy: nie ma dwóch identycznych psów, dzików, łososi czy pszczół. To człowiek, nie Bóg, wymyślił sobie kategorie zwierząt towarzyszących, gospodarskich, wolno żyjących i uznał, że pies to zawsze liczba pojedyncza (przynajmniej w naszej kulturze, w Azji jest inaczej; choć psie rzeźnie istniały i w Warszawie, ostatnią otwarto na Pradze w 1916 roku), ale świnia to po prostu surowiec, taki jak kauczuk czy węgiel. To nasze porządkowe regulacje, które w kosmicznej perspektywie niczego nie zmieniają, podobnie jak regulamin mieszkalnego bloku nie wpływa na to, kim są jego mieszkańcy. To, że pozwolono nam – jeśli będziemy głodni – niektóre z tych zwierząt zabijać, nie zmienia faktu, że krew każdego z nich z osobna będzie wołać do Ojca całej ziemi. Musiałbym być naprawdę ciężkim idiotą, gdybym chciał utrzymywać, że nigdy w życiu nie zabrzmiał mi w uszach ten pojedynczy krzyk.

Rzecz miała miejsce prawie *vis-à-vis* wejścia na schody prowadzące do białostockiej katedry, nazywanej powszechnie w mieście farą. Gołąb, chyba potrącony w locie przez pędzący autobus, nie mógł już latać, pewnie miał połamane skrzydła.

Siedział więc na jezdni bez ruchu i rozglądał się z wyciągniętą szyją. Czekał. Nie wiem na co. Na gołębiego anioła, który przyleci z nieba, by wytłumaczyć mu zasady fizyki i co tak naprawdę się stało? Który przywróci mu jego ptasią sprawność, przewinie film o parę klatek do tyłu, wymaże co trzeba i puści w projektorze dalej, pozwalając bohaterowi odlecieć na pobliskie planty, gdzie ów otrzepie się i pomyśli: „Uff, co za historia"? Może – zanurzony w czymś, co było dla niego kompletnie niezrozumiałe: w „nielotności" – próbował sobie to wszystko jakoś poukładać? Może wiedział, że jedyne, co go czeka, to śmierć pod kołami jakiegoś kolejnego samochodu, dobicie przez kota, dzieci albo ekipę sprzątającą ulice? Ile mogłem wtedy mieć lat: dziesięć? Była połowa lat osiemdziesiątych dwudziestego wieku, nikt nie słyszał jeszcze o ptasich azylach, weterynarze (i sprzętem, i podejściem) przypominali czasem „ludzkich" chirurgów z siedemnastego wieku. Zawsze będę pamiętał to, co w tym ptaku zobaczyłem: że w zderzeniu z odzierającą ze wszystkiego, z życiem włącznie, nieuchronnością stworzenie – czy gołąb, czy człowiek – zawsze może zachować to, czego nawet śmierć nie jest w stanie mu wyrwać, swoją – nie umiem znaleźć na to lepszego słowa, ale nie chodzi mi tu o poczucie własnej wartości, raczej o świadomość własnej odrębności, coś bliższego tożsamości niż pysze – godność.

Pamiętam dobrze to rozdzierające dziecięce serce poczucie, że ktoś zaproszony jako gość do naszego świata, wzięty przez nas do naszej arki Noego płynącej przez kloaczny potop w stronę czystego świata, został w nim źle potraktowany. Nie mebel, ale właśnie – gość (kolejny trafny cytat z Matthew Scully'ego: „Zwierzęta często sprawiają na mnie wrażenie zagranicznych gości starających się o względy gospodarzy. Chcących jakoś się wpasować, być jednymi z nas, próbujących nie rzucać się w oczy, nie wyjść na jakichś odmieńców, by ich nie deportowano"). Gość rozczulający w swojej bezradności, gdy zgubi się w dżungli przerastających go spraw.

Oto drugi obraz, mniej więcej z tego samego czasu. Pies, mały, czarny kundelek, który czuwał przy zwłokach swojego pana: ten może miał zawał, może udar, a odszedł ze świata, idąc po sprawunki do naszego osiedlowego sklepu. Na krzywo ułożonej parkingowej trylince leży człowiek, wokół wianuszek gapiów, którzy zbiegli się z okolicznych bloków. Obok zaparkowana milicyjna nyska. Lekarz stwierdził zgon i pojechał, milicjant stoi, ociera pot płynący spod mundurowej czapki (jak oni to robili, że te czapki zawsze były na nich za małe?). I mniej więcej w połowie drogi między leżącym człowiekiem a kręgiem stojących w milczeniu nie wiadomo po co widzów siedzi właśnie ten pies. Wie, że gdy pan leży – pies ma czekać, aż wstanie. Mruży oczy, jest upał. Ludzie tkwią w zawieszeniu, nie mają jeszcze powodu, by przekraczać wyznaczoną przez zwierzę granicę, nie podchodzą. Może gdy przyjedzie zakład pogrzebowy, kundelek zerwie się, może zacznie szczekać. Może – jak to było w tylu oglądanych i czytanych przez nas historiach – poleci za karawanem, będzie warował na grobie pana. Może zostanie zabrany do schroniska, gdzie któregoś dnia ktoś zaprowadzi go do pachnącego chemią gabinetu, osłucha, wbije igłę strzykawki z pentobarbitalem. Może wróci z pracy żona tego pana. Może dzieci. Może ktoś weźmie go na pamiątkę po tacie. Nie wiem, odszedłem. Co może zrobić dziecko? Tego psa nie ma tu już pewnie od dobrych trzech dziesięcioleci, a nie ma roku, bym sobie o nim nie przypomniał, nie pomyślał.

Już słyszę tych wszystkich wyprychujących znów z siebie swoją wyższościową litanię: „Ratunku, bambizm!", „Chowajcie dzieci! Antropomorfizacja!". Zabawne, że ci, którzy tak myślą, najczęściej zaciekle praktykują „bambizm odwrócony". Przykładają do zwierząt miary wzięte z ludzkiego świata i z wyższością pokazują: zobaczcie, nie zdały egzaminu z człowieczeństwa, są więc gorsze od nas. Pies czy ptak z pewnością nie ma takiej świadomości swojego *ego*, jaką dysponuje człowiek, ale nikomu nie udało się dowieść, że nie ma jakiejś innej. Niby dlaczego człowieczeństwo ma być miarą psiości, łabędziości albo niedźwiedziości? Człowiek nie jest najbardziej rozwiniętą formą ryby. Nawet jeśli wolą Bożą było, by nasze ciała wzięły początek od jakiejś bohaterskiej bakterii lub innego czegoś, co lata temu wytworzyło błonę komórkową i powiedziało: „No, to teraz jestem", rozwijaliśmy się przecież później obok siebie w innych warunkach. Sporo gatunków *homo* wymarło, ostała się akurat nasza gałąź. Zapomniał wół, jak cielęciem był? Skąd w nas teraz ten brak szacunku dla odmienności? Przekonanie, że skoro sami jesteśmy miarą i szczytem tego świata, nasz rachunek może być wiecznie otwarty?

Chyba nie tylko ja, patrząc na zwierzęta, widzę coś więcej niż maszyny (idiotyczny koncept Kartezjusza) ubrane w ciało, krew i hormony. Moje spostrzeżenia po spotkaniu z rannym gołębiem nie dawały mi spokoju do tego stopnia, że gdy byłem już nastolatkiem, spisałem je i wysłałem podziwianej przeze mnie już wtedy za lapidarność, wnikliwość i melancholijno-buddyjskie poczucie humoru pisarce Nataszy Goerke. Byłem zdumiony, że odpisała mi i w dodatku uznała ten fragmencik za poruszający. Założę się, że takie historie mogłaby spisać zdecydowana większość nas. Tu przywołam wspomnianego już wyżej Ptolemy'ego Tompkinsa, autora książki *The Divine Life of Animals*.

Tompkins opisuje w niej podróż, jaką odbył – licząc sobie dwanaście wiosen – na półwysep Jukatan wraz ze swoim ojcem i macochą. Tato prowadził naukowe badania nad kulturami tamtejszych budowniczych piramid. Autor pisze, że zawsze zaliczał się do dzieci obdarzonych nie tylko sympatią do zwierząt, ale i specyficzną otwartością na głębszą z nimi relację („dla takich dzieci przehandlowanie zwierzęcej niewinności za ludzką wiedzę nie wydaje się dobrym interesem"). Dlatego podczas gdy dorośli zajmowali się opisywaniem starych kamieni, mały Ptolly skoncentrował swoją uwagę na małym białym piesku (a dokładniej: suczce) wyłapanym z niepoliczalnej chmary kręcących się i dziś w tej części świata bezpańskich psów.

Penny („Grosik"), nazwana tak przez chłopca z powodu plamki w kolorze miedzi widocznej na jej grzbiecie, miała może parę miesięcy, była przeraźliwie chuda. Od momentu nawiązania z nią pierwszego kontaktu wzrokowego machała ogonem tak zawzięcie, że zanosiło się na to, iż zaraz się od tego przewróci. W poczuciu bezbrzeżnego szczęścia z powodu zostania zauważoną towarzyszyła później wycieczce w zwiedzaniu zabytków. Ptolemy, widząc, w jakim suczka jest stanie, chciał ją nakarmić częścią swojego lunchu. Macocha wytłumaczyła mu jednak, że to byłaby obelga wobec żyjącej bardzo biednie miejscowej ludności. Nakazała malcowi, by był „realistą". Lokalny przewodnik z uśmiechem potwierdził, zapewniając chłopca, że nie powinien się martwić, bo pies i tak z pewnością nie przeżyje nawet kilku dni, po czym umieścił Penny w kojcu, gdzie trzymane były przeznaczone na rzeź kurczaki. Malec stwierdził jednak, że ma w nosie realizm i chwilowo nie musi analizować stanu Wszechświata, pożałowania godnego losu zwierząt, z których skóry zrobiono jego buty, ani niedoli kurczaków, których szczątki znajdowały się we wręczonej mu przed chwilą tortilli. Z dziecięcą bezkompromisowością uznał, że pójdzie za intuicją, za przeczuciem, które pozwoliło mu dostrzec w Penny coś tak wyjątkowego, że między nimi dwojgiem powstał jakiś rodzaj więzi. Gdy nikt nie patrzył, odstąpił tortillę psu.

Ekspedycja odjechała. Ale Penny nie odjechała z głowy Ptolemy'ego Tompkinsa. „Trzydzieści parę lat później – wciąż tam jest. Maksymalnie pospolita, nadjedzona przez pasożyty mała biała kundelka, wpatrująca się we mnie zza lichego drucianego ogrodzenia, z ogonem przebywającym milę w ciągu minuty, z ekspresją pełną nadziei i obietnicą – jeśli już wtedy nie było to spełnienie – szczęścia. Minęły lata. Od tamtego dnia stałem się pełnoprawnym członkiem wszechświatowego klubu życiowych mądrali, co do członkostwa w którym – wówczas, gdy miałem dwanaście lat – miałem tyle obiekcji i wahań. Mam pracę. Mam kredyt hipoteczny i solidną porcję tego, czego można i raczej się nie chce oczekiwać od życia. W skrócie: nauczyłem się »być realistą«. Ale to wcale nie ustrzegło mnie od stawiania sobie raz na jakiś czas zupełnie nierealistycznych pytań. I kiedy to się zdarza, najczęściej przychodzi mi na myśl właśnie Penny. Czym tak naprawdę była Penny? Kiedy umarła, co z pewnością stało się parę dni lub tygodni później – co z niej pozostało poza paroma marnymi kilogramami futra i mięśni tworzących jej fizyczne ciało? Co, by być bardziej precyzyjnym, stało się z tą iskierką nadziei (to bardzo »ludzkie« określenie, ale jedyne właściwe, jakiego należy tu użyć), którą tak wyraźnie widziałem w jej oczach? Zniknęła kompletnie? A może było coś – jakiś nieskończenie tajemniczy, niematerialny rdzeń »Pennyności«, który nie zniknął wcale z jej ostatnim oddechem?"

Dalej Tompkins podejmuje dyskusję z mentalnymi dziedzicami jego szanownej macochy. „Dla wielu, rzecz jasna, tego rodzaju pytania brzmią nie tyle nawet »nierealistycznie«, ile po prostu absurdalnie. Łzawe, sentymentalne, wyzywająco antropomorfizujące fantazje człowieka, który nie jest w stanie – albo nie chce – widzieć tego świata takim, jaki jest. Ale czy ów świat rzeczywiście jest okrutnym, ostatecznym i niewybaczalnie jednowymiarowym miejscem, jakim rzeczywiście dość często się wydaje? A może jest jeszcze jakaś inna część tego świata – część, której na co dzień nie dostrzegamy, ale której smak łapiemy przez chwilę, gdy udaje nam się zbudować nawet najkrótszą relację z innym żywym stworzeniem? »W centrum naszego istnienia – pisał Thomas Merton – jest miejsce czystej prawdy, iskry, która w całości należy do Boga. To jak błysk czystego diamentu odbijającego niewidzialne światło nieba. Jest on w każdym człowieku i jeśli go dostrzeżemy, zobaczymy też miliardy świetlnych punktów spotykających się w blasku słońca, w którym cała ciemność i okrucieństwo tego życia zupełnie znikną«. Merton pisał oczywiście o ludziach, nie o zwierzętach. Mimo to nie zaprotestowałby pewnie przeciwko idei, że za spojrzeniem, które ofiarował mi zza drucianego ogrodzenia pewien mały biały pies z półwyspu Jukatan, znajdowało się prawdziwe istnienie. Istnienie, które – choć pewnie nie w sposób właściwy istotom ludzkim – świeciło jednak tym samym odbitym światłem nieba. A więc Penny musiała mieć duszę. Jedną chwileczkę: duszę?!"

Ano właśnie. Czy zwierzęta mają duszę? Przypuszczam, że większość czytelników tej książki (jeśli już po nią sięgnęła) może spokojnie podpisać się pod słowami Kimberlee Auerbach, amerykańskiej pisarki (i właścicielki pudla o imieniu Gracie): „Nie potrzebuję papieża, by mi powiedział, że zwierzęta mają duszę. Mam psa i wiem to już od dawna". A więc nie jestem sam w moim nie dającym się ubrać w ludzkie kategorie i słowa przekonaniu, że nie tylko w człowieku kryje się jakaś wymykająca się chemii i biologii iskra, że zwierzęta też zostały wyposażone w transcendentny moduł. Co ciekawe, przekonanie to nie charakteryzuje wyłącznie egzaltowanych starszych dam zapisujących swe yorki do pedicurzysty, zdarzało mi się słyszeć na własne uszy, jak wyrażali je również hodujący zwierzęta na mięso rolnicy. Tak, po osiemnastu miesiącach hodowli wysyłają do ubojni „mięsne" krowy z pełną świadomością, że skracają im tym życie o dobrych paręnaście lat, racjonalizując to sobie za pomocą swoistej farmerskiej metafizyki („takie jest ich przeznaczenie", „po to przyszły na świat"), gdy jednak wcześniej mówią o nich, pokazują je gościom, trudno nie zauważyć, że naprawdę odróżniają je od sieczkarni czy traktora (oczywiście nie dotyczy to wszystkich hodowców – są i tacy, tępi jak trzon od grabi, dla których istotny jest wyłącznie ich własny napchany kałdun, niemieckie auto w garażu i dolary). Na własne uszy słyszałem też myśliwych opowiadających z pasją, szacunkiem i czułością o leśnej zwierzynie (co, rzecz jasna, nie przeszkadza im po chwili wpakować obiektowi tych westchnień kulki w kręgosłup i powtarzając wyczytane w łowieckiej prasie rozgrzeszające mantry, patrzeć, jak kwicząc i tarzając się, podejmuje beznadziejną walkę o życie).

To jednak znamienne, że choć wnioski praktyczne z odkrywania w zwierzętach przekraczającej nas tajemnicy wyciągamy diametralnie różne, w miarę zgodnie uważamy za poznawczych dewiantów tych, którzy widzą w nich tylko i wyłącznie mięso, materiał badawczy, maszyny. Jasne, jedni uznawać będą, że wystarczy zapisać w prawie nakaz oszczędzania zwierzętom „zbędnego cierpienia", ja będę bronił tezy, że z punktu widzenia zwierzęcia dokładnie każde cierpienie jest zbędne, łapiemy już jednak w tej kwestii jakiś wspólny grunt. Wegetarianin bez problemu znajdzie go chyba z kimś, kto myśli jak chrześcijański apologeta sprzed stu lat Gilbert Keith Chesterton, piszący (w eseju – hymnie na cześć prawa do spożywania na święta dobrze przyrządzonego indyka): „Sądzę, że nie jest ani ludzkie, ani humanitarne, jeśli widząc głodną kobietę pochłaniającą wzrokiem wędzoną makrelę, myślimy nie o uczuciach kobiety, lecz o bliżej nieznanych uczuciach tragicznie zmarłej makreli. Podobnie nie jest ludzkie ani humanitarne, jeśli patrząc na psa, myślimy o bliżej nieznanych odkryciach, jakich moglibyśmy dokonać, gdybyśmy wywiercili mu dziurę w głowie". I dalej: „Indyk jest przecież bardziej sekretny niż wszyscy aniołowie i archaniołowie. Bóg powiedział nam, co znaczy anioł, ale nigdy nie powiedział nam, co znaczy indyk. A jeśli będziecie obserwować żywego indyka przez godzinę lub dwie, odkryjecie, że tajemnica pogłębiła się raczej, niż się zmniejszyła".

Myślę, że Tompkins złapał dobry trop, że miał rację. Ja, patrząc w oczy moich psów, obserwując zlatujące się na noc do ogrodu ptaki, pszczoły, szerszenie, spotykane podczas leśnych spacerów dziki, sarny, łosie albo naszych afrykańskich sąsiadów: słonie, żyrafy, impale, jaguary, lwy, hieny, a nawet kobry czy mamby – nie mam cienia wątpliwości, że one również noszą w sobie tchnienie pochodzące od mojego Stwórcy. On wpisał w nie coś, co jest Jego i nigdy nie będzie należeć do mnie.

W naszej judeochrześcijańskiej tradycji – żadna tam znowu nowość. Przecież już po drugim, „poawaryjnym" przymierzu, jakie zawiera z ludzkością – tym razem reprezentowaną przez Noego – Bóg, pozwalając ludziom zabijać zwierzęta na pokarm, zastrzega, że nie wolno im przywłaszczać sobie krwi, która w tamtych czasach i kulturze była uznawana za mieszkanie pierwiastka pozacielesnego, ducha (tak to sobie przodkowie wykombinowali: skoro żywa istota przestaje żyć, gdy się z niej spuści krew, to krew jest siedzibą czegoś, co robi z organizmu żywą istotę). „Nie wolno wam tylko jeść mięsa z krwią życia. Upomnę się o waszą krew przez wzgląd na wasze życie – upomnę się o nią u każdego zwierzęcia" (Rdz 9, 4–5a). Stąd oczywiście wziął się ubój rytualny: wykrwawienie bez ogłuszania (o tej okropnej praktyce napiszę więcej w kolejnym rozdziale), z obowiązkowym oddaniem Bogu ducha tego zwierzęcia przed przecięciem mu tętnic, do dziś praktykowany w tradycyjnym judaizmie i islamie i stający się tam swoją karykaturą (bo nawet jeśli kiedyś był rzeczywiście najmniej dotkliwą z dostępnych metodą pozbawiania zwierzęcia życia, dziś istnieją już metody znacznie mniej dotkliwe, poza tym ubój koszerny czy halal w warunkach *de facto* przemysłowych to czyste piekło, jedna z najlepszych znanych mi zachęt, by – jeśli jest Bóg, który mógłby się czegoś takiego domagać – zostać ateistą).

Byłoby jednak mało wielkoduszne w stosunku do Pana Zastępów, gdyby w tym Jego zdaniu dopatrywać się wyłącznie wskazań w zakresie rzeźniczej techniki. Bo kto – przecież to logiczne – ma prawo upominać się o coś, jeśli nie ten, do kogo owo coś należy? To Bóg, nie rolnik, nie zootechnik, nie konsument, nie ksiądz, jest dysponentem zwierzęcego losu. On upomni się więc o każdą z milionów hodowanych w Polsce kur „wymienianych" (zabijanych), gdy z powodu totalnego wyeksploatowania przestają już nieść tanie jajka. O literalnie każdego łososia, któremu na żywca zabełtano śrubą mózg, by utrzymać jego mięso w niepokalanej świeżości zapewniającej konsumentowi dosłownie chwilę podniebiennej satysfakcji więcej (ta technika nazywa się „*ike jime*"; w wykwintnych restauracjach płaci się za sushi z takiej ryby dużo więcej niż za to z zabitej w standardowy sposób). O każdego starego niedźwiedzia czy tygrysa sprzedanego z cyrku albo zoo do „farm myśliwskich", gdzie etyczni dewianci ze strzelbami mogą zapewnić sobie chwilę wrażeń, zabijając na wpół oswojone, a więc nie uciekające zwierzę (czasami te zwierzęta dodatkowo się jeszcze szprycuje, żeby bohaterowie mieli łatwiej). O każdego malutkiego makaka, którego azjatyccy smakosze przywiązują żywcem do stołu (uprzednio zabiwszy jego matkę), a następnie wbijając słomkę w nieuformowane jeszcze kości czaszki, rozkoszują się smakiem podawanego na surowo mózgu. O tego sławnego dzięki viralowemu filmikowi orangutana wypędzonego z domu przez harwestery karczujące las tropikalny pod hodowlę palmy oleistej, z której ktoś zrobi moje słodycze albo kosmetyki (nad losem małpy rzewnie płakały miliony, jeśli nie miliardy, po czym otarły łzy i w swoich konsumenckich preferencjach nie zmieniły absolutnie niczego). O słynną żyrafę z kopenhaskiego zoo, dwuletniego Mariusa, którego pewnego dnia w 2014 roku jego opiekun zwabił przysmakiem w ustronne miejsce, gdzie weterynarz wstrzelił mu w mózg bolec, a później jego poćwiartowane – na oczach gapiów, w tym dzieci – ciało oddano lwom (Marius był w pełni zdrowym zwierzęciem, jego jedyną winą było to, że – jak wyjaśniał szef naukowy ogrodu – nie reprezentował sobą żadnej nowości genetycznej, żyrafy o podobnym genotypie już w tym zoo były).

Do tych zaś, którzy zarzucać mi teraz będą, że jeżdżę po emocjach, że przecież „to tylko zwierzęta", mam zawsze to samo pytanie: kto wam pozwolił sądzić, że On nie słyszy ich skowytu? Przecież wam też zdarza się go słyszeć. Jak to jest, że tak bardzo poruszają nas historie reanimujących zaczadzone psy i z narażeniem własnego życia wyciągających konie z bagien strażaków, dlaczego tak kibicujemy świniom czy krowom, którym jakimś cudem udało się zwiać z transportu do rzeźni, dlaczego tak wielu najchętniej własnoręcznie zlinczowałoby kogoś, kto wyrzuca psa z jadącego samochodu, tylu z nas swój czas i pieniądze poświęca nie sobie, lecz trosce o dobro żyjących z nami stworzeń – a wciąż tego wszystkiego jest za mało, by krwawienie świata zatamować?

No dobrze, ale o sprawiedliwości wobec poranionego przez nas, zbójców, i porzuconego przy drodze ekobliźniego, czekającego na miłosiernego samarytanina, już było (i obszernie będzie), a tu mieliśmy badać, czy zwierzęta mają duszę. Nie chcąc wyjść na durnia większego, niż jestem, przeczytałem chyba wszystko, co jest dostępne na rynku na ten temat w języku polskim i (zwłaszcza) angielskim. I im głębiej zanurzałem się z jednej strony w relacje wrażliwców opisujących, jak przenikliwie i znacząco spojrzał na nich pies, kot czy wiewiórka, z drugiej zaś – w zimne elaboraty naukowców, którzy za habilitację powycinaliby chyba chętnie organy własnym dzieciom (bo przecież nie ma naukowego dowodu, że płacz dziecka jest czymś więcej niż sumą skomplikowanych reakcji biochemicznych), tym mocniej utwierdzałem się w przekonaniu, że takie postawienie sprawy jest absurdalne. Pytając o to, czy zwierzęta mają duszę, znów popełniamy bowiem ów tyle już razy omawiany błąd: pytamy o to, czy mają duszę taką jak nasza (albo jakoś podobną).

Błąd kolejny: nałogowo mylimy duszę ze świadomością albo inteligencją. Żaden chrześcijanin przy zdrowych zmysłach nie powie przecież, że człowiek trwale pozbawiony świadomości, na przykład na skutek urazu czy udaru mózgu, albo z tych samych powodów niezdolny do operacyjnego zastosowania inteligencji traci w związku z tym duszę. Dusza to pojęcie z zupełnie innego katalogu niż ten, gdzie zbieramy relacje o opisywanej przez wybitnego prymatologa Fransa de Waala (w książce *Bonobo i ateista*) szympansicy Daisy, która widząc, że jej kompan Amos choruje, głaskała go po głowie, mościła i poprawiała mu posłanie. Albo o słoniach zaklejających błotem śmiertelne rany postrzałowe zadane członkowi ich stada przez myśliwych, okrywających jego zwłoki liśćmi i ziemią, a następnie czuwających przy nich przez wiele godzin i dni, o czym tak przejmująco pisze Carl Safina w *Poza słowami. Co myślą i czują zwierzęta*. Donald R. Griffin w swojej głośnej (zdecydowanie bardziej naukowej niż popularnej) książce *Umysły zwierząt. Czy zwierzęta mają świadomość?* precyzyjnie relacjonuje spór, jaki toczy się we współczesnej biologii (zahaczającej o psychologię) o to, czy można naukowo potwierdzić posiadanie przez zwierzęta nie tylko świadomości, ale i – nazwijmy to przystępniej niż autor – samoświadomości. Czyli tezę, że zwierzęta nie tylko mają myśli, ale również są w stanie myśleć o swoich własnych, jak też i cudzych, myślach.

Księgarnie pełne są zbiorów przygód ludzi ze zwierzętami, w których ci pierwsi odkrywają, że wcale nie są jedynymi na tej ziemi istotami potrafiącymi nie tylko się komunikować (biologia dowiodła, że to potrafią nawet drzewa: ostrzegają się o zagrożeniach, dzielą się zasobami, tworzą w lesie sieć nazywaną teraz przez naukowych dowcipnisiów WWW, „Wood Wide Web"), ale i planować, wiedzieć, że czegoś nie wiedzą (delfiny), używać narzędzi (to umieją niektóre ryby, umie kruk), myśleć taktycznie, przeczuwać własną śmierć, bronić przed śmiercią innych. Nie ma żadnych wątpliwości, że na przykład psy są w stanie odczuwać psią miłość (nazywaną przez naukowców dla bezpieczeństwa przywiązaniem), przeniosły na ludzi relacje wilczego szczenięcia z jego rodzicami (tu dygresja: to jest jednak niesamowite, że taki na przykład wystrzyżony york albo wątła chihuahua to, patrząc na biologiczną taksonomię, nadal wilk: rodzaj – wilk, gatunek – wilk szary, podgatunek – pies domowy). One naprawdę przeżywają niepokój, gdy ich pan wychodzi, naprawdę czekają na jego powrót, bawiąc się, naprawdę się relaksują i nabierają sił, naprawdę są w stanie podjąć dla niego ryzyko, z ryzykiem utraty własnego życia włącznie, budują z nim więzi silniejsze niż z przedstawicielami swojego gatunku. Niektórzy decydują się na budowanie porównań: pies ma inteligencję dwuletniego dziecka, świnia dorównuje na tym polu siedmiolatkowi (bo, jak dowiedziono, umie sama sterować temperaturą w pomieszczeniu, dawkować sobie pokarm, wykonywać różne sztuczki, a nawet posługując się joystickiem, grać w proste gry komputerowe). Intencje tych autorów są, rzecz jasna, szlachetne, ale znów wiodą ich w ślepą, humanizującą zwierzęta uliczkę.

Chętnym gorąco polecam wizytę w pomijanej zwykle w książkach sekcji *Bibliografia*, by tak jak ja nabyli przekonań opartych nie na afektywnych uniesieniach, lecz na zupełnie naukowych obserwacjach: tak, spora część zwierząt ma nie tylko świadomość, ale i samoświadomość, to istoty w zadziwiający sposób inteligentne. A z faktu, że w jakimś eksperymencie wychodzi, iż małpa nie jest w stanie zrozumieć sposobu myślenia człowieka, wcale nie wynika, że jest stworzeniem od człowieka gorszym, tylko tyle, że jest innym.

Co nam, poza abstrakcyjną satysfakcją badawczą, przyjdzie z ustalenia, że zwierzę nie tylko czuje ból (bo kuli się, skowyczy, ucieka), ale ma jeszcze dodatkowo świadomość tego, że ów ból czuje, tak jak ma ją człowiek? Ileż jałowych akademickich dyskusji (i ile laboratoryjnych zwierząt) poświęcono, próbując ustalić, czy zwierzę odczuwające ból odczuwa też coś, co my, ludzie, nazywamy cierpieniem! Proszę mi teraz wskazać, gdzie w człowieku, którego koszmarnie boli ząb, przebiega owa tak ważka pojęciowa granica. Do którego momentu odczuwa ból, a od którego również cierpi? Czy cierpienie zaczyna się, gdy człowiek zaczyna wzywać na pomoc Boga? Czy wystarczy, że uświadomi sobie, iż cierpi tak, jak cierpią inni? Co to *per saldo* zmienia? Czy ból jednej z dziesięciu tysięcy świń zarzynanych dziennie w zaszczyconej błogosławieństwem biskupa łowickiego rzeźni w Kutnie, wydającej swoim kwikiem jasny komunikat: „Czuję zagrożenie! Nie zabijaj mnie!", albo skowyt psa patroszonego żywcem przez azjatyckiego rzeźnika na jednym z wciąż popularnych w Korei Południowej i Chinach „festiwali psiego mięsa", który w agonalnym obłędzie i błaganiu liże rękę oprawcy, okaże się mniej poruszający, jeśli owo stworzenie nie ma w głowie tych wszystkich metastruktur poznawczych, które miałbym ja, gdyby bito czy oskórowywano mnie? Jeśli ten jego ból jest tylko w jego mózgu, a nie w – takim jak ludzki – umyśle? A może cierpienie zwierzęcia – jak pisze Aysha Akhtar – jest tym większe właśnie dlatego, że zwierzę nie jest w stanie, tak jak my, go sobie zracjonalizować, wpisać w religijne wierzenia, opracować sposobu mentalnej z niego ucieczki?

Piszę te słowa, siedząc w ogrodzie, zerkam kątem oka na zażywającą słonecznych kąpieli Żelkę. Gdy tylko nasz wzrok się spotka, w ruch natychmiast idzie ogon Żelki, ale ja patrzę już na nią podejrzliwie: bo może to tylko hormony? Wiadomo, kojarzę się jej z dawaniem jedzenia i przyjemnością spacerowania, więc mój widok wywołuje w niej pozytywne emocje znajdujące swój wyraz w mechanicznych ruchach ogona, kropka. Czy Żelka wie, że jest Żelką? Czy ma świadomość swojej „Żelkowości"? Czy dumała nad sobą (może układając w głowie na ten temat dojmujące piosenki lub wiersze), gdy włóczyła się po ulicach warszawskiej Woli, skąd po raz pierwszy odłowił ją ekopatrol straży miejskiej?

Oczywiście mogę się starać nadal walczyć z antropomorfizowaniem Żelki, antropomorfizując ją takim myśleniem do oporu. To jednak całkowicie bezpłodne zajęcie, przynajmniej z perspektywy żyjącej w realnym świecie, a nie w mojej głowie, Żelki. Idę bowiem o zakład, że gdyby któregoś dnia moja świadomość uległa wyłączeniu na przykład na skutek urazu mózgu, ale nadal pracowałoby moje serce i płuca – dla Żelki pozostałbym dokładnie takim samym, jak byłem, człowiekiem. Nie widziałbym pewnie tego (albo dokładniej: nie uświadamiałbym sobie), ale ona na pewno – tak jak to ma w zwyczaju robić, gdy śpię – kładłaby się, by spać zawsze tuż obok. A na każdy mój ruch reagowałaby natychmiastowym przyglądnięciem mi się i niezwerbalizowanym pytaniem, czy tam, gdzie idę, może iść ze mną (gdyby mnie zaś przewożono – na bank chodziłaby za mną krok w krok i spała pod szpitalnym łóżkiem, bo chodzi za mną wszędzie, nazywamy ją w domu moją asystentką).

Kiedy śpię, także przecież nie mam samoświadomości. Nic też nie mówię, a do dziś w wielu ludzkich mózgach pokutuje inny idiotyczny kartezjański koncept, mianowicie że zwierzęta nie mówią, bo nie myślą. Czyli co, znowu: możemy zabijać albo trzymać w klatkach ludzi, którzy śpią albo na skutek wypadku pozostają bez kontaktu z otoczeniem (bo czy mają samoświadomość, wiedzą tylko oni sami)? Oczywiście – nie. Bo wiem, że oni noszą w sobie potencjał samoświadomości, i to ten potencjał – a nie jego realizacja – nadaje im ontologiczny status. No dobrze, a skąd pewność, że Żelka też go nie nosi? Że chociaż w dostępny mojemu poznaniu sposób nie jest w tej chwili w stanie wyrazić, iż kuma, czym jest jej „Żelkowość", nie robi tego w sposób, który z kolei dla mnie – ze względu na to, że ona jest psem, a nie zredukowanym człowiekiem – jest nie do ogarnięcia? Może zwyczajnie, jak sugerował Chesterton, nie mam dostępu do tajemnicy, którą wpisał w nią jej Stwórca? Można w laboratoriach wypruć flaki jeszcze milionom zwierząt, rozpłatać ich mózgi, wycisnąć z nich hormony, a i tak na koniec dnia wszystko, co uzyskamy, będzie warte dokładnie tyle, co publikowane przecież *non stop* kolejne rewolucyjne odkrycia mitycznych już „amerykańskich naukowców", przekonujących, że za moją wiarę też odpowiada po prostu chemiczna stymulacja jakiegoś obszaru mózgu, odpowiednie zastrzyki mogą więc sprawić, że będę ateistą lub buddystą. Z wielką pewnością siebie redukujących misterium stworzenia świata do tego, co może się zmieścić w głowie człowieka.

Zwierzęta nie mają więc ludzkiej duszy, to pewne. Kto nam jednak dowiedzie, że nie mają swojej, o której dziś niewiele wiemy (tezę tę wspiera franciszkanin ojciec Stanisław Jaromi, pisząc w „Psychologii Dziś" – tego tekstu w kościelnym periodyku nie puściła mu nasza firmowa cenzura – „Uważam, że są mocne podstawy, by uwierzyć, że dusza nie jest właściwa wyłącznie ludziom")? Tajemnica to klucz do całej sprawy, którą się w tym rozdziale zajmujemy. Tajemnica – czyli rzecz zupełnie nieznośna dla współczesnej postoświeceniowej kultury, z którą – w kwestii relacji z resztą stworzenia – tak ochoczo współpracuje, zdradzając swego Stwórcę, spora część mojego Kościoła. Rozdzierająca szaty, gdy ktoś z „racjonalnych" pozycji wyśmiewa cudowne uzdrowienia, transsubstancjację albo doświadczenia mistyków, a zarazem sama chętnie wykpiwająca tych, którzy przypominają, że w dogmacie o stworzeniu też tkwi pierwiastek przekraczający nasze poznanie – bo przekracza je jego Autor.

Znów powtórzę, bo znów wydaje mi się to absolutnie kluczowe: przeczytawszy te dziesiątki książek o „umysłach zwierząt", o ich umiejętnościach, sposobach funkcjonowania, jestem coraz głębiej przekonany, że potrzeba nam nie tyle kolejnych prób udowadniania, iż zwierzęta są prawie jak ludzie (i z tego wynikają ich prawa), ile powrotu do najprostszej umiejętności kontemplowania świata, zanikającej – również w kręgu chrześcijańskiej kultury – sztuki mieszkania we wspólnym pokoju z *Sacrum*. Sztuki podziwiania bez chęci posiadania. Doskonalenia się nie w podboju, ale w codziennym zwracaniu praw do świata Bogu. A jeśli ktoś nie miał szczęścia do katechetki i nie umie spojrzeć na świat oczyma Boga, niech wykona eksperyment zalecany przez Carla Safinę i spojrzy nań oczami kosmitów. Z pewnością w swoich studiach mogliby oni pisać o Ziemianach tak, jak my piszemy o zwierzętach, a arcydzieła Beethovena mogłyby się dla nich okazać niezrozumiałym „buczeniem". Natura przynosi nam znacznie więcej niż materiał na kotlety i paski do spodni: przynosi naszej wierze szansę na zjazd z ronda, na którym wielu z nas wytraca duchową energię, zaprasza nas do przerwania zbożnego dzieła kontemplacji lustra.

Jaką formę, jeśli nie duszę i nie krew, przypisać owej tyle razy już wspomnianej tajemnicy? „Tchnienie życia", pojęcie kluczowe dla naszych zwierzęco-dusznych rozważań, po raz pierwszy pojawia się już na początkowych kartach Biblii, w drugim rozdziale Księgi Rodzaju, na samym początku drugiego opisu stworzenia świata. Bo – jeśli ktoś dotąd tego nie zauważył – natchnieni autorzy sprzed kilkudziesięciu stuleci zostawili nam dwie następujące tuż po sobie opowieści o początku początków. W pierwszej Bóg zaczyna od nieba i ziemi, później stwarza światło, wodę, rośliny, ciała niebieskie i zwierzęta, a na koniec do tak urządzonej rzeczywistości dokłada, jako zwieńczenie, stworzonego z zupełnie niczego człowieka. W opisie drugim człowiek powstaje jako pierwszy (w zasadzie, bo zaraz po ziemi i niebie), „wykonany" z prochu ziemi, w który następnie Bóg tchnie dopiero owo „tchnienie życia". Po dokładnie to samo pojęcie biblijni autorzy sięgną później, gdy biedzić się będą z próbami ubrania jakoś w słowa przeczuwanej (bo nie poznanej) nie-tylko-ludzkiej transcendencji.

Co do tego, jaki model relacji człowieka z resztą stworzeń (i stworzeń między sobą) był w tym momencie (a więc – zawsze) zamysłem Boga, jako się rzekło – nie możemy mieć wątpliwości. „I rzekł Bóg: »Oto dałem wam wszelkie rośliny na całej ziemi, wydające nasienie, i wszelkie drzewa owocowe, zawierające nasienie. Będą one dla was pokarmem. A dla wszelkiego zwierzęcia polnego i wszelkiego ptactwa powietrznego, i dla wszystkiego, co się porusza po ziemi i ma w sobie życie, daję na pokarm wszelkie rośliny zielone«. I tak się stało. I widział Bóg, że wszystko, co stworzył, było bardzo dobre" (Rdz 1, 29–31a; w Biblii Aramejskiej powtarzający się w tej relacji refren, owo „było bardzo dobre", zastąpiony jest jeszcze bardziej otwierającą oczy frazą: „było piękne i właściwe"). Nie potrzeba więc chyba więcej dowodów na to, że w judeochrześcijaństwie, po pierwsze, zwierzęta od samego początku cieszyły się zdecydowanie bliższym człowiekowi statusem niż rośliny. Po drugie: choć to człowiek został stworzony na Boży obraz i podobieństwo, dzieli ze zwierzętami ten sam pochodzący od Stwórcy pierwiastek, który sprawia, że są (intuicję tę wyraziła wspaniała średniowieczna mistyczka, muzyczka i dietetyczka, ogłoszona doktorem Kościoła święta Hildegarda z Bingen, zapisując w *Liber Divinorum Operum*: „Daję tchnienie życia wszystkiemu, więc nic nie jest śmiertelne. Bo Ja jestem życiem"). Z całej tej opowieści można wreszcie wyprowadzić (więc nie będziemy z tym czekać) pewną teologiczną fantazję, przypuszczenie co do tego, gdzie mogą się podziewać nasze zwierzęta po swojej śmierci, a przed zamknięciem przez Boga historii i odpaleniem projektu Nowej Ziemi, na której z pewnością nie będzie ubojni, polowań ani schronisk dla zwierząt (bo one nikomu nie będą już potrzebne).

Jeśli bowiem zwierzęta, podobnie jak ludzie, rzeczywiście mają w sobie „tchnienie życia", a Boże życie nie poddaje się śmierci (bo wiemy już, że śmierć jest tak niezgodna z samą Jego istotą, iż trudno sobie wyobrazić coś bardziej nie-Bożego), to przecież zwierzęta nie przestają żyć w oczekiwaniu na koniec świata i zmartwychwstanie (nie ma czegoś takiego jak „półśmierć", „śmierć tymczasowa"; albo się żyje, albo nie). Człowiek podobnie. Ale z tym poradziliśmy sobie, włączając do naszej religijnej wyobraźni czyściec, wierzymy też w niematerialne niebo i piekło, w których poprzedzające nas sto miliardów ludzi, w szczęściu lub osobiście wybranym nieszczęściu, czeka na powrót do materialnej postaci (jak to opisuje Ewangelia według świętego Jana: „Ci, którzy pełnili dobre czyny, pójdą na zmartwychwstanie życia, ci, którzy pełnili złe czyny – na zmartwychwstanie potępienia"; J 5, 29). Gdzie więc tymczasowo ulokować biedne zwierzęta, które przecież nie podlegają osądom, bo nie ma wśród nich zła (a tym bardziej szaleństwa, do jakiego zdolny jest człowiek: umiejętności dokonania samopotępienia)?

Frapujący trop podsuwa tu mój od wielu lat niedościgniony mistrz w okołoreligijnym pisarstwie, człowiek, na którego książkach uczyłem się rozumieć i kochać Biblię: Tadeusz Żychiewicz. W eseju *Rzeczywistość ukryta* (z tomu *Stary Testament*) zwraca uwagę, że po grzechu i zainfekowaniu przez człowieka całego Boskiego świata Pan nie likwiduje ogrodu Eden, tylko wypędza zeń człowieka, stawiając przed ogrodem „cheruby z wirującym ognistym mieczem, by strzegły drogi do drzewa życia" (Rdz 3, 24). To zresztą osobne fascynujące zagadnienie: w Starym Testamencie raj jest ogrodem – nie dziką puszczą, lecz taką naturą, której człowiek nadał kształt, wybrał takie, a nie inne rośliny, pozostałe usunął; to przyroda ujarzmiona przez człowieka. W kulturze Nowego Testamentu rajem jest już miasto, Niebieska Jerozolima, opisywana w Psalmach, pochodzących z czasów gdy Izraelitom udało się osiąść w Ziemi Obiecanej i zbudować Bogu świątynię w przekonaniu, że tam, a nie gdzie indziej, będzie „portal" – miejsce, w którym kończy się ziemia, a zaczyna niebo.

No dobrze, ale co z tym ogrodem, który – zważywszy na to, że otaczać go miały cztery rzeki (a w kulturach mezopotamskiej czy egipskiej liczba cztery symbolizowała cały świat) – mógł po prostu oznaczać całą ówczesną ziemię? Skoro Bóg ów ogród stworzył i skoro było to bardzo dobre, to przecież nie wpuścił tam chyba aniołów z buldożerami i harwesterami, by uczynili to, co minister Szyszko z Puszczą Białowieską. Może więc – pyta Żychiewicz – ten Boży ogród, ta niepokalana ziemia, wciąż gdzieś jest, tyle że wymyka się dostępnym nam obecnie sposobom poznawania materii? Współczesna fizyka pełna jest przecież tak rewolucyjnych teorii dotyczących istoty materii, że naprawdę trudno już utrzymywać, iż istniejący świat ogranicza się wyłącznie do tego, czego jesteśmy w stanie doświadczyć naszymi zmysłami (proszę sobie na przykład doświadczyć korpuskularno-falowej natury światła albo zmysłowo ogarnąć zjawisko antymaterii, czarnej dziury). A zatem może jest tak, że ów ogród nie zniknął, tyle że nam po grzechu – na skutek oderwania od Bożej jaźni – wyłączył się wzrok pozwalający operować na tym piętrze istnienia?

To nie są tylko czcze teoretyczne wprawki. Każdy wierzący musi przecież prędzej czy później zadać sobie pytanie: co ze zmartwychwstałym Chrystusem? Każdej niedzieli powtarzamy w *Credo*, że „wstąpił na niebiosa". Wstąpił w ciele, nie zmienił się po Wielkiej Nocy w ducha. Pokazywał się uczniom, jadł, pił, dawał się dotykać, choć jednocześnie był już jakby właśnie z innego piętra – nie od razu dawał się rozpoznać, przechodził przez zamknięte drzwi, nie wiadomo jak (pekaesów wtedy nie było) pokonywał wiele kilometrów. Niebo jest niematerialne, On jest materialny, więc gdzie jest?

A może On, drugi Adam, otworzył zamknięty przez pierwszego Adama ów rajski ogród Eden? „Chrystus zmartwychwstał jako pierwszy z tych, co pomarli" – pisze święty Paweł (1 Kor 15, 20). Jako pierwszy, protoplasta odkupionych, Jezus wszedł więc do chwały, która czeka nas wszystkich. Do miejsca, w którym wszystkie stworzenia Boże doznają ulgi i przeżywanej po swojemu (odwołam się do frazy z opisu stworzenia: „według swych gatunków") radości, jaką od początku cieszyły się w Bożym planie. Może więc – ot, taka teologiczna fantazja, wydaje mi się jednak, że nie do końca nieuzasadniona – nasze zwierzęta, które opuszczają tę ziemię, trafiają właśnie tam? Do ogrodu, którego my, mający oczy wciąż zaropiałe od grzechu, nie możemy dostrzec? Gdzie spokojne, szczęśliwe, pod okiem aniołów Stwórcy, czekać będą, aż dołączymy do tej harmonii i cały świat na powrót stanie się Bożym ogrodem (nie przestając być puszczą, pustynią, oceanem; o harmonię tu chodzi, nie o sposób nasadzeń ani rozmieszczenie wód)? Nikt nie zabroni mi wierzyć w takie swoiste wniebowzięcie zwierząt. W to, że wracają do harmonii, do której zostały powołane, od razu ze swoim ciałem, które w ziemskim życiu było ich jedynym skarbem, znaczyło dla nich dużo więcej niż nasze ciała dla nas. Nie wiem, jak w tym ogrodzie odnajdą się krowy czy świnie. Wiem, że gdy idzie o psy, mnie, ich opiekunowi, trudno chyba wyobrazić sobie lepszą poczekalnię, lepsze miejsce, gdzie mogłyby spędzić te chwile, zanim moi bliscy usłyszą ode mnie słowa, o których od dawna myślę, że będą moimi ostatnimi: „Idę wyprowadzić psy".

Mnóstwo ciekawych tropów w tej sprawie zawierają też chrześcijańskie apokryfy. W *Księdze Henocha słowiańskiej* czytamy, że „dusza zwierząt, które uczynił Pan, nie zostanie zamknięta aż do Sądu. Wszystkie dusze oskarżają człowieka". W *Księdze Jubileuszów* znajdujemy podbicie tezy o krzywdzie, jaką wyrządził grzech człowieka całemu stworzeniu: po grzechu Adama zwierzęta tracą mowę, którą wcześniej dysponowały. W *Protologii wiedeńskiej* czytamy o dealu, jaki ptaki zrobiły z Adamem, dostarczając mu – głodującemu – owoce, ale żądając też pokwitowania (które Adam wypisuje na kamieniu), że kiedy na końcu czasów wszyscy wrócimy do Ogrodu „w piątek o godzinie dziewiątej", jego dużo już liczniejsi potomkowie nie wyjedzą wszystkiego ptakom. W etiopskiej *Księdze Koguta* tytułowy bohater występujący pod postacią potrawy podanej podczas Ostatniej Wieczerzy zostaje wskrzeszony przez Jezusa i otrzymuje tajną misję śledzenia Judasza, podsłuchiwania jego planów. Kogut realizuje zadanie z przebiegłością absolwenta szkoły wywiadu w Kiejkutach i wraca, by ze łzami opowiedzieć wszystko Jezusowi i apostołom, ci zaś zaczynają płakać razem z nim. Jezus odsyła następnie koguciego zwiadowcę, nakazując mu wstąpić do nieba na tysiąc lat (co stało się więc z kogutem po 1033 roku n.e. – nie wiemy).

Czy ja tych wszystkich opowieści potrzebuję? Nie bardzo. Na tyle chyba zdążyłem się zorientować w osobowości Stwórcy, z którym zdecydowałem się związać swoje życie, że wydaje mi się, iż pośmiertny los wszystkich stworzeń mogę spokojnie zostawić w Jego ręku. On jest dobry. On „nie złamie trzciny nadłamanej, nie zagasi knotka o nikłym płomyku" (Iz 42, 3). I – co ważne dla dalszej części naszych rozważań – nie musi kręcić interesów z lobby futrzarskim ani drzewnym. Ani mięsnym.

„Czy nie sprzedaje się pięciu wróbli za dwa grosze?
A ani o jednym z nich Bóg nie zapomina”.

(Łk 12, 6)

„Nie możemy zamykać oczu na to, że zmierzamy
do otchłani, niszcząc środowisko, rabując
naszą ziemię, wyzyskując ją bez najmniejszej
myśli o przyszłych pokoleniach”.

Papież Franciszek w wywiadzie dla dziennika
„La Stampa”, 9 lutego 2017

ROZDZIAŁ TRZECI

O tym, jak człowiek zrobił z krów morskie drapieżniki. O tym, z czego jest szynka, skoro nie jest Babuni. O morderczych łosiach dyżurujących przy polskich drogach. I o ewidentnych związkach między męskością a strzelaniem do ptaka

W popularnych dziś książkach i filmach poświęconych zwierzętom (jeśli te ostatnie, to, rzecz jasna, wyłącznie z głosem czytającej komentarz Krystyny Czubówny!) widzimy najczęściej lwy, wieloryby, egzotyczne dzikie ptaki, żyjące w ostępach drapieżniki. Utwierdzamy się w ten sposób w złudzeniu, że to one są wciąż statystycznymi reprezentantami świata zwierząt. Prawda jest inna. Jak wynika z wyliczeń profesora Vaclava Smila z University of Manitoba, jedynie trzy procent masy kręgowców żyjących dziś na świecie przypada na faunę żyjącą wolno (kiedyś mówiło się: dziką). Trzydzieści procent to masa ludzi. A aż sześćdziesiąt siedem procent to masa hodowanych przez człowieka kręgowców. Podawane w literaturze dane się różnią, trudno więc ocenić, czy hodowlanych kurczaków jest dziś na Ziemi siedemnaście miliardów czy może dwadzieścia cztery, ale i tak – przy tej skali – jest coś na rzeczy w przypuszczeniu, że gdyby ludzkość uległa teraz zagładzie, a za ileś tam wieków ufoludek przybył na Ziemię i zaczął wykopywać z niej kości, najprawdopodobniej uznałby, że trzecią planetę od Słońca w dwudziestym pierwszym wieku zamieszkiwała cywilizacja drobiu. Co roku około siedemdziesięciu miliardów zwierząt gospodarskich kończy życie w rzeźniach (na każdego z nas wypada więc około dziesięciu śmierci rocznie). Gdyby twardo trzymać się kryterium statystycznego, ta książka powinna mówić prawie wyłącznie o nich; niech mi wybaczą, że poświęcę im tylko ten skromny rozdział.

Na początek – zgodnie z tradycją anglosaskiego pisarstwa *non fiction*, na której słusznie wzorują się teraz wszyscy – obrazek. Dwa razy dziennie, jadąc samochodem z podmiejskiego leża do Warszawy lub z powrotem, mijam miejsce zupełnie niezrozumiałe, gdy weźmie się pod uwagę zapotrzebowanie na ziemię budowlaną w okolicy. Kilkuhektarowe, ogrodzone pastwisko z biedastajnią skonstruowaną z posztukowanych elementów archaicznych samochodowych naczep, po którym błąka się zwykle parę, paręnaście koników. Obok – rozwalająca się szopa, przy której drepcze wypożyczany pewnie sezonowo do przykościelnych „żywych szopek" osioł. Mieszkam przez płot ze stadniną i mimo że nigdy nie odnalazłem w sobie pociągu do hippiki, chyba umiem sobie mniej więcej wyobrazić, jak wygląda zadbany i po swojemu szczęśliwy z tego, że żyje, konik. Zwierzęta na tym pastwisku to końskie zombie. Niby wciąż z tego świata, ale niczego już na nim nie oczekujące, snują się z miejsca na miejsce jak zjawy.

Zadzwoniłem do urzędu miasta. Wytłumaczono mi, że ranczo należy do mieszkającego od lat w Polsce przedstawiciela słynnej (u nas) z mistrzowskich osiągnięć w sztukach walki rodziny. Znalazłem później w sieci materiał na jego temat. Każdy przejaw zaniepokojenia swoją działalnością zwala on na karb polskiej ksenofobii, tłumaczy, że taka hodowla to jego kulturowe dziedzictwo, a kolejne wzywane inspekcje potwierdzają, że przyczepić się nie ma do czego: zwierzętom w urzędowej ocenie nie dzieje się krzywda. To pewnie temat na osobny esej: co – również w Polsce – stało się z niektórymi weterynarzami, wizerunkowo wciąż przecież powszechnie utożsamianymi wyłącznie z miłymi (znam takich wielu) ludźmi z lecznic dla małych zwierząt. Tymczasem nie brakuje i „wetów" idących na posady, na których z rzeczników dobrostanu zwierząt stają się rzecznikami dobrostanu kont opłacających ich ludzi. Nadzór nad ubojem zostawmy, proszę poczytać o wydawanych przez powiatowe inspekcje weterynaryjne absurdalnych nakazach rozstrzeliwania mieszkańców małych, prywatnych zoo ze względu na zagrożenie ASF (afrykańskim pomorem świń). Ta histeria, nakręcana przez obecny rząd, który musi jakoś udowodnić wściekłym, tracącym pieniądze hodowcom świń, że coś z tym robi, przybiera zresztą wiele idiotycznych odsłon (patrz: wabienie myśliwych pieniędzmi, by praktycznie wybili do nogi polską populację dzika, strzelając również na terenach parków narodowych). „Ochrona interesów polskiego rolnika"? Co za bzdury. Nawet dziecko domyśli się, że najpoważniejszym czynnikiem ryzyka dla zamkniętych przez całe życie szczelnie w chlewni setek świń nie jest nie mająca wszak (o ile mam aktualne wiadomości) daru przenikania przez ściany dzika zwierzyna, ale dzierżący klucze do tej chlewni i roznoszący mikroby człowiek: myśliwy mający kontakt z zakażoną krwią, rolnik, weterynarz pracujący bez bioasekuracji *etc.*

Tysiące albo setki tysięcy zdrowych zwierząt zginą więc w polskich lasach i chlewniach – bo hipotetycznie (nie ma pewności, że w każdej konkretnej sytuacji realnie) zagrożone będą czyjeś pieniądze. Nie mogę powiedzieć, że łatwo mi przychodzi pogodzić się z tą myślą: dla wielu zwierząt na ziemi śmierć ma oczy, twarz i ręce człowieka, który pozbawiając je życia, nie tyle ratuje swoje (przed głodem czy chłodem), ile po prostu robi interesy. Ilekroć patrzę na zgromadzone we wspomnianym „gospodarstwie", przy rzuconym mu sianie, stado koni, widzę istoty pewnie jakoś po swojemu wdzięczne opiekunowi, dzięki któremu nie mają pustych brzuchów. A to przecież pułapka. Z każdym kolejnym posiłkiem są bowiem bliżej celu, do którego – jak z pewnością usłyszelibyśmy od hodowcy – „zostały przeznaczone" (czy *per analogiam* człowiek został „przeznaczony" na pokarm dla komarów? Wszak one też muszą go żreć, by zapewnić ciągłość swojego gatunku). Bliżej dnia, w którym ich właściciel uzna, że tucz został zakończony, wpędzi je na naczepę i wyśle w ostatnią podróż.

Dlatego, mimo iż jestem szczęśliwym posiadaczem spłachetka wiejskiej ziemi, raczej nie będę hodującym zwierzęta rolnikiem. Nazwijcie to sobie znowu „bambizmem", wyrzekajcie jak Freud na wegetarianizm Leonarda da Vinci (proszę docenić skromność porównania), że to wyraz jakiegoś „zniewieścienia" mej istoty. Wielu hodujących zwierzęta w celach gospodarczych rolników to dobrzy, prawi ludzie. Ja piszę tu wyłącznie o sobie. O tym, że widząc satysfakcję karmionego przeze mnie tucznego zwierzęcia, za każdym razem czułbym się jednak – jakkolwiek pompatycznie w tym kontekście by to zabrzmiało – zdrajcą. Matthew Scully w *Dominion* cytuje fragment powieści Thomasa Hardy'ego *Jude the Obscure* (w Polsce wydawanej jako *Więzy miłości. Juda nieznany*) – opis ostatnich chwil świni zarzynanej przez tytułowego bohatera i jego żonę Arabellę: „(...) po zmaganiu krzyk umierającego zwierzęcia osiąga trzeci, ostatni ton, agonalny wrzask; zachodzące szklistością oczy wbijają się w Arabellę z wyraźnym wyrzutem stworzenia inteligentnego na tyle, by rozpoznać zdradę tych, którzy byli jego jedynymi przyjaciółmi". Miejskie pięknoduchostwo? A kto powiedział, że cała prawda dostępna jest wyłącznie na wsi?

Zgadzam się w pełni ze Scullym, gdy stwierdza, że dziewięćdziesiąt procent krzywdy stworzenia na tym świecie generuje pięć procent ludzi. Którym – uwaga! – udało się wmówić pozostałym dziewięćdziesięciu pięciu procentom ludzkiej populacji, że jest czymś godnym wezwań do internetowego linczu skopanie jednego bezdomnego psa, ale coroczne wysyłanie w kilkunastogodzinną podróż do włoskiej rzeźni tysięcy małych „mlecznych jagniąt" z polskich łąk (to wielkanocny przysmak), w znacznej mierze „nieodsadzonych", a więc odłączonych przemocą od karmienia przez matkę, nie umiejących jeść niczego innego niż mleko (w związku z czym powinny być karmione w drodze na ubój butelkami ze smoczkiem z odpowiednimi roztworami, a najczęściej nie są), a przed śmiercią – znam i takie relacje – próbujących ssać palce rzeźnika, który podrzyna im gardło, no cóż – to realizacja ich „przeznaczenia". To nasza narodowa duma, to nasze „kulinarne dziedzictwo". Ponad milion rocznie (w skali Europy) przemocą odłączonych od matki cieląt, które – głodne z tych samych powodów co jagnięta – ssą w transporcie do rzeźni brzuchy i ogony innych zwierząt, a przez swoją nieporadność są bite i popychane – to „czynienie sobie ziemi poddaną". To przedsiębiorczość. To troska o interes włoskiego konsumenta i polskiego hodowcy.

Jestem jak najdalszy od tego, by cokolwiek komukolwiek narzucać; każdy z nas ma swój rozum, sumienie, wrażliwość. Nikt nie może już jednak wymagać ode mnie, zmuszać mnie, bym ja, Szymon Hołownia, dorosły obywatel tego kraju, swoimi naprawdę ciężko zarobionymi pieniędzmi opłacał coś, czego nie byłbym w stanie zrobić sam, bo nawet tylko patrząc na to, czułbym się winny, czułbym, że zdradzam nie to małe jagnię, ale siebie. Że sprzeniewierzam mój status opiekuna świata, co to bowiem za opiekun, którego nie stać na to, by dać pożyć stworzeniu, bo musi przez pięć albo siedem minut pieścić swoje kubki smakowe dziecięcym, a nie dorosłym, smakiem? Nie umiem ukrywać radości, jaką sprawiają mi newsy o tym, że w 2018 roku ekologom udało się radykalnie zredukować włoski skup jagnięcego żywca na Podhalu albo że dzięki protestom ograniczono działalność kolejnego końskiego targu (i słowo daję, że gdybym legitymował się kapitałem w skali chociażby ćwierć-Kulczyka, znaczną jego część poświęciłbym nie tylko na próby powstrzymywania takich działań, ale też na tworzenie warunków ludziom je podejmującym, by mogli spokojnie zająć się inną, bardziej ich godną pracą).

Widzę też jednak tytaniczne wysiłki podejmowane przez działy PR, prawników i zrzeszenia producentów mięsa, które doskonale wiedzą, jak radykalnie zmalałyby ich zyski, gdyby każdy z nas miał możliwość osobistego uczestnictwa w procesie produkcji tego, co ląduje później w naszych garnkach i brzuchach. Tumanią nas reklamami pokazującymi, jak uśmiechnięci dziadkowie idą z wnuczką przez stado gęsi, dziecko wyciąga rączki do ptaków, bawi się z nimi, a następnym obrazem są kawałki truchła jednej z owych gęsi na tacce. Nostalgiczna muzyka, ciepłe promienie słońca. Sielanka. Bardzo proszę, pokażcie tej miłej dziewczynce etap pomiędzy głaskaniem gąski a tacką. Nakręćcie to i wmontujcie do reklamy. Dlaczego tego nie zrobicie? Producent mebli, samochodów, koszul nie miałby chyba takiego problemu? Dlaczego wstydzicie się tego, czym się zajmujecie? Nikogo niczym nie epatujcie, nic nie podkręcajcie. Pokażcie prawdę, tak bym widział całą drogę, jaką przebyło to, co jem. Szanuję tych, którzy nie kombinują, nie mamią obrazkami z wesołą, wskakującą na talerz świnką i mówią swoim odbiorcom wprost: ta szyneczka nie jest babuni, to kawałek ciała zwierzęcia, które chciało żyć, ale zabiliśmy je, było przy tym dużo krzyków i krwi, niestety, inaczej owej szyneczki uzyskać się nie dało. Lubię, gdy ktoś gra ze mną w otwarte karty. Wybrał niełatwy kawałek chleba. Nie robi więc żadnej łaski. Jego obowiązkiem jest wpuszczać gdzie się da kamery, inspektorów, opisywać ze szczegółami dawki i skład pasz, suplementów, podawanych leków (profilaktyczne podawanie antybiotyków na farmach w UE jest zabronione, ale w USA – już nie), cały proces produkcji i zamieszczać filmy z niego w internecie.

Przez ostatnich parę lat naoglądałem się po kokardę filmów z ubojni, solidnie naczytałem rolniczych portali, prac agronaukowców dokonujących „uboju doświadczalnego" owczych stad, by przekonać się, czy na przyszłość lepiej wysyłać zwierzęta na śmierć w maju czy jesienią. Utwierdziłem się w moim przekonaniu, że skoro nie muszę zwiększać sumy cierpienia, nawet zwierzęcego, na tym świecie, powinienem go nie zwiększać, bo – jak trafnie zauważa Scully – „kiedy zło konieczne przestaje być konieczne, staje się po prostu złem". Zwalczyłem w sobie konformistyczne lęki, że oto jeśli powiem: „Nie w moim imieniu", to po pierwsze i tak się nic nie zmieni (o tym, że się zmieni – piszę niżej), a po drugie kogoś obrażę lub znieważę. Proszę: oto moja prywatna – acz wywiedziona nie skądinąd, tylko z chrześcijaństwa – moralność. A to można mieć swoją prywatną moralność? – zapyta zniecierpliwiony tym wywodem mięsożerca. Cóż, jeśli tylko zgadzamy się co do pewnego wspólnego moralnego kodu, pewnej wersji *basic* – pewnie można wgrywać do niej nakładki indywidualne. Proszę spojrzeć na ludzi, którzy podjęli jakieś zobowiązanie do ascezy – na przykład mnichów, buddyjskich czy chrześcijańskich: w ich wachlarzu dopuszczalnych zachowań nie mieszczą się rzeczy, które mieszczą się w moim. Mięsożerstwo jest prawem, z którego można korzystać lub nie. Nie jest przykazaniem.

Nikt mi nie płaci za bycie guwernantką świata. Nie umiem też jednak być ślepy i głuchy na to, co się dziś w owym świecie dzieje. Philip Lymbery, szef brytyjskiej organizacji Compassion in World Farming (CIWF), którego miałem okazję poznać na zorganizowanej jesienią 2017 roku w Londynie konferencji, gdzie rolnicy, biolodzy i działacze z całego świata zastanawiali się, co zrobić, by człowiek znów nauczył się współpracować z resztą stworzeń dla swojej i ich korzyści, we wspominanej już przez mnie książce *Dead Zone* wykłada wprost rzecz dla zrozumienia obecnego stanu relacji człowiek – przyroda bezwzględnie fundamentalną: we współczesnym rolnictwie od dawna nie chodzi w pierwszym rzędzie o to, by kogoś nakarmić, lecz o to, by produkować więcej i więcej, i więcej.

Połowa – dokładnie tak – produkowanej dziś na świecie żywności wcale nie odżywia człowieka. Prawie połowa warzyw i owoców w Wielkiej Brytanii kończy na śmietniku, jeszcze zanim znajdzie się na sklepowych półkach, nie spełnia bowiem standardów estetycznych, jakie przyjęły handlowe sieci. Ludzie wyrzucają na śmietnik rocznie ilość mięsa, która odpowiada dwunastu miliardom zwierząt hodowlanych (w samej Unii Europejskiej – dwóm miliardom zwierząt). A ponieważ na świecie, jako się już rzekło, zabijamy dziś rocznie około siedemdziesięciu miliardów zwierząt gospodarskich (która to liczba nie uwzględnia ryb i innych wodnych stworzeń) – jedno zwierzę na sześć z pogłowia kurczaków, krów, świń jedzie do rzeźni wyłącznie po to, by jego szczątki skończyły na śmietniku. Cztery piąte żyją w systemie tak zwanego chowu przemysłowego (u nas używa się raczej eufemizmu: „gospodarstwa wysokotowarowe”), gdzie – jak może i ostro, ale nie bez racji zauważa Matthew Scully – nie ma mowy o tym, by zdradził je jakiś przyjaciel, bo one od początku są zwyczajnie w ręku wroga.

Powtarzam po raz enty: mięsożerstwo nie jest niemoralne (choć przy współczesnym stanie wiedzy nie można już bronić tezy, że jest niezbędne). W mojej ocenie nie daje się jednak pogodzić z moralnością wspomniany przemysłowy model hodowli zwierząt (czyli farmy, na których w zamknięciu trzyma się czasem i dziesiątki tysięcy zwierząt), z którego znaczną część owego paliwa dla mięsożerczych przekonań się dziś pozyskuje (w trybie przemysłowym hodowana jest współcześnie prawie połowa sprzedawanego na świecie mięsa). To system, który zalewa światowe rynki nie tylko tanim mięsem, ale i mlekiem, i jajkami, wystawiając za to słony rachunek wszystkim poza samym sobą. Wciskając kit, że to po prostu złoty interes: ludzie na świecie mają tanie jedzenie, producenci i handlowcy zarabiają, zwierzęta są szczęśliwe, bo wreszcie nie muszą uciekać przed wilkami ani martwić się o żarcie (a hodowcy na niczym nie zależy przecież tak jak na tym, by były zadowolone, bo niezadowolone zwierzęta to strata w bilansie). A poza tym – jakaż to oszczędność terenu, gdy pastwiska można przeznaczyć na inne cele bądź zostawić przyrodzie! Itp., itd., *etc*.

Jakie piękne bzdury! Po pierwsze: proszę sięgnąć do internetu, poczytać, jak różni się wartość odżywcza, dajmy na to, kurczaka wolnowybiegowego i tego z tak zwanego chowu intensywnego. Proszę zaryzykować i porównać kiedyś ich smak. Mięsny biznes wmówił ludziom, że potrzebują porcji zwierzęcego białka trzy albo i cztery razy dziennie, a białko roślinne nadaje się co najwyżej na dodatki w rodzaju sałatek, co – jak pokażę w rozdziale piątym – jest bujdą (a przebiałkowanie w ogóle, dotykające prawdopodobnie zdecydowaną większość z nas, żyjących tu, gdzie żyjemy, jest realnym zagrożeniem dla zdrowia). Z premedytacją, wyłącznie w celu pomnożenia swoich zysków, odcina człowieka od całego odżywczego bogactwa zawartego w roślinach, z których nasi przodkowie wyczarowywali potrawy nie do pomyślenia dziś, gdy na śniadanie są parówki, na obiad schabowy, a na kolację kanapki z polędwicą lub krakowską suchą. W nie tak bardzo odległych czasach mojej młodości powtarzano jak mantrę, że jedzenie owoców i warzyw jest podstawą zdrowia. Nie słyszałem, by komuś udało się tę tezę obalić, przeciwnie, dziś zajmujący się żywieniem naukowcy trąbią: konieczna jest bardziej zróżnicowana dieta, im więcej zielonego (kolorowego), tym lepiej (jeśli ktoś chce się dowiedzieć, na jakich kryteriach oprzeć tę różnorodność – niech wpisze do internetowej wyszukiwarki hasło „zdrowy talerz"). Człowiek obżerający się mięsem jest i dziś obiektem komentarzy o niezdrowym odżywianiu. Mają one uzasadnienie naukowe. W opublikowanym w marcu 2018 roku przez Greenpeace wyczerpującym raporcie *Mniej znaczy więcej. Mniej mięsa i nabiału – zdrowsze życie i planeta* czytamy: „Dowody na to, że jedzenie czerwonego mięsa ma negatywne efekty dla zdrowia, są tak mocne, że w 2015 roku Międzynarodowa Agencja Badań nad Rakiem sklasyfikowała czerwone mięso jako »prawdopodobnie rakotwórcze«, a przetworzone czerwone mięso jako »rakotwórcze«. Ocena ta opiera się na raporcie przygotowanym przez 22 ekspertów z dziesięciu państw, którzy przeanalizowali około 800 badań. Na podstawie tej analizy doszli oni do wniosku, że każde 50 g dziennie spożytego przetworzonego mięsa zwiększa ryzyko raka jelita grubego o 18 proc. W skrócie: jedzenie przetworzonego mięsa powoduje nowotwór jelita grubego". Eksperci zaproponowali zmniejszenie spożycia przez człowieka czerwonego mięsa do mniej niż trzystu gramów gotowanego mięsa tygodniowo jako element profilaktyki tego rodzaju nowotworu. Mięso jest głównym źródłem tłuszczów nasyconych, a produkty zwierzęce – jedynym źródłem (egzogennego) cholesterolu. Naprawdę, proszę poczytać ów łatwo dostępny w sieci raport Greenpeace, bo jest wstrząsający (i oparty na konkretnych badaniach, nie fobiach): czerwone mięso zwiększa ryzyko udarów, otyłości, choroby wieńcowej. Każdy z nas – nawet jeśli zwierzęta ma w nosie – winien chyba dowiedzieć się jak najwięcej o tym, z czego buduje później swój organizm, jedyny, jaki mu podarowano.

Po drugie: spójrzmy, z czego, i jakim kosztem, swój organizm budują zwierzęta mające budować ten mój. Żywienie zwierząt w chowie przemysłowym to postawienie natury na głowie. Lymbery zwraca uwagę, że odkąd udomowiliśmy zwierzęta gospodarskie, zasadniczo zjadały one rzeczy, których nie jada człowiek (trawę, odpadki kuchenne), przerabiając je na te, które człowiek jada (mleko, mięso, jajka). Dziś zmuszamy je, by jadły pożywienie, którym można by spokojnie nakarmić człowieka. A konkretnie jakieś cztery miliardy ludzi.

Jedna trzecia wszystkich światowych upraw, w tym dziewięćdziesiąt osiem procent światowych upraw wspaniałego źródła białka – soi, idzie dziś na pasze. Składnikiem pasz jest też na przykład mączka rybna (krowy to – jak powszechnie wiadomo – od zawsze znane morskie drapieżniki) i inne przetwory choćby z poławianej w tym celu w ogromnej ilości około dziewięćdziesięciu miliardów sztuk rocznie sardeli, również mogącej być znakomitym pokarmem dla człowieka (konkretnie – kolejnego miliarda ludzi), a w tym samym czasie, co pokazał Lymbery w swojej pierwszej książce, *Farmageddon*, dzieci z wiosek w Peru, w których kwitnie ów przemysł, cierpią na niedożywienie, liczba morskich ptaków w okolicy spadła o dziewięćdziesiąt procent, a z miliona osobników pingwinów Humboldta zostało trzydzieści tysięcy.

Wszystko to przerabia się na białko zwierzęce w absurdalnie nieekonomicznym procesie, w którym z dwudziestu jeden kilogramów jadalnego ziarna otrzymujemy kilogram jagnięciny, a z trzynastu kilogramów ziarna – kilogram wołowiny (dane USDA, Departamentu Rolnictwa USA, podawane w książce *The Future of Meat Without Animals*); z kolei jak wynika z cytowanych przez Lymbery'ego jeszcze mocniej wbijających w fotel badań naukowców z University of Minnesota – z kilograma białka roślinnego uzyskuje się niecałe pół kilo białka w mleku, trzysta pięćdziesiąt gramów w jajkach, sto gramów w wieprzowinie i pięć gramów białka zwierzęcego w wołowinie (gdy weźmie się pod uwagę konwersję kalorii – w przypadku wołowiny ze stu kalorii z białka roślinnego uzyskujemy trzy kalorie z białka zwierzęcego). Naukowcy z Minnesoty zaproponowali też, by odchodząc od kanonicznego mierzenia efektywności upraw przez wyliczanie ton (lub kwintali) z hektara, zacząć podawać, ilu ludzi dany areał jest w stanie wyżywić. W USA hektar upraw może dać pożywienie szesnastu osobom. Daje – sześciu (zaskakuje za to wynik Chin, gdzie wskaźnik ten wynosi dziesięć). Tego absurdu świadomi są wszyscy, z oenzetowskimi agendami włącznie. W raporcie FAO (Organizacji Narodów Zjednoczonych do spraw Wyżywienia i Rolnictwa) z 2011 roku mówi się wprost: „Gdy zwierzęta hodowane są w ramach chowu przemysłowego, przetwarzają węglowodany i białka, które w innym wypadku mogłyby być spożyte bezpośrednio przez ludzi, i wykorzystują je do produkcji mniejszej ilości energii oraz białka. W takich wypadkach dochodzi do zmniejszenia zasobów żywnościowych planety". Marnotrawstwo wołające o pomstę do nieba.

Koszt produkcji paszy dla „taniego mięsa" przeznaczonego na stoły ludzi w miarę zamożnych płacą najubożsi. Soja, kukurydza, inne paszogenne rośliny (na przykład strączkowe) muszą gdzieś wyrosnąć. Marta Zaraska w bardzo interesującej (i wcale nie ideologicznie wegetariańskiej) książce *Mięsoholicy. 2,5 miliona lat mięsożerczej obsesji człowieka* pisze, że uprawy pod pasze dla zwierząt hodowanych przemysłowo zajęły dziś jedną trzecią gruntów rolnych Ziemi. W 2050 roku na świecie będzie nas pewnie około dziesięciu miliardów. Jeśli każdy z nas będzie wówczas chciał jeść tyle mięsa, masła, jajek, lodów co dziś żyjący obywatele USA (będący wzorem konsumpcji dla nas, Polaków, w latach dziewięćdziesiątych dwudziestego wieku, a teraz – dla mieszkańców szybko bogacących się krajów Azji), owe trzydzieści parę procent upraw trzeba będzie przemnożyć przez minimum cztery. Lymbery policzył, że pod uprawy soi i kukurydzy wycina się rocznie lasy o łącznej powierzchni równej połowie Wielkiej Brytanii. W Argentynie uprawy te stanowią prawie dwie trzecie wszystkich tamtejszych upraw (z brazylijskiej i argentyńskiej soi GMO robi się też pasze jedzone między innymi przez polskie zwierzęta hodowane na mięso). To poboczny temat, na parę osobnych książek, z których niejedną już napisano (patrz na przykład: praca Marcina Rotkiewicza) – ale proszę poczytać sobie kiedyś o tym, jak programuje się dziś genetycznie rośliny, by były odporne tylko na jeden herbicyd, pochodzący od tego samego producenta, albo by dawały plon tylko raz, tak by rolnik musiał kupować co roku ziarno od produkującej je firmy. Problem zauważa nawet pochodzący z Argentyny papież Franciszek: „W różnych krajach obserwujemy tendencję do rozwoju oligopoli w produkcji nasion i innych produktów potrzebnych do uprawy, a uzależnienie się pogłębia, jeśli weźmiemy pod uwagę produkcję nasion sterylnych, co doprowadza do zmuszania rolników, by kupowali je od producentów" (*Laudato Si'* 134). Megauprawy przemysłowe to też usuwanie miedz, zagłada polnych insektów, gryzoni, nie mających gdzie gniazdować i czym się żywić ptaków (European Bird Census podaje, że w latach 1980–2010 liczba ptaków żyjących na obszarach wiejskich miała się zmniejszyć w Europie o jakieś trzysta milionów). Szczególnie wstrząsnąć zaś nami powinna – ściśle powiązana z rozwojem upraw przemysłowych – dokonująca się właśnie teraz hekatomba trzmieli i pszczół, od których zależy jedna trzecia naszego pożywienia. Wybijamy w pień niezbędną nam i darmową siłę roboczą. Profesor Simon Potts z uniwersytetu w Reading oszacował wartość usług świadczonych człowiekowi przez zapylacze na mniej więcej trzysta miliardów dolarów rocznie. Jest ich już tak mało, że powstają farmy pszczół „przemysłowych", wypożyczanych do zapylania upraw (widywałem ich „produkty" na polskich plantacjach pomidorów).

Osobiście nie mam wielkiego kłopotu z uprawami GMO. Wierzę naukowcom przekonującym, że potrafią zaprogramować ziarno kukurydzy tak, iż roślina umie sama wytwarzać toksynę bakterii *bacillus thuringiensis* rozpuszczającą układ pokarmowy pożerającego je owada, ale nie naruszającą przy tym mojego. Średnio trafia do mnie (bo zbyt często i rzeczowo jest podważany) argument, że wyposażone w dodatkowe środki obronne rośliny to mniej chemii na polu, uznaję jednak i tę tezę Rotkiewicza, że zdecydowana większość znanych człowiekowi roślin i (hodowlanych) zwierząt to przecież dokonywane przez stulecia genetyczne modyfikacje, swoiste GMO w jaskiniowym wydaniu. Myślę, że ten mój – wyraźnie przychylny GMO – kolega ma też rację, przekonując, że z tego naprawdę może czasem wyniknąć coś bez wątpienia dobrego. Od paru lat mam okazję w swojej pracy *non stop* spotykać na żywo ofiary klęski głodu (i próbować coś dla nich robić). Mnie też dziwaczne wydają się więc powody, dla których nie dopuszczono jeszcze do użytku uzyskanego dawno temu przez Ingo Potrykusa i Petera Bayera tak zwanego złotego ryżu produkującego beta-karoten, w ludzkim organizmie przerabiany z kolei na witaminę A, której brak odpowiada za śmierć i problemy zdrowotne tysięcy źle odżywiających się dzieci z najuboższych rejonów świata. Głównym powodem, dla którego złoty ryż nie jest jeszcze masowo uprawiany, jest lęk przed GMO, przybierający czasem – przyznać to trzeba – zgoła zabobonne formy.

O ile więc nie wywołuje we mnie sprzeciwu genetyczne przerabianie roślin, o tyle mam jednak poważny problem z brutalnymi ingerencjami (nie tylko na poziomie inżynierii genetycznej, ale przede wszystkim w sposobie urządzenia ich chowu) w życie zwierząt, które z omówionych już wyżej oczywistych przyczyn nie mogą być zrównywane z pszenżytem albo jabłonką. Na dziesiątkach wydziałów rolniczych na całym świecie gorąco wspierani i obsypywani grantami przez przemysł agrouczeni dwoją się i troją (istnieją nawet uniwersyteckie doświadczalne rzeźnie), nie ze wszystkim jednak dają sobie radę. Na przykład problem nieczystości generowanych przez wielotysięczne skupiska zwierząt pozostaje nierozwiązany. Tak zwane laguny całego tego syfu powstające przy wielkich farmach wytwarzają metan (rolnictwo przemysłowe pompuje dziś do atmosfery tyle gazów cieplarnianych co wszystkie samoloty, samochody i pociągi razem wzięte) i raz na jakiś czas przeciekają, mniejsze farmy po prostu rozrzucają odchody po polach w charakterze nawozu. Chlew na tysiąc świń daje około czterech i pół tony odchodów dziennie, ponad sto trzydzieści ton miesięcznie. David Burbaker z Johns Hopkins School of Publich Health cytowany przez Ayshę Akhtar pisze, że jedna farma, na której tuczy się pięć tysięcy świń, produkuje tyle odchodów co pięćdziesięciotysięczne miasto, a całe pogłowie zwierząt hodowanych w USA generuje sto do stu trzydziestu razy więcej ścieków niż cała ich ludzka populacja (czytając takie pozornie suche liczby, warto uruchomić zmysły wyobraźni, wręcz poczuć ten smród).

Nie myślmy, że to wszystko, o czym napisałem dotąd, to odległy problem wyuzdanego w swym kapitalistycznym pędzie zgniłego Zachodu, bo u nas – wiadomo, jako się rzekło – konik, pług, rolnik i wiejska sielanka z wierzbą płaczącą w tle. Dostatecznie często bywam na wsi, by wiedzieć, że wylewanie pohodowlanego i poubojowego syfu na pola rolników, którzy za parę złotych zgadzają się na taki rodzaj „nawożenia", to nie wyjątek, lecz gdzieniegdzie smutna norma. Myślicie, że nasze bohaterskie państwo czuwa dniem i nocą, by nie dopuścić do zrzutu na polskie pola potencjalnych epidemiologicznych bomb być może (a być może nie, kto to wie) pełnych gronkowców, bakterii *coli*, streptokoków fekalnych czy jaj pasożytów? Poczytajcie znakomitą książkę Jasia Kapeli *Polskie mięso*. Zobaczycie, jak (nie)wydolne w tym zakresie potrafią być polskie inspekcje ochrony środowiska i weterynaryjne. Kapela wnikliwie zbadał procedurę pozbywania się odpadów poubojowych ze wspomnianej już wielkiej ubojni w Kutnie, rozmawiał z mieszkańcami walczącymi ze smrodem i odpadkami zawalającymi całą okolicę, wyświetlił lokalne układy (pan prokurator umarza sprawę, żona idzie na dyrektora mięsnej spółki). Za takie rzeczy uczestnicy tego procederu powinni mieć nie tylko proces, ale i cofnięte unijne dopłaty. Mają? Wolne żarty.

Choć coś chyba zaczyna się zmieniać, skoro ostatnio Wojewódzki Inspektorat Ochrony Środowiska na polach w okolicach Gostynina odnotował jednak „wylewane nieczystości zawierające m.in. żywe jaja pasożytów jelitowych oraz pałeczki bakterii z rodzaju *salmonella*", dodając: „istnieją podejrzenia, że substancje mogą pochodzić z kutnowskiej ubojni oraz biogazowni". To jeśli chodzi o ubojnię. A fermy? Och, proszę zadać wujkowi Google'owi dwa proste słowa: „smród" i „ferma". W ponad dwudziestu tysiącach linków, które momentalnie pojawią się nam przed oczami, mamy praktycznie całą mapę Polski. Bezradnych wobec problemu, próbujących się jakoś zrzeszać mieszkańców, władze, które zazwyczaj zasłaniają się bałamutnym argumentem o miejscach pracy (wykażemy, że to fikcja) i podatkach, kompletnie ślepe na długoterminową dewastację swojego środowiska – jałowione grunty, zakwitające akweny *etc.* Oto prawdziwy koszt taniej szyneczki. Zapłaci go ktoś inny, mieszkający dwa albo pięćset kilometrów od ubojni czy fermy, ale ktoś będzie musiał zapłacić na pewno. Perspektywa zmieniłaby mi się, rzecz jasna, gdyby ktoś chciał postawić chlew z paroma tysiącami świń lub rzeźnię zaraz pod moim domem. Ale nie stawia. Problemu więc przecież nie ma.

Kończąc fekalny wątek, poświęćmy chwilę jeszcze jednej związanej z nim ciekawostce. Pía Spry-Marqués w swojej fascynującej monografii poświęconej świni i wieprzowinie *Pig/Pork. Archaelogy, Zoology and Edibility* zwraca uwagę, że świnia nie jest w stanie skutecznie strawić (bo nie wytwarza pewnego enzymu) organicznych związków fosforu znajdującego się w soi, kukurydzy i innych roślinach, z których komponuje się jej pasze. Jeśli hodowca nie dodaje do świńskiego jedzenia enzymatycznego preparatu, fosfor ów (wraz z stosowanym w nawożeniu azotem) w znakomitej większości spływa więc rzekami do mórz (ziemia nie jest bowiem w stanie przetworzyć takiej jego ilości), wywołując szalony rozwój „dopalonych" w ten sposób morskich roślin, zabierających z kolei tlen całej reszcie stworzeń (miesięcznie do Zatoki Meksykańskiej trafia za pośrednictwem rzek Missisipi i Atchafalaya tyle azotu i fosforu, ile dałoby się zapakować w czterech tysiącach kontenerów). To od pani Marqués dowiedziałem się, że w latach dziewięćdziesiątych kanadyjscy naukowcy pod wodzą profesora Cecila W. Forsberga skonstruowali świnię GMO wytwarzającą ów potrzebny enzym, fitazę. Sponsorująca projekt firma mięsna, widząc, jak konsumenci reagują na informację o manipulacjach genetycznych w świni, wycofała się jednak z niego i całe nieliczne pogłowie (dziesiąte pokolenie) tak zwanych EnviroPigs (od *enviroment* – środowisko, i *pigs* – świnie) poszło pod nóż.

Stara mantra (podobno Miltona Friedmana) powtarzana do znudzenia przez kapitalistów pozostaje aktualna i w tym obszarze naszego życia: nie ma czegoś takiego jak darmowy lunch. Lymbery cytuje wyliczenia, z których wynika, że całkowity koszt wyprodukowania wołowego burgera, za którego klient płaci dolara – gdy doliczy się do niego koszty paliwa, produkcji chemii do uprawy paszy, zanieczyszczenie środowiska, straty społeczne – jest mniej więcej czterokrotnie wyższy. Raport Greenpeace cytuje analizę, z której wynika, że „każdy kilogram produkowanej w Europie wieprzowiny to średnia szkoda dla środowiska wyceniana na 1,9 euro. Tyle kosztują negatywne skutki eutrofizacji, zakwaszenia, użytkowania ziemi i emisji gazów cieplarnianych". Chcecie jeść mięso? Jedzcie. Ale czy musicie jeść akurat to, które generuje tak do szpiku chory system, które zabija mnie, ciebie, nasze dzieci? To naprawdę jest aż tak proste: jeśli gromadzi się zwierzęta w jednym miejscu, zwalnia się jakieś tereny, ale zabiera je gdzie indziej, bo paszę przecież trzeba im gdzieś wyhodować. Gdy koncentruje się wielkie ilości odchodów w jednym miejscu, ich odżywcza siła pomnożona przez ilość staje się zwyczajnie zabójcza. Każda ferma przemysłowa, także przecież ta polska, produkuje przemysłowe ilości zanieczyszczeń powietrza (gazy, cząsteczki sierści, podściółki, paszy, grzybów, drobny pył nieorganiczny). Rolnictwo przemysłowe odpowiada też za koszmarne marnotrawstwo wody, jednego z najbardziej deficytowych dóbr na świecie. Szacuje się, że produkcja jednego steka z hodowli przemysłowej pochłania około pięciu tysięcy litrów (dwadzieścia pięć wanien) wody, jeśli więc chcesz z czystym sumieniem zaszaleć dziś w McDonaldzie, powinieneś nie myć się przez miesiąc. Taka hodowla zużywa czterdzieści trzy procent wody więcej niż oparta na naturalnym wypasie, a produkcja określonej ilości białka zwierzęcego w ten sposób wymaga sto razy więcej wody, niż potrzebne byłoby do wyprodukowania analogicznej ilości białka roślinnego (rolnictwo w ogóle zużywa prawie siedemdziesiąt procent słodkiej wody na świecie). Zużycie naszych wspólnych rezerwuarów energii? Michael Pollan w „The New York Times" pisze, że w 1940 roku z każdej kalorii energii pochodzącej z paliw kopalnych przemysł spożywczy wydobywał 2,3 kalorii w jedzeniu. Dziś, żeby wyprodukować jedną kalorię supermarketowej żywności, trzeba zużyć dziesięć kalorii energii z ropy, gazu itp. (Brian C. Henning w eseju *Towards 2050* zamieszczonym w książce *The Future of Meat Without Animals* precyzuje: na jedną kalorię z wołowiny – czterdzieści kalorii z paliwa, na jedną kalorię z mleka – czternaście kalorii z paliwa).

Idźmy dalej przez ów dyskont pełen samej szczęśliwości. Konsument cieszy się, że ma tanią rybkę? Łowimy tak rabunkowo, że prawdopodobnie już w połowie tego wieku ryby dziko żyjące mogą stać się rarytasem (gdy wyłowimy na paszę wszystkie małe ryby i w ten sposób wyjmiemy z łańcucha pokarmowego jedno ogniwo, żywiące się tymi małymi duże ryby po prostu wyginą). Do tego dochodzi jeszcze ekologiczny koszt działania farm rybnych („produkujących" około stu miliardów tych stworzeń rocznie), będących nierzadko wylęgarniami chorób, którymi infekowane są później dziko żyjące ryby, oraz olbrzymim zagrożeniem genetycznym dla pierwotnych mieszkańców mórz (na przykład genetycznie zaprogramowane na późniejsze dojrzewanie – bo gdy dojrzeją, przestają tyć – osobniki z hodowli, uciekając z niej i mieszając się z dziką populacją, rozregulowują ekosystem). To potworne marnotrawstwo: do wyhodowania tony łososia lub pstrąga trzeba zużyć pięć ton mniejszych ryb, co również dokłada się do przełowienia wielu akwenów świata, z Bałtykiem włącznie. To wreszcie tysiące zastrzelonych przez właścicieli farm fok, które – co oczywiste – widzą w tych farmach łatwy żer.

Zwolennicy robienia ze wsi fabryki mnożą bzdurne argumenty. A to, że gdyby chcieć hodować wszystkie te stłoczone zwierzęta organicznie, nie wystarczyłoby miejsca (Lymbery policzył, że jeśliby całą wielomiliardową populację kurczaków przestawić na tryb wolnowybiegowy, potrzebowałaby obszaru równego Hawajom). A to, że dzięki osiągnięciom agronaukowców do 2050 roku uda się zmniejszyć emisję gazów cieplarnianych z farm-fabryk o trzydzieści procent. Super, tyle że w tym samym czasie emisja tych samych gazów – w związku ze wzrostem liczby tych farm – zwiększy się o mniej więcej osiemdziesiąt procent. Ocieplenie o dwa stopnie Celsjusza (zalanie przybrzeżnych miast, spadek globalnego PKB o trzynaście procent, pół miliarda ludzi pozbawionych wody) – już mamy jak w banku. Trzy stopnie to między innymi permanentna susza w Europie, cztery stopnie – totalne załamanie światowego systemu produkcji żywności, a więc – patrząc na to, co dziś robi przemysł rolniczy – jego samobójstwo.

Największą ściemą rolnictwa przemysłowego wydaje mi się jednak zasygnalizowane już wmawianie nam, że to nadal jest rolnictwo. Wspomniane działy marketingu, PR i agencje reklamowe ubierają te regularne fabryki i korpo w świat obrazków z naszych dziecięcych wakacji spędzanych u krewnych na wsi, w agrarną mistykę sprzed stu–dwustu lat. W opowieść o zmaganiu twardego, pobożnego, wsłuchanego i wpisanego w rytm natury człowieka, w pocie czoła wypracowującego pokarm niezbędny do życia ludzkości. Gdy piszę te słowa, z Holandii docierają wieści o śmierci tysiąca dwustu świń, które udusiły się z powodu awarii wentylacji na w pełni skomputeryzowanej i nadzorowanej zdalnie tylko przez jednego (nawiasem mówiąc – polskiego) pracownika przemysłowej farmie. W pożarze w nowoczesnej chlewni w Wielkopolsce w maju 2018 roku spłonęło żywcem cztery tysiące pięćset świń. Dwa miesiące wcześniej w Kujawsko-Pomorskiem, też w pożarze, zginęło ich trzy i pół tysiąca. Słucham prognoz mówiących, że kolejny huragan ma uderzyć w wybrzeże Stanów Zjednoczonych, przechodząc przez stany, w których koncentruje się hodowla przemysłowa; zagrożonych jest ponad osiemset milionów kurczaków i indyków oraz dziesięć milionów świń. W USA zwierzęta hodowlane w świetle prawa są praktycznie przedmiotami. Proszę obejrzeć w internecie zdjęcia z poprzednich huraganów: setki tysięcy świń porzuconych w chlewniach, które by się nie utopić, próbują się chronić na dachach budynków, a pozostawione same sobie – giną, tworząc widoczne z lotu ptaka surrealistyczne pływające wyspy wzdętych martwych ciał. Albo proszę wpisać do Google'a: „Świnie grzebane żywcem w Korei", i powiedzieć mi, że schabowy wart jest takiej ceny.

Hodowla (i uprawa) przemysłowa to bezduszny proces produkcji. Zrywa naturalne relacje, jakie człowiek od niepamiętnych czasów miał ze środowiskiem. To świat, w którym człowiek – zastępowany przez podajniki i komputery – staje się zbędny (z danych polskiego GUS-u wynika, że choć nie zmniejsza się produkcja rolna, liczba osób zatrudnionych w rolnictwie w szybkim tempie maleje: z trzech i pół miliona w latach dziewięćdziesiątych dwudziestego wieku do półtora miliona obecnie), w którym wyzysk zwierząt pociąga za sobą wprost nieludzki wyzysk człowieka. Jaś Kapela i Matthew Scully pokazują w swoich książkach, jak przemysł hodowlany i mięsny zasysa bataliony gotowych do każdej pracy (a więc i do tej, którą niewielu innych chciałoby wykonywać) imigrantów, jak krótko są w stanie w niej wytrzymać, jak się ich poniża i źle opłaca, jak chciwość królów mięsa wyciska z nich wszystko, z ludzką godnością włącznie.

Człowiek nie jest już żadnym „kustoszem" świata, opiekunem, pasterzem powierzonych mu stworzeń. Szczerze zachęcam, proszę zajrzeć na rolnicze portale. Magistrowie inżynierowie od tuczenia zachwycają się tam wyciskaniem ze zwierząt coraz większych ilości mleka czy jajek, profesorowie od uboju rytualnego konstruują nowe urządzenia do skutecznego pozbawiania ich możliwości ruchu, doktorzy habilitowani od drobiu i jajek pieją nad nowoczesnymi „finiszerami", czyli paszą podawaną zwierzętom w ostatnim okresie przed ubojem, która ma tak wpłynąć na organizm zwierzęcia, by urosły mu tylko te części ciała co trzeba, oraz modlą się o odkrycie Świętego Graala agronauki, którym jest dziś pewnie doprowadzenie do sytuacji, kiedy zwierzę będzie gotowe do uboju godzinę po urodzeniu (a najlepiej – jeszcze przed). Wszyscy oni powtarzają: przecież taki właśnie jest świat.

Dokładnie tak. Ten biznes to ogromne pieniądze. To branżowe zrzeszenia, własne media, bataliony prawników, sponsoring fundacji, uczelni i badań. Od dawna z dziennikarskiej ciekawości mam na oku paru polskich tuzów tego biznesu. Ciągną z UE wielomilionowe dotacje na rozwój polskiego rolnictwa, a rozwijają za nie swoje fabryki. Ci krezusi uwielbiają brylować w towarzystwie lokalnych biskupów, posłów, dziennikarzy, sypiąc hojnie groszem gdzie tylko się da, by uznano ich za cenionych w społeczności mecenasów. Ileż to razy słyszałem ich opowiadających niemal ze łzami w oczach o owym legendarnym już „ciężkim losie polskiego rolnika" (czyli, rzecz jasna, swoim). Zapytajcie profesorów Miodka i Bralczyka, może zgodzą się ze mną, że rolnik to jednak ktoś, kto pracuje na roli (dodam, że nie tylko produkując jedzenie, ale i współkreując środowisko). Jaki więc z tego czy innego multimilionera rolnik? To właściciel farmy, więc farmer. A powierzone jego opiece stworzenie?

Pierwszy z brzegu przykład. Obowiązująca w Polsce Ustawa o ochronie zwierząt w artykule pierwszym stanowi wyraźnie, że „zwierzę, jako istota żyjąca, zdolna do odczuwania cierpienia, nie jest rzeczą. Człowiek jest mu winien poszanowanie, ochronę i opiekę". Tymczasem – co czytam na stronie internetowej prężnie działającego w Polsce (pod polską marką) największego amerykańskiego producenta wieprzowiny, przejętego zresztą ostatnio przez Chińczyków? Oto oferta „dostawy p r o d u k t ó w rolnych w postaci warchlaków, tuczników oraz kombinacji tych dwóch". System „tuczu farmerskiego" („*contract growing*") oferowany przez firmę zasadza się z grubsza na tym, że dostarcza ona hodowcy ów „produkt" w postaci prosiąt z określonej linii genetycznej, poleca mu zakupić od siebie pasze, odżywki i postępować ściśle według instrukcji, po czym po umówionym czasie odbiera utuczone zwierzęta (które przez cały czas kontraktu pozostają jej własnością) i wiezie do swojej rzeźni (a farmer zostaje z rachunkami za weterynarza, nieczystościami, koniecznością ogarnięcia całej logistyki). Po co to wszystko? Dla mnie. Dla konsumenta. Otrzymującego coś, o czym ponoć marzy: maksymalnie „wystandaryzowany" produkt. Za jaką cenę? Trafnie ujmuje to Scully: „Natura ma swoje ciemne strony, ale ma też jasne. Gdy zabieramy zwierzętom słomę i miejsce do spania, troskę matki o młode – zabieramy im wszystko, co mają, okradamy biedaka ich z całego jego lichego dochodu, a siebie z miłosierdzia (...). Zwierzę nie będzie miało na ziemi żadnego przyjaciela, jeśli człowiek będzie jego wrogiem".

Od Philipa Lymbery'ego dowiedziałem się, że przemysłowe fermy drobiu dotarły już nawet do tak niepokalanego do niedawna miejsca jak wyspy Galapagos (działa ich tam około trzydziestu). Polska to nie Chiny, w których przedsiębiorstwo rolnicze Guangxi Yangxiang Co., Ltd. na szczycie góry Yaji wybudowało już dwa siedmiopiętrowe „hotele dla świń", a w planach jeszcze na 2018 rok ma postawienie czterech następnych (w tym jednego trzynastopiętrowego), co pozwoli zwiększyć liczbę zwierząt hodowanych w tym miejscu, a następnie zabijanych, do ośmiuset czterdziestu tysięcy w ciągu roku (w Chinach mieszka w ogóle połowa światowego pogłowia świń). Ralf Fücks w książce *Zielona rewolucja* cytuje chore sny holenderskiego naukowca: „Smeets argumentuje konsekwentnie z perspektywy holenderskiego przemysłu rolniczego: skoro dziś eksportuje się już 80 proc. mięsa wieprzowego, a popyt wciąż wzrasta, to dlaczego nie skoncentrować hodowli trzody chlewnej w przemysłowo rolniczych kompleksach połączonych z portem? Można by tam również importowaną paszę transportować wprost do silosów, zwierzęta zarzynać na miejscu i ładować na chłodniowce. Tym samym zamiana żywych stworzeń w sam tylko materiał do produkcji mięsa zostaje doprowadzona do ostateczności". (I dodaje: „Z pewnością jest to perwersja, ale całkowicie konsekwentna na gruncie logiki wynikającej z wzrastającej na całym świecie konsumpcji mięsa. Hodowla zwierząt dostosowana do potrzeb gatunku jest bowiem do zrealizowania tylko wtedy, gdy będzie się spożywać mniej mięsa. Nie można mieć dwóch rzeczy naraz: czystego sumienia w stosunku do zwierząt i codziennej porcji mięsa").

W Polsce rolnictwo przemysłowe to wciąż jeszcze zjawisko o małej skali (na rolniczych stronach czytam, że do tej kategorii, rolnej produkcji „wysokotowarowej", zalicza się około dziesięciu procent gospodarstw). Czy to się zmieni? Prędzej czy później, niestety, tak. Statystyczny Polak je dziś około siedemdziesięciu czterech kilogramów mięsa rocznie i ten wskaźnik rośnie. Rozmawiałem z rolnikami prowadzącymi na Podlasiu wieloprofilowe gospodarstwo, starającymi się od świtu do nocy ogarnąć jakoś własne i podnajmowane od kogo się da hektary (to, okazuje się, popularna usługa: wynajęcie komuś do obrabiania pola, za które samemu bierze się dopłaty i nie robi się nic), w sumie koło czterdziestu. Mają piętnaście krów mlecznych, dwa razy tyle mięsnych. Mleczne (wszystkie noszą konkretne imiona) mają od czterech do dwunastu lat, każda daje mniej więcej sześć tysięcy litrów mleka rocznie. W wielkich farmach z krowy wyciska się nawet do dziesięciu tysięcy litrów mleka na rok (Jaś Kapela pisze o fermie z Lubina, która chwali się osiemnastoma tysiącami). I zabija ją czasem już po dwóch latach życia (w Polsce zostawiając jej zwykle jeszcze rok–dwa więcej), jest już bowiem tak wyeksploatowana nieustannym zapładnianiem, rodzeniem cieląt, dawaniem mleka (oryginalnie przeznaczonego przecież dla cieląt, nie na jogurty; jeśli krowa ma mieć laktację, trzeba ją nieustannie inseminować), że nadaje się już tylko do przeróbki na burgery. Gospodarze, z którymi rozmawiałem, mówią, że choć w okolicy nie ma przemysłowych farm bydła, lecz tylko fabryczne kurniki, obserwują, iż coraz większa grupa im podobnych rolników rezygnuje z czaso- i pracochłonnego wyprowadzania krów na pastwiska, przywiązują je na stałe w oborach, ulegając sprzedawcom pasz, machającym im przed nosem najnowszymi odkryciami agronaukowców. Jaś Kapela pisze: „Obecnie na 800 km kwadratowych powiatu żuromińskiego [rodzinne okolice autora na północnym Mazowszu – S.H.] trzyma się 56 tysięcy sztuk bydła, 600 tysięcy świń i blisko 20 milionów sztuk drobiu. Wychodzi po 10 tysięcy kur i 15 świń na głowę. (…) Choć trudno o dokładne szacunki, ocenia się, że w skali roku na terenie powiatu produkuje się 100 milionów sztuk brojlerów, około 250 tysięcy tuczników oraz 1,5 miliarda jaj".

Proszę poczytać w sieci dumne prospekty polskich ubojni, jak szczycą się szybkością swej pracy i liczbą pozbawianych życia zwierząt. Danych z Polski nie mam, te z USA (przytaczane przez Ayshę Akhtar) pokazują, że przy szybkości uboju sięgającej ośmiu tysięcy czterystu sztuk drobiu na godzinę około trzech procent nie zostaje prawidłowo ogłuszonych przed kolejnymi etapami uśmiercania. „Na żywo" umiera więc ponad dwa tysiące zwierząt podczas jednego ośmiogodzinnego dnia pracy. Zwierzęta przy rozładunku, przeczuwając, co je czeka, często się zanieczyszczają. Akhtar podbija jeszcze muśnięty wyżej temat zagrożenia dla zdrowia ludzi, jakie generuje uprzemysławianie produkcji zwierzęcej. Opisuje w swojej książce badania dowodzące, jak skokowo zwiększa się liczba niektórych (bo nie wszystkich) chorobotwórczych drobnoustrojów w odchodach zwierząt poddanych stresowi transportu lub oczekiwania na ubój. Jako specjalistka od zdrowia publicznego (pracująca w państwowej służbie bezpieczeństwa żywności) osobny rozdział poświęca zagrożeniu epidemiologicznemu, jakie mogą stanowić olbrzymie farmy, w których patogeny mogą sobie do woli mutować w tysiącach organizmów (dużo skuteczniej, niż zrobiłyby to w ludzkich skupiskach: szpitalach, więzieniach, internatach). Świńskie grypy i ptasie grypy przemnożone przez taką skalę niosą ryzyko pandemii, która może zebrać setki milionów ofiar (a epidemiolodzy zgodnie mówią, że kolejna wielka światowa zaraza to nie kwestia „czy", tylko „kiedy"). Połowa produkowanych na świecie antybiotyków trafia do zwierząt, tworząc wspaniały poligon doświadczalny, na którym bakterie wytwarzają sobie lekooporność (by później, bo dlaczego nie, przywalić w człowieka). Z drobnoustrojami nie wygramy – pisze Akhtar – one żyją na innej skali czasu, u nich pokolenie to dwadzieścia cztery godziny, u nas – trzydzieści lat. I co nam przyjdzie z bycia mądrymi po szkodzie, z pisanych wtedy łzawych esejów: ach, gdybyśmy byli mądrzy, gdybyśmy umieli dostrzec, że w przyrodzie nic nie ginie i ból zwierząt zemści się kiedyś w bólu naszych dzieci?

Powtarzam: nie musimy rezygnować z mięsa. Ale urealnijmy się wreszcie. „Delikatne" mięsko? Z „kurczaczka", rzecz jasna: wesoło machającego skrzydełkiem na opakowaniu? Ów kurczaczek na wolności mógłby dożyć nawet ośmiu–dziesięciu lat, ale specjalnie dla nas zabity został w trzydziestym dziewiątym–czterdziestym drugim dniu (nie tygodniu!) życia. Przez pierwszych kilka dni komputer w kurniku gospodarstwa „wielkotowarowego" fundował mu białe noce, słońce zobaczył (może) po raz pierwszy w dniu, kiedy wyłapano go wraz z tysiącami towarzyszy i poupychano w klatkach, którymi wyruszyły w podróż do rzeźni. (Jak wygląda to łapanie, opisuje Kapela, który zatrudnił się, za sto złotych, na jedną noc do tej pracy w jednym z kurników w Dolnośląskiem: przerażone, bite ptaki, wypróżniające się w stresie na ludzi, pokrwawione ręce, duszności łapaczy). A ostatnim jego wspomnieniem było nie podwórko mojego wujka w Bielsku Podlaskim, lecz wiszenie głową w dół z nogami uwięzionymi w taśmociągu wiozącym go do pomieszczenia, gdzie opuszczono go do wody przewodzącej prąd (Kapela zatrudnił się też w ubojni, właśnie „na podwieszaniu": „Z początku trochę kręciło mi się w głowie, bo taśma krążyła wkoło i gdy zbyt długo się w nią wpatrywałem, by wybrać kurczaka do złapania, wariował mi błędnik. Po paru takich sytuacjach czułem się jak w transie. Wirujące koło i ja, moje ręce łapią i zawieszają kurczaki. Próbowałem poczuć się jak w filmie. Udawać, że ciało, które łapie kurczaki, należy do kogoś innego, a ja jestem tylko jego chwilowym pasażerem. (…) Ale to byłem ja. To moje ręce łapały kury za uda, aby rozprostować ich nogi i umieścić kurze stópki w metalowych uprzężach. Czułem ich ciepłe ciała, czułem, jak stawiały opór. Czułem ich pióra i dzioby na swoich dłoniach. Wiele dni później miałem jeszcze strupy na rękach"). Owszem, kurczak ekologiczny, z tak zwanego chowu ekstensywnego, też zginął (choćbyśmy nie wiem jak to wypierali, nie da się zjeść kurczaka, który nie doświadczył śmierci), mógł jednak chociaż wyjść z kurnika, połazić po trawie, nie podawano mu mieszanek paszowych przyspieszających wzrost.

Jajeczka! Kochamy jajeczniczki, jajka na miękko! Włosi, by uczcić zmartwychwstałego Pana, masowo zarzynają malutkie jagnięta, u nas Jego symbolem są jajka. Głównie „trójki" (to wciąż ponad osiemdziesiąt procent kupowanych przez Polaków jaj; dla porównania: w Wielkiej Brytanii czterdzieści siedem procent rynku to „jedynki"; dodajmy, że kontrole Inspekcji Handlowej w 2016 roku wykazały, iż w Polsce prawie trzydzieści procent jaj jest niewłaściwie oznakowanych, ktoś robi na tym grube kanty). Znoszą je kury (w Polsce jest ich mniej więcej tyle samo co Polaków) żyjące (około dwóch lat) w klatkach, w których na jedną przypadać musi siedemset pięćdziesiąt centymetrów kwadratowych powierzchni (i to po wywołującej lamenty w środowisku drobiarskim zmianie nakazującej wprowadzenie „klatek wzbogaconych", powiększonych o rozmiar dłoni mężczyzny; „klatka wzbogacona" – co to jest swoją drogą za cudowny oksymoron!). Kura to – dla przypomnienia – ptak, a wspomniana powierzchnia to trochę więcej niż kartka A4 (ptaki mają więc dla siebie za życia mniej miejsca niż w piekarniku). Kura ma też mieć dostęp – w budynku – do miejsca do grzebania oraz gniazda do znoszenia jaj. Na świecie wyciska się dziś z nioski jakieś trzysta jajek rocznie, w Polsce, jak wynika z danych GUS, średnio – dwieście dziewiętnaście (znów dla porównania: kur bankiwa, dziki przodek kury domowej, składał w naturze około dziesięciu–dwunastu jaj rocznie).

Biznes jajczarski odpowiada też za jeszcze jedno *horrendum*: gazowanie lub mielenie żywcem dopiero co wyklutych kurcząt płci męskiej, które do niczego mu się nie przydadzą (wrzuca się je też do foliowych worków na śmieci, gdzie – po zawiązaniu tychże – się duszą). Ta odrażająca praktyka wywołuje tak powszechny sprzeciw, że wielkie firmy spożywcze uczestniczą w tworzeniu technologii pozwalającej rozpoznawać płeć kurzego zarodka na początku jego rozwoju w jajku i w ten sposób oszczędzić cierpień po wykluciu (w Niemczech ten system miał zacząć powszechnie działać już w 2016 roku, podwyższając koszt jajka w przeliczeniu o mniej więcej osiem groszy).

Kiedy się o tym wszystkim słyszy, na myśl przychodzi stara żydowska mądrość głosząca, że aby mieć prawo do zabicia i zjedzenia kurczaka, trzeba najpierw spędzić z nim trzy dni pod jednym dachem. Chcecie zabijać zwierzęta? Dajcie im wcześniej żyć. I nigdy nie pozbawiajcie ich życia machinalnie, bezmyślnie. Religijnym aspektem współczesnej eksploatacji świata zwierząt zajmę się w następnym rozdziale, tu zostawię tylko cytat ze szwajcarskiego teologa Karla Bartha: „Człowiek nie może traktować owej potrzeby defensywnych i ofensywnych czynności przeciw światu zwierzęcemu jako czegoś naturalnego ani włączać ich w swoje postępowanie lub sposób myślenia jako normalny element. Musi zawsze z niechęcią odnosić się do owej możliwości, nawet jeśli z niej korzysta. Zawsze zawiera ona w sobie niełatwe, ostre pytanie: kim jesteś, człowieku, by twierdzić, że do tego musisz się uciekać, by utrzymać, wspierać i upiększać swe własne życie?".

Jeśli nowoczesny agrobiznes owych pytań zadawać sobie nie będzie, budować będzie na fundamencie pychy, a wiadomo, jakie owoce dają ostatecznie złe drzewa, nawet jeśli tymczasem zielenią się tak jak wszystkie inne. Jaś Kapela cytuje tak idiotyczną, że aż zabawną w swoim bambistyczno-antropocentrycznym zadufaniu refleksję pewnego polskiego potentata przemysłu jajczarsko-drobiarskiego (po której człowiek sam się zastanawia, czy skoro tak się sprawy mają, i jemu nie lepiej zamieszkać w więzieniu): „Nie wiadomo, która kura jest szczęśliwsza. Te podwórkowe muszą przecież walczyć o pożywienie z innymi. Muszą też obawiać się jastrzębi, lisów i kun. Kura w klatce ma ciasno, ale ciepło. Czystą wodę i pełnoporcjową karmę ma pod dziobem. Może to jej się lepiej żyje?". Scully opisuje swoje rozmowy z przedstawicielami przemysłu mięsnego (weterynarzami) wyjaśniającymi mu, że kluczowe dla dobrostanu świni nie jest to, czy trzymana jest w metalowej klatce czy kojcu, w którym może się obrócić, ale to, czy system działa prawidłowo; nauka mówi nam bowiem, że świnia nie wie nawet, iż może się odwrócić – ona chce jeść i czuć się bezpiecznie, i to może czuć również w kojcu. Scully kwituje: „Co za szczęśliwy zbieg okoliczności, że świnia – która nie wie nawet, że może się odwrócić – z jakiegoś przedziwnego powodu próbuje się odwrócić, chce tak dokładnie tego samego co farmer. (...) Jak nisko możemy upaść, gdy w ludzkim umyśle obowiązek i zysk nagle i w cudowny sposób zaczynają przemawiać jednym głosem!".

Jak zatrzymać całe to opisane wyżej szaleństwo? Szczerością. Oczywiście, że rezygnacją z bezmyślnego sięgania po jedzenie. Ale też przejrzystością nawet na poziomie języka. A ponieważ to właśnie od języka zaczęło się już tyle ludzkich tragedii w historii, mozolną drogę ku normalności zacząłbym pewnie od odczarowania pojęć, na których cały ten system posadowił swoją pozorną nieszkodliwość: „produkcja", „przemysł", „wysokotowarowość", „dobrostan". Idąc za radą Matthew Scully'ego: jeśli musimy jeść mięso – pamiętajmy, że nie jemy „wieprzowiny" ani „cielęcinki", lecz pożywiamy się ciałem bardzo konkretnej świni, bardzo konkretnego cielaka, który miał swój mózg, swoje zwierzęce przeżycia, widział ten sam świat co ja, miał przecież oczy. Pía Spry-Marqués opisuje kilkuletnią dziewczynkę ze swej rodziny, która stanowczo odmówiła jedzenia ulubionej hiszpańskiej szynki, bo „nie będzie jadła krewnych świnki Peppy". (Sama autorka, urozmaicając swą książkę przepisami na wieprzowinę i pełnymi uznania opisami przydatności gospodarczej i naukowej świni, w ostatnim rozdziale robi nagły zwrot. Jak pisze, gdy w trakcie pracy nad tekstem została mamą i zaczęła karmić piersią, uświadomiła sobie, że to bardzo dziwne, iż sama je mleko innych gatunków, i że całe jej mięsożerstwo nie jest kwestią natury, lecz kultury; przeszła na weganizm, a książkę zamknęła wegańskim przepisem i sugestią wspierania organizacji, które prowadzą badania wykazujące, że potrzeba prowadzenia badań na świniach i innych żywych zwierzętach jest coraz mniejsza). Scully odwiedził wielu członków rodziny Peppy na amerykańskich farmach przemysłowych. Świnia to zwierzę, które w naturze potrzebuje zbudować sobie gniazdo. Które uwielbia schładzać się, taplając się w błocie. Które wchodzi w zaawansowane relacje (maciory po urodzeniu potomstwa trzymają się razem, małe uczą się wszystkiego, podpatrując starsze osobniki tej samej płci). Które w naturze ssie pierś matki przez całe tygodnie, nie dni. Chów przemysłowy świń – również w Polsce – to tysiące zwierząt tłoczonych przez całe kilkumiesięczne życie w barakach, w kojcach, gdzie nie mogą się nawet położyć; zwierząt, których w razie choroby nikt nie leczy, tylko od razu zabija i utylizuje, zwierząt gwałconych przez całe życie mechanicznym zapładnianiem, modyfikowanych genetycznie, tak by ich „mięsko" było jeszcze bardziej soczyste, a one mniej ruchliwe w tuczarni i spokojniejsze w czasie uboju. Proszę przed kolejnym obiadkiem zerknąć na zdjęcia prezentowane z dumą na stronach polskich przemysłowych producentów. Jeśli widać na nich stworzenia korzystające z czułej opieki człowieka, któremu je w tak chętnie cytowanej dziś Księdze Rodzaju powierzono, to chyba czytaliśmy inne Biblie.

Istnieje szansa, że przynajmniej w paru aspektach coś się może zmieni. Presja wywierana przez ekologów uświadamiających ludziom, w jakich warunkach żyją nioski z ferm klatkowych, powoduje, że – wzorem zachodnich sieci – deklaracje stopniowego wycofania się ze sprzedaży jaj „trójek" złożyły już chyba wszystkie duże działające w Polsce sieci sklepów. Na razie zrobiły to głównie dla własnego PR-u (okresy przejściowe sięgają tu 2025 roku), zawsze to jednak coś, taka deklaracja ma też wymiar edukacyjny dla rzesz konsumentów. Dołączają do nich restauracje (McDonald's i Subway w całej Europie, również u nas, używają już wyłącznie „dwójek"; ta pierwsza sieć w Wielkiej Brytanii robi szejki tylko z mleka organicznego) czy na przykład producenci majonezu: na półkach sklepów w moim mieście znalazłem Majonez Babuni zrobiony z „dwójek" i Majonez Wolnowybiegowy z „jedynek". Czy „dwójki", z punktu widzenia etyki szerszej niż odnosząca się tylko do ludzi, są dużo lepsze? Niedużo. Na stronie jednego z ich polskich producentów znalazłem szczere wyznanie: kury w klatkach to horror, te u nas też mają przerąbane (bo w życiu nie wychodzą z kurnika), ale przynajmniej nie dostaną ptasiej grypy i mamy zabezpieczony interes jajkożercy. Poza tym i kury znoszące „zerówki", i te od „trójek" i tak skończą tak samo: w rzeźni. Mimo to każdy krok w dobrym kierunku to dobry krok, niezależnie od tego, jak długo miałaby trwać podróż.

Dla świń, dla krów tych szans na razie nie widać. W Polsce, inaczej niż w Wielkiej Brytanii czy USA, nie działa system certyfikacji produktów odzwierzęcych (poza jajkami) przez niezależne organizacje sprawdzające, co pierś z kurczaka przeszła za życia. Trzeba więc przestać dać się mamić określeniami „wiejski kurczak" (wiadomo, że fermy przemysłowe raczej nie stoją w miastach), „świeże mięso" (brakowałoby jeszcze tego, żeby sprzedawali nam zepsute!), zrobić zdjęcie opakowania ulubionego kurczaka, wysłać do producenta i zapytać: w jakich warunkach hodowane było to zwierzę? Czy był to chów intensywny, półintensywny czy ekstensywny, czyli z grubsza rzecz biorąc: gospodarski, w którym zwierzęta giną nie po miesiącu z hakiem, lecz miminum po trzech, nie dostają koncentratów z fabryki, ale jedzą zboża, zielonki, rośliny okopowe? Jeśli mamy ulubionego producenta mleka i nabiału – zwłaszcza jeśli jest to szanująca się lokalna mleczarnia – to z dumą będzie opowiadać, jakie warunki musi spełniać rolnik, by podpisać z nim umowę na odbiór mleka, i powinien odpowiedzieć, czy otarło się ono o bycie produktem organicznym, czy też jest po prostu wyciśniętym z krowy cierpieniem. Przeprowadzenie śledztwa i cofnięcie się krok po kroku aż do pola, farmy czy zagrody, gdzie urosło to, co dziś ląduje na naszym talerzu, to żaden wysiłek dla kogoś, kto posługuje się telefonem lub internetem. To inwestycja w zdrowie własne i najbliższych. To coś, co jesteśmy winni stworzeniom, które położyły swoje życie na naszym ołtarzu.

Ale po co się w ogóle tym wszystkim gotować jak świnia w oparzarce, po co zgłębiać doktryny współczesnego chowu drobiu lub bydła? Nie prościej uznać, że nie warto kopać się z koniem, widać tak musi być, że na razie z ziemi nieść się będzie w niebo jęk stworzeń?

Czy jednak naprawdę musi go być aż tyle? Miejscem, w którym decyduję o tym, ile go będzie, jest zaś oczywiście nie kościół, nie forum dyskusyjne, ale – to trzeba sobie raz a dobrze wbić do głowy – sklep. Biznes może organizować konferencje o etyce uśmiercania i utrzymywać działy badań nad przemysłowym gwałceniem zwierząt, ale na koniec dnia i tak rozumie tylko jeden język: zysk lub brak zysku. Drobiowe lobby łka mi i toczy katar w rękaw, żaląc się, że jajka będzie teraz trzeba sprzedawać ludziom drożej? Że przecież producenci nie śpią po nocach, myśląc nie o swoim zysku, lecz wyłącznie o tym, jak mnie i tobie zapewnić wszystko, co najlepsze, wykarmić nas jak mamusia i tatuś, na dodatek z jak najmniejszą szkodą dla naszego budżetu? Jeszcze raz proszę: dla swojego zdrowia, dla dobra zwierząt, przyrody, w imię odbudowania lepiszcza, które chciwością i nieuwagą wypłukaliśmy, a które może jeszcze kiedyś na nowo nas ze światem połączy – pomóżmy im to zrobić. Dajmy im szansę zobaczenia zysku w tym, co dobre dla świata.

To nie rolnik kształtuje dziś rynek, to sieci handlowe. Przypuszczam, że to rodzaj próbnego balonu mającego sprawdzić, czy w ogóle jest na to zbyt, ale w Lidlu, Biedronce czy sklepach Netto spotykam coraz więcej produktów, ba! całe ich linie, dla zwolenników diety roślinnej (ostatnio zachwycony jestem na przykład wolnym od mleka smarowidłem do pieczywa wykonanym z roślinnych tłuszczów, co bardzo ważne – pozyskanych z odpowiedzialnych źródeł). Tak, te sieci sprzedają też mięso, ale to przecież ode mnie i moich towarzyszy z kolejki do kasy zależy, ile go będą sprzedawać. To dokładnie tak samo jak z telewizją. Uwielbiam ludzi narzekających, że stacje telewizyjne pokazują dziś bzdety. Zaręczam, daję cały swój wątły majątek za to, że gdyby widownia chciała oglądać wyłącznie uniwersyteckie wykłady, nikt niczego innego by na ekranie nie pokazywał. Gzyra pisze (a przynajmniej ja tak go zrozumiałem), że w przypadku handlu produktami zwierzęcymi być może wszyscy jesteśmy ofiarami samonapędzającego się już mechanizmu: producenci – sklepów, sklepy – leniwych i otumanionych inżynierią społeczną konsumentów, konsumenci – wielkiego biznesu, który chce zrobić na czymś hajs, więc pierze im mózgi obrazkami ze słodką gąską. Ja jednak jestem zdania, że ta konstatacja nie może nas doprowadzić do paraliżu, do stwierdzenia, że uczestniczymy w jakiejś kosmicznej greckiej tragedii i tyle. Naprawdę, jeszcze dziś możesz uratować choćby jedno stworzenie. Że skoro nie uratujesz tysięcy innych, to nie ma znaczenia? Powiedz to temu jednemu kurczakowi albo świni.

Pamiętam wizytę, jaką złożyłem na zaproszenie rolnika z Wielkopolski w jego rodzinnym gospodarstwie, w którym ojciec uprawia pomidory, a jeden z synów hoduje bydło mięsne. Jasne, żal było mi pięknych zwierząt, w mojej ocenie dużo korzystniej i naturalniej prezentujących się na polu niż w burgerowni (albo w koszu), ale nie ulegało wątpliwości, że dopóki żyją – nie jest to złe życie: pasą się na wolnym powietrzu, łażą, gdzie chcą, budując swoje społeczne relacje. Tu nikt nikomu nie ściemniał, że krowy wprost kochają stać w tych wielkich oborach (w USA i Australii takie skoszarowanie urządza się im na wolnym powietrzu, ale bez pastwiska) i obrastać w mięśnie (i tłuszcz), wdzięczne człowiekowi za to, że nie muszą moknąć na deszczu (kolejna trafna obserwacja Gzyry: proszę spojrzeć, jak sfałszowaliśmy narzędzia służące do oceny takich sytuacji, mówimy wszak o „dobrostanie" zwierząt, podczas gdy nie istnieje „złostan", nawet najgorsze warunki hodowli to „minimalny dobrostan" – i już mamy czyste rączki).

Od lat słyszę te same wątpliwości: a jeśli ja nie wezmę dziś z półki tej paczki przemysłowego kurczaka, to sklep go po prostu wyrzuci. Jasne – wyrzuci. Jeśli jednak nie weźmie go z półki jeszcze pięciu klientów, kierownik sklepu zobaczy, że towar nie schodzi, i skoryguje następne zamówienie z magazynu centralnego. Gdy takich ognisk konsumenckiej świadomości zapłonie w kraju więcej, właściciel sieci zacznie rozmowy z producentami: ludzie nie chcą już jeść tego, co hodujecie, chcą jeść coś innego. Wtedy oczywiście będzie to, co jest zawsze: jeremiady, wyrzekanie na ekoświrów, eseje o dobijaniu polskiego rolnika i przepowiadanie, że drożyzna nas zje, zanim zjemy drożyznę. A później jeden i drugi hodowca podejmą jednak ryzyko przestawienia swojej działalności na inny tryb, bo skoro sprzedawca mówi, że jest popyt, to znaczy, że tak czy siak zapewni sobie podaż. Że będzie drożej? Początkowo pewnie tak, ale przecież zawsze gdy rośnie podaż, spada cena dóbr (tyle jeszcze pamiętam z zajęć z ekonomii z pierwszego roku studiów).

Firmy mięsne (w Stanach Tyson Foods, dostarczający mięso do chyba wszystkich wielkich sieci fast foodów, w Polsce – Sokołów; będzie o tym więcej dwa rozdziały dalej) zaczynają inwestować w niemięsny rynek, czując pismo nosem. Nie nadążają jeszcze niestety za nimi moi umiłowani „mięsożerni trolle" (nazywam ich tak jako fan facebookowego profilu *Czytam mięsożernych trolli dla beki*), najczęściej młodzi mężczyźni, zjawiający się jak na zawołanie pod każdym postem dotykającym krytycznie kwestii jedzenia mięsa., Wśród wielu błyskotliwych – niestety, tylko w ich ocenie – argumentów mają oni w ofercie produkty rozkosznie idiotyczne już na pierwszy rzut oka (mój ulubiony: „A przecież jakby ludzie przestali jeść mięso, to wszystkie te zwierzęta trzeba by było zabić!" – bo jak wiadomo, jeśli nie przestaną, to te zwierzęta będą żyły długo i szczęśliwie), ale też i trącące grubszą publicystyką: „To dzięki hodowlom przemysłowym żywność jest tania, wskaźniki głodu się cofają, na jedzenie stać prawie każdego". W Polsce, w naszych warunkach, to opowieści z mchu i paproci. Po pierwsze: proszę mi łaskawie nie pitolić o braku żywności w kraju ufundowanym podobno na chrześcijańskim etosie dzielenia się i solidarności, w którym – według danych Ministerstwa Środowiska – czterdzieści procent obywateli deklaruje, że wyrzuca zakupioną żywność do kosza, najczęściej z powodu przegapienia terminu jej ważności. Po drugie: czy na pewno, gdybyśmy kupowali o te pół kilo mniej, ale za to lepszego (i obarczonego mniejszym bólem) mięsa, a zamiast dwudziestu jajek „trójek" zjedlibyśmy piętnaście „dwójek", musiałoby to się równać od razu śmierci z głodu? Czy na pewno chodzi tu o jedzenie, czy o to, że komuś udało się nam wmówić, iż odżywianie się to wyłącznie konsumpcja coraz większej ilości coraz mniej odżywczych produktów pochodzenia zwierzęcego? Tak, nawet ponad dwadzieścia procent Polaków ze względów ekonomicznych nie spożywa pełnowartościowych posiłków. A może problem nie leży w tym, że jedzą oni za mało taniego mięsa, ale na tym, że jest go wszędzie – ze wszystkimi wyżej opisanymi skutkami jego produkcji – za dużo, że dawno wyszło już ze swojego sektora, swojej niszy i okupuje inne, burząc równowagę?

Sektor mięsny to nie dobrzy wujowie dbający o zbilansowanie mojej diety, lecz zręczni gracze świadomi zakorzenionych w historii psychologicznych i socjologicznych mechanizmów.

Wszystkie bogacące się społeczeństwa mają wgrany ten właśnie kod i gdy tylko podnosi im się stopa życiowa – idą kupować szerokoekranowe telewizory oraz… mięso. Jeść mięso znaczy bowiem jeść tłuściej, jak tłumaczyła moja pamiętająca wojnę babcia: gromadzić więcej energetycznych oszczędności, a więc – z punktu widzenia przetrwania gatunku – jeść lepiej. Pal licho, że to gospodarka rabunkowa. Lymbery pisze, że aby uzyskać dziś tę samą wartość odżywczą, jaką dawało spożycie kurczaka w roku 1970, należałoby zjeść około czterech kurczaków ze współczesnego chowu przemysłowego (i to mimo iż te współczesne kurczaki pędzone na naukowych paszach są średnio trzy–cztery razy większe niż wolnowybiegowe, do tego stopnia, że czasem taki ptak nie jest w stanie chodzić). Dla tych, co nie odrobili pracy domowej i nie pobiegli do sieci sprawdzać wartości odżywczych jedzonego drobiu: statystyczny (w skali świata) kurczak przemysłowy ma o połowę tłuszczu więcej i o co najmniej jedną piątą kwasów omega-3 mniej od swojego współczesnego ekologicznego odpowiednika. Od czasu przygody człowieka w ogrodzie Eden nic się na świecie nie zmieniło: grzech zawsze zabija przede wszystkim grzeszącego.

Mówiąc szczerze, mam już trochę dość wycierania sobie portfeli tą motywowaną biznesowo troską o mniej zamożnych, obrażania ich twierdzeniami, że żaden inny sposób hodowli nie jest dla nich do zaakceptowania. FAO oszacowała, że w 2014 roku światowe rolnictwo wyprodukowało kalorii wystarczających do wyżywienia 15,8 miliarda ludzi. Niech nikt mi nie wmawia, że dysponując takim zapasem i żyjąc w świecie, w którym miliard ludzi jest niedożywiony, a dwa miliardy – przejedzone, cierpiące na otyłość i nadwagę, nie jesteśmy w stanie nie tylko wyżywić wszystkich, ale na dodatek zrobić tego etycznie.

Jan Paweł II w 2000 roku w przemówieniu do rolników mówił: „Oprzyjcie się pokusie produktywności i zysku, pozbawiających szacunku dla natury. Kiedy zapomnicie o tej zasadzie, staniecie się tyranami, nie stróżami ziemi, a ziemia prędzej czy później się zbuntuje". Rolnicy, hodowcy nie są problemem, oni są częścią jego rozwiązania. Trzeba im jeszcze dziś pokazać, że większość z nas wcale nie chce ich bankructwa, chce jedynie, by jedzenie, które ma zbudować nasze komórki, budowało też naszą więź z tym światem, by nasze posiłki, przez nich dostarczane, niosły światu nie gwałt, lecz ukojenie. Trzeba im dowieść, że chów przemysłowy to zło, które przynosząc na krótką metę (w perspektywie maksymalnie kilkudziesięciu lat) zyski nielicznej elicie rolniczego megabiznesu, nie tylko niszczy ludzi i ziemię, ale i zaciera obecny w niej Boży ślad. Trzeba ich (naszymi portfelami) zachęcać do tego, by nie przejmowali się „realizmem" baronów agrobiznesu, przekonujących, że coraz liczniejszej populacji świata nie da się dziś wykarmić ekologicznie: lokalnie produkując pasze, wypasając zwierzęta, łącząc hodowle z uprawą, szukając wszelkich naturalnych metod ochrony i wspomagania upraw, oszczędzając wodę, stawiając na różnorodność, budując lokalną społeczność, a nie alienując się z niej. Będę o tym pisał więcej w rozdziale ostatnim, tu tylko jedna myśl ze świętego Bazylego Wielkiego: jeśli świat jest sakramentem (a jak wykażemy – jest), w stworzeniach żyjących według zadanych im przez Boga reguł widzimy geniusz Stwórcy. Zmuszając je do życia wbrew ich naturze, kneblujemy Boga, popełniamy bluźnierstwo.

Pozostańmy jeszcze przez moment w rejonach naszej amatorsko uprawianej biedateologii... Matthew Scully (wiem, że cytuję *Dominion* praktycznie *non stop*, ale to naprawdę świetna książka) zwrócił moją uwagę na detal, jedno zdanie z Ewangelii, które wcześniej nie wiedzieć czemu konsekwentnie mi umykało. Otóż Jezus przed dokonaniem – jak to się ładnie określa – „oczyszczenia Świątyni", czyli zdemolowaniem działającej tam galerii handlowej pełnej stoisk ze zwierzętami ofiarnymi oraz kantorów wymiany walut (potrzebnych, by pielgrzymi mogli wymienić swoje walory na pieniądze, w których składano ofiary), poprzedniego wieczora „dokładnie wszystko obejrzał" („Tak przybył do Jerozolimy, do Świątyni. Dokładnie wszystko obejrzał, a że pora była już późna, wyszedł razem z Dwunastoma do Betanii"; Mk 11, 11). Coś w tym, co zobaczył, musiało Nim wstrząsnąć, bo następnego dnia od rana robi rzeczy, które nieszczególnie mieściły się dotąd w Jego psychoduchowym profilu. Najpierw przeklina (doprowadzając do uschnięcia) drzewo figowe, na którym nie znalazł owoców (dlaczego to robi – to olbrzymi i bardzo kuszący temat, ale na zupełnie inny esej), a następnie podnosi wspomniany wyżej raban. Synem Bożym wstrząsnął widok Świątyni Jego Ojca, z której ludzie zrobili kompletne zaprzeczenie tego, kim ów Ojciec jest, świata Jego wartości, Jego wizji poukładania relacji na wszystkich piętrach istnienia: Boga z ludźmi, ludzi z ludźmi, ludzi z resztą stworzeń. Nie mamy na ten temat żadnych naukowych danych, niech więc bibliści śmiało pukają się w głowy na tę naszą prywatną interpretację, ale kto nam w sumie zabroni zakładać, że poruszył Go w tym wszystkim również widok owych setek baranków i gołębi poupychanych w skleconych pewnie z byle czego klatkach, których jedynym zajęciem było czekanie na śmierć w przybytku Pana, podobno będącego Życiem? Zagotowało się w Nim, bo przecież „nikt nie zna Ojca, tylko Syn", który był przy Ojcu, „zanim Wszechświat powstał". Wiedział doskonale, jak miało być, a teraz zobaczył, jak jest. Wygonił więc zwierzęta z sakralnej rzeźni, a nie je do niej zagonił. Świetnie wiedział, co mówi, ostrzegając, że nie każdy, kto bierze się do wypasu trzody, ma kompetencje pasterza. Że na każdym poziomie relacji największym zagrożeniem są dla niej ludzie o spranej koncentracją na własnym zysku mentalności najemnika.

Otwarte oczy, wrażliwość to niezbędny element ekologicznego nawrócenia. Z tego ziarna nic jednak nie wyrośnie, jeśli go nie podlejemy, przekraczając w końcu granicę działania. Większość z nas po dojściu do niej zawraca przecież do swoich spraw, poprzestając na rozładowaniu emocji ikonką złej buźki zostawioną na Facebooku lub komentarzem: „Barbarzyńcy!". Ogromne rzesze rodaków zgadzają się z tym, że etyczną obrzydliwością jest chów zwierząt na futra, prawie nikt w Polsce już w futrach nie chodzi, ale gdy wprowadzenie ustawowego zakazu takiej działalności (nielegalnej w licznych krajach od wielu lat; te miliony zabitych pięknych zwierząt posłużą za ubrania stylizacyjnym dewiantom w Chinach i Rosji) jest już prawie zapięte na ostatni guzik, wszyscy dają się zakrzyczeć jednemu futrzarskiemu lobbyście, który wpakował wielkie pieniądze w powołane natychmiast fundacje, gdzie jako doradców zaproszono polityków, w różne medialne inicjatywy, prawne groźby. A nade wszystko pozyskał potężne wsparcie (w swej świętej naiwności jestem prawie pewien, że całkowicie bezinteresowne) w postaci rozdającego karty na polskiej scenie politycznej zakonnika, przed którym trzęsą portkami prezydenci i premierzy (zacytujmy *in extenso* toruńską krynicę mądrości, której w artykułowaniu nieujarzmionego strumienia świadomości nikt chyba w tym kraju nie prześcignie: „Te futerka przejmie kto? Niemcy i Rosjanie najpierw. Czy kto jeszcze? I kotka żałować. Do więzienia wsadzą. Tu się szanuje zwierzątka. Trzeba je szanować, ale równocześnie zabija się dzieci w Polsce. I mówią, że to są katolicy. Pewnie wszyscy byli w kościele na

Boże Narodzenie. I co to jest? To jest jakaś schizofrenia. Tu się zastanawiają nad tymi futerkami, rozdzierają szaty. Ale człowieka wolno zabić. I to prawica jest? To ludzie są?").

Obecnie rządzące w Polsce Prawo i Sprawiedliwość stchórzyło też przed lobbystami, wycofując się rakiem – przy kompletnej bierności swoich (i nie swoich) wyborców – z kolejnej dobrej zmiany. Chodzi o ubój rytualny. To makabryczna procedura, w której i tak pobudzone przeczuciem śmierci zwierzę zabijane jest bez uprzedniego ogłuszenia (często z użyciem tak zwanej klatki obrotowej, w której zamyka się je jak w potrzasku i obraca do góry nogami, by ułatwić rzeźnikowi cięcie). Przecina się mu na żywca tętnice (i często tchawicę), zwierzę dusi się własną krwią, treść z żołądka i przełyku wlewa mu się do przeciętych dróg oddechowych. Ofiara wierzga, próbując się uwolnić, bywa, że wpada w epileptyczne drgawki. Jeśli polscy żydzi i muzułmanie bardzo tego potrzebują, uważam, że powinni mieć zapewnioną możliwość pozyskiwania takiego mięsa na swoje potrzeby. Obłudą na kilometr pachnie jednak zasłanianie się argumentem religijnym przez producentów bydła mięsnego, którzy nie ukrywają, że osiemdziesiąt procent ubitego w Polsce bydła idzie na eksport, z czego aż trzydzieści procent (podaję za portalem wiescirolnicze.pl) to właśnie szczątki krów, które uśmiercono bez ogłuszania, goszczące następnie na stołach w Izraelu i kilkudziesięciu krajach muzułmańskich.

Obecny polski rząd przymierzał się do przywrócenia zakazu uboju rytualnego (z wyjątkiem tego dla działających w Polsce wspólnot religijnych), ale lamenty, które zaraz podniosły przeliczne organizacje zrzeszające mięsny biznes, szacujące wartość tego rynku mniej więcej na dwa miliardy złotych rocznie, snucie po raz nie wiadomo który wyjętych niczym z nowel Marii Konopnickiej wizji głodu i chłodu na polskiej wsi (nagminną praktyką hodowców jest tu zawsze mnożenie liczby hodowców przez liczbę osób w rodzinie – czyli cztery albo pięć – tak by liczba osób, które dotknie zmiana, była jak najwyższa) oraz bezrobocia wśród rzeźników, którzy z całą pewnością nie umieją i nie mogliby umieć robić w życiu nic innego, niż tylko podrzynać gardła przerażonym krowom, sprawiło, że nowelę uwalono. Producenci mięsa, najwyraźniej mający spory kłopot ze zrozumieniem, że zarabianie pieniędzy samo w sobie nie jest najwyższą wartością, przy okazji wykopali swojej szlachetnej argumentacji piękny grób stwierdzeniem, że „pseudoobrońcy zwierząt", domagając się zakazu uboju rytualnego, doprowadziliby do sytuacji, w której polskie bydło jeździłoby na ubój za granicę, „co spowodowałoby jeszcze większe cierpienie zwierząt".

To jednak wzruszające, gdy organizacje zrzeszające „sektor wołowiny" przyznają, że żyją z zadawania zwierzętom jakiegoś (nawet jeśli jest ono nazywane mniejszym) cierpienia. Warte odnotowania jest też to, jak perspektywa miliardowych zysków momentalnie anihiluje wszystkie obawy moich szanownych rodaków, wyrzekających przecież obficie w internecie, że zagraża nam ponoć kolonizacja przez islam, jego zwyczaje i wartości. Ja wiem, że poglądy ma się do czasu, aż się poczuje, iż pieniążki nie śmierdzą, ale mimo wszystko jest to ekscytujący widok, gdy najbardziej ksenofobiczny polski rząd w nowożytnej historii naszego kraju basuje argumentacji Polskiego Instytutu Halal. Kto wie, być może nawrócenie Polaków na multi-kulti dokona się – o cudzie – właśnie *via* mięso?

Ilu obywateli Rzeczypospolitej Polskiej, którzy na własne oczy zobaczyliby, co kryje się w praktyce za owym przemysłowym ubojem rytualnym, natychmiast zażądałoby zakazania komercyjnego stosowania tej praktyki? Obstawiam, że więcej niż dziewięćdziesiąt pięć procent. I co? I nic. Podobnie rzecz ma się przecież z łowiectwem, tym osobliwym artefaktem czasów życia plemiennego, które jeszcze nigdy nie miało w Polsce tak złego PR-u jak dzisiaj, a mimo to wciąż odnieść można wrażenie, że 0,003 dorosłej populacji naszego kraju (członków Polskiego Związku Łowieckiego jest około stu tysięcy) dyktuje warunki wszystkim pozostałym, decydując, jak gospodarować dziką zwierzyną, która jest przecież wspólnym (również moim) dobrem. Państwo łowczy regularnie przypuszczają lobbystyczne szturmy na kolejne organy legislatury, próbując uzyskać od nich tytuł do wskazywania mi, gdzie i kiedy mogę spacerować, kto mógłby mieć prawo wchodzić na moją prywatną ziemię i jakie poglądy mają mieć wkładane do głów moje dzieci. Suto dokarmiają przy tym nas wszystkich ołowiem (wstrzeliwując go rocznie w polską ziemię – według szacunków koalicji Niech Żyją! – prawie dwa razy więcej, niż „darowuje" jej cały nasz przemysł i transport razem wzięte). Myśliwi, których znam, dobrze wiedzą, że osobiście nie mam nic do nich, przeciwnie – uważam, że prywatnie to często bardzo fajni, porządni ludzie, ale z całą pewnością nie znajdą we mnie, eufemistycznie rzecz ujmując, rzecznika swoich „przyrodniczych" poglądów.

Sam już nie wiem, czy śmiać się, czy płakać, gdy wdaję się z nimi w dyskusję: przekonują mnie oni, iż bez ich ciężkiej, niewdzięcznej pracy mnożące się jak zaraza dziki zjadłyby rolnikom praktycznie wszystkie uprawy, lisy wyżarłyby do cna wszystkie kury, sarny stratowałyby pola. „Myśliwy zastępuje w przyrodzie drapieżnika" – to ich argument. Po którym nie może przecież nie paść pytanie: a co takiego się z owym drapieżnikiem stało, że dziś go tu z nami nie ma? Spakował się i wyemigrował do Belgii? Przeszedł na rentę? Przestawił się na weganizm, zaszczuty przez „ekowegeświrów"? Kto wszedł dzikom z uprawami i osiedlami w od wieków należące do nich tereny leśne, jeśli nie ludzie? Kto, jeśli nie ludzie, prawie wytłukł polskie wilki? A teraz, gdy populacja tych ostatnich się odradza, snuje się sponsorowane (i wrzucane najczęściej na „bęben" lokalnym mediom) bajki o wilczych potworach czyhających na dzieci na wiejskich przystankach, by zbudować społeczne alibi kolejnej eksterminacji tego wspaniałego zwierzęcia. Ma rację były myśliwy (a obecnie jedna z najbardziej znienawidzonych w tym środowisku postaci) Zenon Kruczyński, pytając: jak to się dzieje, że pięćset siedemdziesiąt niełownych gatunków kręgowców w Polsce jakoś sobie radzi, a z trzydziestoma łownymi stale jest jakiś kłopot: to ich za mało, to drastycznie za dużo? Strojący się w szaty wielkich przyrodofilów jakby za Chiny nie chcieli zrozumieć, że – jak pisał cytowany przez Dariusza Gzyrę biolog i ekolog z Uniwersytetu Śląskiego profesor Piotr Skubała – życie na Ziemi jest niczym sieć pająka: „Dotknięcie nitki w sieci pajęczej powoduje, że cała sieć drży, podobnie każda ingerencja w przyrodzie oddziałuje na cały zespół życia. Biosfera ma właśnie charakter takiej delikatnej, kruchej harmonii, którą tak łatwo zburzyć".

Jak wygląda troska o tę harmonię, zobaczmy na przykładzie głuszca i cietrzewia. Jak pisze Jaś Kapela w tekście w „Krytyce Politycznej": „Pomimo drastycznego spadku ich liczebności już w latach 70. i apelu środowisk naukowych nadal je zabijano. W ramach tzw. tradycji polowano na tokowiskach, gdzie ginęły głównie najsilniejsze samce, które nie miały więc szans na reprodukcję. Szaleństwo powstrzymano dopiero w 1995 r., gdy było już za późno". Dziś na stronach kół łowieckich czytam o konkursach w strzelaniu do lisów i innych drapieżników („W kołach wywiązała się szlachetna rywalizacja między myśliwymi. Do ostatniej chwili nie wiadomo, kto strzeli więcej drapieżników") w celu… ochrony nielicznych stanowisk głuszca, do którego teraz już myśliwi pałają wielką miłością (ciekawe, do kogo będą „szlachetnie" strzelać, gdy wybiją lisy).

Środowisko łowieckie od lat działa nierzadko jak strażak-podpalacz. Samo najpierw rozregulowuje populację, choćby przez zimowe dokarmianie zwierzyny albo, dajmy na to, odstrzał naturalnego drapieżnika jakiegoś gatunku, następnie buduje mu czarny PR, by później – w aurze swoistego męczeństwa, służby udręczonej naturą ludzkości, wielkiej społecznej odpowiedzialności – sobie do niego postrzelać. Jeden z moich ulubionych przykładów owego pomawiania zwierząt: na swój sposób nawet zabawne było, gdy na fali rozkręcającego się za rządów ministra-łowczego myśliwskiego „TKM" (jego następca, nie lepszy, na pewnej konferencji prasowej wypalił: „żyjemy w czasach nadmiernej wrażliwości w ochronie zwierząt") pojawił się pomysł przywrócenia strzelania do łosi, a myśliwi z miejsca zaczęli kopiować i wklejać we wszystkich dyskusjach te same „przekazy dnia" o narastającej hekatombie powodowanej na drogach przez te właśnie zwierzęta. Nie zadając sobie nawet trudu, by zerknąć do dostępnych w internecie od ręki opracowań (Krzysztofa Tereszkiewicza i Karoliny Choroszy z Politechniki Rzeszowskiej), z których wynika, że w latach 2006–2015 łączna liczba ofiar śmiertelnych w wypadkach z udziałem zwierząt (wszelkiego rodzaju, w tym gospodarskich) wyniosła sześćdziesiąt dziewięć, rannych zaś – dwa tysiące czterdzieści. Stanowi to odpowiednio jeden promil (tak, promil) ogólnej liczby śmiertelnych ofiar wypadków w tych latach (było ich według danych Komendy Głównej Policji 41 999) i trzy promile liczby rannych (511 117). To bez wątpienia chwalebne, gdy w jakiejś społeczności budzi się troska o bezpieczeństwo uczestników ruchu drogowego, każda utrata życia w wypadku to wielka tragedia, warto jednak chyba wyciągnąć praktyczne wnioski co do ukierunkowania swojego aktywizmu z informacji (dostępnej na stronie KGP), iż w roku 2017 najechanie na dzikie zwierzę zakończyło się śmiercią dziesięciu osób, podczas gdy najeżdżający na kogoś pijani kierowcy zabili ich dwieście siedemdziesiąt trzy.

Największy kłopot łowiecka brać ma jednak tradycyjnie z wyjaśnieniem swojej funkcji „regulacyjnej", broniącej słabszych uczestników ekosystemu przed nadmiernie silnymi, gdy przychodzi wytłumaczyć się publiczności ze strzelania do ptaków. Według danych Stacji Badawczej PZŁ w Czempiniu w sezonie 2017/2018 myśliwi ustrzelili w Polsce sto siedemdziesiąt siedem tysięcy ptaków (nie zliczono, zdaje się, tych tysięcy, którym przestrzelili skrzydła albo które uszkodzili w inny sposób, czyniąc z nich żywy łup dla drapieżników). Wprost zżera mnie ciekawość, jakież to rolnicze, ekologiczne albo komunikacyjne zagrożenia prezentowały, skoro zasłużyły na rzeź tej skali? Na facebookowym profilu Warszawiacy Przeciw Myśliwym, społeczności organizującej (skuteczne) obywatelskie blokady polowań, jeden z myśliwych pytany, o co właściwie chodzi z tym polowaniem na ptactwo, wyznaje szczerze, że chodzi „o jakieś tam hobby, o jakieś tam spełnianie siebie". Na profilu kampanii Niech Żyją! można obejrzeć zdjęcia ze społecznego monitoringu polowań, zbliżenia ustrzelonych w locie pięknych ptaków. Nie wiem, co trzeba mieć w głowie, by cieszyć się widokiem spadającego z nieba śmiertelnie rannego ptaka. W mojej głowie tego z pewnością w tej chwili nie ma.

Z każdym zresztą znanym mi myśliwym dyskusja kończy się (jak dotąd) w tym samym momencie: gdy pytam go, czy pozbawianie zwierząt życia sprawia mu przykrość, czy czuje, że to cena, jaką trzeba zapłacić za piękne momenty ciężkiej służby ojczystej przyrodzie. Nie spotkałem ani jednego, który z ręką na sercu powiedziałby mi, że wolałby nie zabijać, że cierpi, gdy to robi, że to najgorsza część owego zajęcia. To w zasadzie wystarczy do wydania etycznego sądu w tej sprawie. Jak zasadnie zauważa Gzyra, skoro to taka przykra konieczność, to dlaczego właściciele psów, którzy muszą – bywa – poddać je eutanazji, nie robią wokół tego takiej szopki? Nie umiem, biję się w piersi, zrozumieć człowieka, który maże się krwią zabitego zwierzęcia w ramach jakiegoś chorego rytuału albo odtrąbia jakieś tam swoje sygnały nad ułożonymi pokotem ciałami martwych lisów. Moja naturalna reakcja na taki widok byłaby raczej zbieżna z komunikatem wysłanym przez aktywistów, którzy – jak podaje znów Gzyra – podczas tak zwanego Hubertusa Spalskiego w 2016 roku położyli się na ziemi obok ciał zabitych zwierząt i po prostu je – co powinno się robić z każdą istotą dotkniętą przez śmierć, tę samą, która i mnie kiedyś przecież spotka – objęli.

Dogadać się nie idzie, bo ci państwo mają nie tylko swoją łowiecką „ewangelię", ale i swój słownik (w którym zwierząt się nie zabija, lecz „pozyskuje", krew to „farba", ranne zwierzę to „postrzałek" *etc.*), pozwalający im żyć w wygodnym samozłudzeniu co do rzeczywistego charakteru tego, czym się zajmują – w wyparciu faktu, że zajmują się śmiercią. Scully cytuje Josepha Wooda Krutcha, zmarłego w 1970 roku amerykańskiego pisarza i przyrodnika: „Tak zwane polowanie sportowe to idealny przykład zła w najczystszej postaci. Najgorsze czyny popełniane są, gdy sprawca pożąda dla siebie jakiegoś dobra, ale zabójca dla sportu nie ma przecież takiego motywu. On po prostu woli śmierć od życia, ciemność od światła. Nie otrzymuje nic poza satysfakcją powiedzenia: »Coś, co chciało żyć, nie żyje. Odtąd jest troszkę mniej witalności, świadomości, a może i radości we Wszechświecie. Jestem duchem, który się sprzeciwia«".

Moje serce jest niezwykle pojemne, w pełni rozumiem więc, że ktoś może mieć inaczej niż ja. Cóż jednak poradzę i na to, że śmieszy mnie też cały ten – uwielbiam to angielskie określenie – „niedopieczony mistycyzm" („*half-baked misticism*") myśliwych. Te opowieści sprawiające, że ma się ochotę zaraz otulać ich ciepłym kocem i wieźć do terapeuty: o tym, że polowanie to woda i ogień w jednym: z jednej strony trudne wybory i społeczny obowiązek, a z drugiej – jednak dziki instynkt. O tym, jak trzymanie w dłoniach broni sprawia, że odradza się w nich (jak rozumiem – wcześniej niedogotowana, by zachować ciągłość kulinarnej metaforyki) męskość. Jak gorącą miłością pałają oni do tego, na co polują (chroń mnie, Panie, zawsze od takiej miłości, która kończy się wystrzałem ze sztucera kochającego). Jak – przy tym argumencie nie próbuję już nawet walczyć z zalewającymi mi gardło gorącymi, empatycznymi łzami – strzelając do zwierząt, ratują je przed śmiercią z wychłodzenia lub głodu (jakże twórczo, okazuje się, można rozumieć dobroczynność!).

Internet i biblioteki pełne są też jednak zupełnie nieopatrznie ujawnionych szczerych wspomnień i przemyśleń tego bractwa, nie pozostawiających – przynajmniej mnie – wątpliwości, że pod tym względem żyjemy w dwóch odmiennych etycznych wszechświatach. Na polskich internetowych profilach myśliwych co chwila trafiam na kwiat: a to w postaci lisa przybitego przez pana Sławomira do drzewa (z komentarzem: „To za tego kogutka!"; koledzy myśliwi śmiali się, że gdy ranne, nieprzytomne zwierzę już po przybiciu na chwilę się ocknęło, zaczęło „śmiesznie gadać"). A to pani myśliwa Martyna trzyma z dumą w ręku ustrzelonego właśnie ptaka chronionego gatunku (cyrankę), bo nawet nie wie, co upolowała (pomyliła ją z „łowną" cyraneczką). Pan Darek opisuje, jak w czasie rykowiska upatrzył sobie jelenia („najgłośniej ryczał i to zdecydowało, że będę go o świcie podchodził”), a następnie pozuje z jego zwłokami („strzeliłem na komorę, odskoczył parę metrów i padł”) i cieszy się niczym rozpalony młokos rozmiarem zdobyczy (wiadomo, walka samców: jeden miał większe poroże, drugi dłuższą lufę), kompromitując bez reszty wszystkie łzawe zapewnienia łowczych, że przecież oni tylko, w ramach uczynków miłosierdzia, eliminują z ekosystemu osobniki stare, słabe i chore. Podczas tegorocznego (piszę to w 2018 roku) rykowiska takich panów Darków wybierających do ubicia najpiękniejsze, najbardziej dorodne osobniki i strzelających otumanionym miłością zwierzętom ze stu metrów prosto w serce była rzesza – ich pełnymi chłopięcych uniesień wspomnieniami można się było na Facebooku zaczytywać do woli.

Scully w swojej książce przytacza – niech to nazwisko będzie upamiętnione również wśród polskich czytelników – tekst Jima Carmichaela, felietonisty magazynu „Outdoor Life”, dla którego „polowanie na słonie to pochłaniająca pasja”, opowiadający o tym, jak to autor podczas jednego z polowań wraz z towarzyszami usłyszał przerażający ryk słonia, którego, rzecz jasna, natychmiast zabił. Później okazało się, że była to samica czuwająca przy zwłokach swojego martwo urodzonego dziecka i próbująca odstraszyć od niego wszelkich intruzów włącznie z innymi słoniami (pan Carmichael w końcowym morale pisze o wspaniałej i potężnej sile instynktu). Cytuje też refleksje samego prezydenta USA Theodore’a Roosevelta, zapalonego myśliwego, który opisywał, jak to z synem zastrzelili kiedyś samicę nosorożca, a ponieważ jej młode nie chciało odejść od ciała matki i rozpaczało, przestrzelili mu tyłek i wtedy uciekło z bólu; za następnym razem, nauczeni doświadczeniem, zamordowali już i matkę, i dziecko, „które umierając, wydało z siebie przeciągły gwizd, niczym maszyna parowa”.

Polscy myśliwi na swoich forach zaczynają już się nawzajem strofować i mitygować, apelując jeden do drugiego, by ograniczyć publiczne pokazywanie swoich prawdziwych refleksji, odczuć i kompetencji, bo czas bezkarności się skończył. Na jednym z forów pada nawet argument o „milionach" wydawanych przez to środowisko na promocję. Dobra rada: żadne miliony nie pomogą. Do tego, by łowiectwo w pokoleniu moich wnuków stało się wspomnieniem z dziwnych pradziejów, wystarczy, byście państwo po prostu szczerze, bez retuszu i specjalnych komentarzy, nadal pokazywali nam na bieżąco, co robicie.

Jak grzyby po deszczu powstają dziś kolejne inicjatywy społecznego monitoringu uprawiających tę działalność osób: wyłapujące myśliwych „na cyku", nie przestrzegających formalności, nie zachowujących zasad bioasekuracji, gdy „bohatersko" walczą z ASF, wystrzeliwując sobie sponsorowane przez państwo kotlety z dzika. Wydaje się, że środowisko powoli zaczyna panikować, a hermetyczne bractwo (zawsze z zaskakującą nadreprezentacją tych, którzy mają władzę nad ludźmi – prawników, posłów, lekarzy, ludzi zamożnych, księży; teraz pokażą więc, że mają ją i nad przyrodą) z dotychczasowej pogardy dla krytyków przechodzi do defensywy. Nie grozi nam chyba odwrót w stronę modelu francuskiego, gdzie polowanie wcale nie jest powodem do wstydu, lecz wręcz przeciwnie: uwielbiany nowoczesny prezydent Macron chce podobno wznowienia tradycji „polowań prezydenckich". Ani do sytuacji z USA, gdzie mitologia traperów i zdobywców dzikich prerii (na których sporo gatunków wybito już do nogi) ma się dobrze, a rekreacyjne uśmiercanie zwierząt pozostaje jedną z narodowych religii. Scully detalicznie opisuje myśliwski przemysł w swojej ojczyźnie, oferujący na przykład wabiki na niedźwiedzie wydające przeraźliwy jęk krzywdzonego małego niedźwiadka, aberracje takie jak

„polowania dla niewidomych i niepełnosprawnych" czy polowania dewizowe. Proszę wpisać sobie w Google całkiem polską frazę: „Polowania za granicą, ceny", i naocznie przekonać się, ile ołowiu wpakowali w żyjące za granicą egzotyczne stworzenia nasi dumni rodacy. Spotykam ich czasem, niestety, na lotnisku w Johannesburgu. Nie umiem się zdobyć na serdeczności. Lecieć na drugi koniec świata, powiększać efekt cieplarniany (każdy przelot ma przecież swój wyrażony w ilości CO_2 skutek dla ekosystemu), wydawać horrendalne pieniądze po to, by zostawić po sobie jedynie śmierć i przywieźć do domu kawałek futra albo kości? I opowiadać jeszcze przy tym, że buduje się w ten sposób lokalny rynek pracy? Wiele głupot jestem w stanie przyjąć i machnąć na nie ręką (na przykład tezę, że słonie i lwy też muszą dołożyć jakąś swoją daninę do ekonomii tego świata i pozwolić mu zastrzelić iluś swoich przedstawicieli), dwadzieścia lat robię w publicystyce. Mimo to krew się we mnie gotuje, gdy w mojej przytomności, człowieka pracującego w Afryce i w Azji, jakiś przesiąknięty do szpiku neokolonialnym mentalem bufon obraża moich tamtejszych przyjaciół rozumowaniem: tak, pomniejszę środowiskowy potencjał kontynentu, ale przecież dam za to Murzynkom dolary, więc o co się pan, z przeproszeniem, czepia?

Prawda, przyznać trzeba, że argumentu z „neokolonializmu" używa się też w drugą stronę. Stosują go chętnie Kanadyjczycy, urządzający co roku rzeź małych fok zabijanych przez uderzenie w głowę kijkiem zakończonym hakiem. Naturalnie, choć *gros* pozyskanych futer idzie na eksport, to nie jest biznes, to kanadyjskie „dziedzictwo kulturowe". W Chinach mamy dziś ponad dwieście działających farm niedźwiedzi, na których trzyma się je (w sumie pewnie kilkanaście tysięcy) na uwięzi z rurkami odsysającymi z ich wnętrzności żółć, ważny składnik wielu tradycyjnych chińskich lekarstw (żeby jednak nie było: ponad osiemdziesiąt procent Chińczyków – podaję za Dariuszem Gzyrą – sprzeciwia się wykorzystywaniu żółci do tych celów, kilka tysięcy aptek przystąpiło do projektu Healing Without Harm, deklarując, że nie będzie sprzedawało pozyskiwanych od zwierząt specyfików; autor opisuje też jednego z farmerów, który – stwierdziwszy, że ma już dość – z pomocą organizacji przerobił swoją farmę na azyl, prawie że rajski hotel, dla dręczonych jeszcze chwilę wcześniej zwierzaków). Albo weźmy to, co od lat, śmiejąc się wszystkim w twarz, robią Japończycy: pod tragikomiczną przykrywką „badań naukowych" prowadzą nieprzerwanie komercyjną rzeź wielorybów na Oceanie Południowym (by poradzić sobie z heroicznie nękającą ich flotę przetwórni organizacją Sea Shepherd, uznali, że każde zbliżenie się do japońskiej jednostki to akt terroryzmu, do jej ochrony wysłano więc wojsko). Stałymi konsumentami wielorybiego mięsa jest dziś – o ile mnie pamięć nie myli – około jednego procenta Japończyków. Sprawa jest już jednak honorowa: nie będzie nikt mówił dumnemu narodowi, co ma jeść, skoro nasi dziadowie jedli, my też możemy chcieć jeść. Znów zachęcam do prywatnej kwerendy: proszę obejrzeć w wolnej chwili odcinek serialu dokumentalnego telewizji Animal Planet *Wojny o wieloryby* i popatrzeć, jak te wielkie, ufne (bo nie mają w naturze polujących na nie drapieżników) zwierzęta podpływają zaciekawione, bawiąc się, do japońskich kutrów, z których strzela się im w głowę harpunem z przypominającej artyleryjskie działko wyrzutni.

Profesor Barbara Skarga miała rację: „Człowiek to nie jest piękne zwierzę". Jest? Obejrzyjcie jeszcze relacje z „tradycyjnej" rzezi delfinów odbywającej się regularnie w japońskiej zatoce Taiji albo na bliższych nam geograficznie Wyspach Owczych. Te przeinteligentne ssaki (przeżywają żałobę, są altruistami, rozumieją instrukcje wyświetlane im na ekranie) zapędzane są przez jedne łodzie do zatoki, przez inne odgradzane sieciami od otwartego morza, a następnie jeden po drugim zarzynane (bo tak to dokładnie wygląda) przez brodzących po kolana we krwi „rybaków". To barbarzyństwo to – zdaniem premiera Japonii Shinzō Abe – „wielowiekowa praktyka w Taiji", wszak „w różnych krajach i różnych regionach są różne praktyki i zwyczaje odziedziczone po przodkach, które powinny być szanowane". Miksem argumentacji kulturowej i komercyjnej posługują się wreszcie zasłużeni dla wybijania wielorybów przedsiębiorcy z Norwegii czy Islandii. Jedna z firm, należąca do islandzkiego multimilionera, przyznała, że latem 2018 roku uśmierciła jedenaście ciężarnych samic płetwala zwyczajnego, a właściciel firmy dumnie pozował do zdjęć obok wyciętych z ich ciał płodów.

Wszyscy ci państwo w całym swoim zadufaniu nie zwrócili uwagi na jeden zasygnalizowany już szczegół: okradają oni skarbiec należący do całej ludzkości. Wieloryby na wodach międzynarodowych nie stanowią własności tej czy innej nacji; dzika zwierzyna w polskich lasach nie należy do myśliwych, ale do Skarbu Państwa, a więc w takim samym stopniu do nich, jak i do mnie. Jestem przez nich okradany. A jeśli chcieliby się upierać przy swojej uświęconej lokalnej tradycji? No cóż, ja mogę stwierdzić, że moją uświęconą tradycją jest palenie syfem w piecu i nakręcanie czym się da zatrucia atmosfery. Powietrze nie zna granic, w atmosferze nie ma szlabanów i zasieków, szkoda, którą zrobię dziś tu, jutro swoje smutne skutki pokaże gdzie indziej. Wyspiarskie narody Japonii, Islandii, Wysp Owczych są zaś ostatnimi, które powinny wyciągać w takich debatach partykularne argumenty, apelując równocześnie do całego świata, by zaczął dbać o wspólnotowy wymiar środowiska, bo przecież gdy poziom morza wzrośnie, one pierwsze stracą ziemię, majątki i życie.

Tu jeszcze raz ujawnia się geniusz chrześcijańskiej propozycji, przypominającej wszystkim mieszkańcom świata, że – niezależnie od koloru skóry i historii – dziś są jedną, najbliższą rodziną. I że wszelkie dobra tego świata dopiero w drugiej kolejności mają służyć jednostkom, bo w pierwszej – wszystkim (tak zwana zasada powszechnego przeznaczenia dóbr). Skoro On powiedział nam, że Jego marzeniem jest, byśmy byli jednym, dlaczego upieramy się przy niszczącej nas wszystkich krótkowzroczności podziału na parę miliardów wszechświatów?

No dobrze. Pozrzędziliśmy. Z mięsem wiemy już, co zrobić, co jednak począć z tymi horrendami? W chwili pisania tej książki nie wiem jeszcze, jaką decyzję podejmą w referendum mieszkańcy szwajcarskiego kantonu Zurych, którym poddano pod rozwagę wprowadzenie na ich terenie całkowitego zakazu polowań sportowych i zlecenie niezbędnych odstrzałów sanitarnych wynajętemu pracownikowi, a więc zaproponowano, zamiast pospolitego ruszenia ideologów-hobbystów, normalny urząd. Nie protestowałbym, gdyby takie rozwiązanie wprowadzono też u nas, choć mam oczywiście świadomość, jakim zagrożeniem byłoby to, gdyby dostał się on w ręce ludzi takich jak obecni, zakochani w łowiectwie i – co już naprawdę śmieszy – robiący z mordowania lisów i zajęcy jedno z sakramentaliów, władcy naszej „ochrony (własnego) środowiska". Zmiany w prawie nie zlikwidują jednak przecież sporu, jaki toczymy w naszych głowach z tymi wszystkimi, którzy o zwierzęciu jeszcze za jego życia myślą, mówią (i liczą) *per* „tusza". Proszę poczytać komentarze „mięsożernych trolli", refleksje myśliwskich ziomów pod wymienionymi wyżej facebookowymi wpisami o lisku, cyrance, jeleniu, na portalach przemysłu spożywczego proszę znaleźć wypowiedź pani dyrektor kutnowskiej megarzeźni, przekonującej, że jej „pragnieniem jest ubijać jeszcze więcej świń" i że – proszę trzymać się teraz, czego państwo możecie – „wieprzowina jest romantyczna" (oczami duszy widzę już walentynkową kampanię: „Dla mej miłości – mam schab bez kości").

Każdy niech ma, jak chce: ja, podobnie jak Scully, nie jestem w stanie uznać, że niesamowite dzieło stworzenia, miliony lat ewolucji, cała ta bioróżnorodność i piękno nie-ludzkiego świata jest po to, bym mógł wciągnąć sobie na obiad schabowego. Z tej perspektywy zaryzykuję tezę, że opisane wyżej na tylu przykładach konsumpcyjne wypaczenie relacji człowieka z resztą stworzeń to temat nie tylko dla ekonomistów, ale i dla duszpasterzy. Oznacza ono bowiem redukcję danego nam Objawienia.

Przedostatni już, w tym rozdziale, cytat z Matthew Scully'ego: „Jestem przekonany, że w Księdze Życia »Miał miłosierdzie wobec stworzeń« znaczy więcej niż »Smacznie jadał«. Zawsze kiedy mamy zdecydować o losie zwierzęcia, realizm domaga się, by skonfrontować się z ceną, jaką trzeba będzie zapłacić, gdy człowiek z całą swoją mocą pojawi się na scenie. To wymaga zrozumienia, że zwyczaje to nie zawsze potrzeby, tradycje to nie odwieczne prawa, a salon futrzarski, kuchenny stół albo wykwintna restauracja nie stanowią centrum moralnego Wszechświata. Trzeba zobaczyć rzeczy takimi, jakie są, zanim pojawimy się my, z naszym nieskończonym katalogiem apetytów, wyobrażeń, teorii, i nie przykrywać tego oszukańczą nauką ani teologicznymi mądrostkami, ani bezlitosnymi imperatywami tradycji, ekonomii czy »ochrony środowiska«".

Nasza relacja z resztą stworzenia to obszar, w którym nauczyliśmy się skrzętnie ukrywać sporą część prawdy o sobie.

Mnie, chrześcijaninowi, Ewangelia nie pozostawia wątpliwości: prawda ta zostanie kiedyś w całości ujawniona. Ja zaś nie tylko boję się tego, co zezna o mnie cały Boży świat na sądzie ostatecznym. Chciałbym też, żeby ów świat, nie tylko gadający i chodzący na dwóch nogach, zachował o mnie kiedyś dobre myśli, a gdy będę odchodził – żeby wspomniał mnie z wdzięcznością, a nie odetchnął z ulgą.

Na świecie, na szczęście, pełno jest ludzi, którzy doskonale rozumieją, co trzeba zrobić, i to właśnie robią. Rolników, którzy nie poddali się trendowi i nadal uważają, że ich misją jest produkcja żywności w sposób jak najbliższy naturze, świadomie decydujących się na wyjście z „wysokotowarowości", trwających przy wyśmiewanej dziś wieloprofilowości. Lymbery i inni autorzy opisują ich w swoich pracach: ludzi, którzy poszli w poprzek systemu i łatwo im nie jest (skoro z problemami zrównoważenia budżetu boryka się nawet organiczne gospodarstwo następcy brytyjskiego tronu księcia Karola, to co mówić o polskich rolnikach próbujących wbrew wszystkiemu przetrwać w świecie wielkich firm?).

Kto z nas nie wzruszy się choć przez chwilę, czytając (znów u Scully'ego) o Chandrasirze Abbrewsie, mieszkańcu Sri Lanki, który widząc, jak jego sąsiedzi zabijają (zgodnie z odwieczną tradycją) lokalne żółwie, zdjęty współczuciem do tych stworzeń, zaczął – przy wsparciu szwedzkiego znajomego – płacić sąsiadom za przynoszenie mu żółwich jaj, a po tym jak wykluły się z nich małe, niósł je do oceanu, by mogły w spokoju zacząć przygodę mającą potrwać może nawet dwieście lat? Zrobiła się z tego turystyczna atrakcja, ludzie – podobnie jak to się dzieje w wielu częściach świata – zrozumieli, że na pokazaniu jednego żółwia (albo słonia czy lwa) można zarobić sto razy więcej niż na jednorazowym tegoż zabiciu. Wzruszenie to jednak tylko początek drogi. Jak w nią ruszyć, by napisano o nas kiedyś to co o nim: „Ten człowiek wiedział, że w tym mściwym i brutalnym świecie przynajmniej on wziął stronę życia. I jeszcze długo po tym jak odejdzie z tego świata, morza pełne będą niemych świadków jego łagodności”?

„Serce, które nauczyło się kochać,
współczuje całemu stworzeniu".

Święty Sylwan z Góry Athos

ROZDZIAŁ CZWARTY

O „zielonych nazistach", o księżach, co strzelają z dwóch ambon, i o „teologii schabowego". O tym, dlaczego papież musi przypominać człowiekowi, że jednak nie jest Bogiem. O tym, czy Matka Boża lubi wypchane lisy. O świętych, którzy woleli nie zbudować kościoła, niż wyciąć las. I o świętym Franciszku, który zainicjował ruch wykupywania zwierząt rzeźnych od handlarzy

Mam świadomość tego, że – jak lojalnie zapowiadałem na pierwszych kartach tej książki – przeprowadziłem dotąd jej czytelnika schodami w dół, ku otchłani. Nie wiem, jak mają inni; dla mnie to uświadomienie sobie z całą bezwzględnością i realizmem stanu faktycznego, owo przejście oczami, umysłem i wszystkimi zmysłami przez piekło, w które (nie wszędzie, ale za często) zamieniamy Ziemię, było konieczne. Wybiło mnie z letargu nakręcania pensjonarskich emocji, pozostawania na etapie wzruszeń losem przywiązanego w lesie pieska i widokiem wpatrujących się we mnie czujnie z przyczepy na autostradowym parkingu krowich czy świńskich oczu, o których właścicielach wiem przecież zawsze, że niestety nie umiem im pomóc, że to ich ostatnia noc na tej ziemi, że przed kolejnym wieczorem poczują ból i wejdą w ciemność, i – skoro są tu, gdzie są – ktoś ma już kupca na ich ciała. A jakieś słodkie dziecko zje je sobie za tydzień lub dwa na śniadanko. Nic nie jest w stanie wyroku wydanego przez owego bobasa (jego rodziców) odwrócić.

Dziwiło mnie też zawsze, jak wielu ekologów zdaje się natychmiast chować ogon pod siebie, gdy wydawałoby się, że to już czas, by zabrać głos w obronie akurat tej zwierzęcej części świata. Bardzo chętnie zajmują się – jak wykazałem wcześniej, również bardzo ważnymi – tematami zanieczyszczenia powietrza, ocieplenia klimatu, marnotrawienia żywności, promowaniem odnawialnej energii, pozostając w obszarze spraw ogólnie słusznych. Jakby się bali kontrowersji związanej z naruszeniem jednego z najświętszych dogmatów współczesności: bezmyślnego eksploatowania świata zwierząt w rzeźniach i w laboratoriach. Jasne, są i takie fundacje i środowiska, które mówią tylko o tym (moją ulubioną w Polsce są bez wątpienia i mądre, i megaskuteczne Otwarte Klatki, bardzo szanuję też wspomniane już CIWF), ale wiele nie mówi o tym nic. Boją się wejścia w spór z olbrzymimi pieniędzmi? Czy tego, że – jak to zwykle w tych kwestiach bywa – trzeba będzie za swoje poglądy zapłacić czasem poświęconym na zmaganie się z natychmiast stającym do walki batalionem komentatorów z gatunku: „Mięsko to mięsko. Mniam mniam"? Nie wiem.

Dla mnie sprawa jest w tej chwili bardziej niż prosta. Zasada numer jeden. Kryterium najoczywistsze z oczywistych: bólu. Sam doświadczyłem go w życiu sporo, jest więc dla mnie rzeczą zupełnie oczywistą, że moim moralnym obowiązkiem jest oszczędzić go wszędzie, gdzie się da, każdej istocie, która jest w stanie go odczuwać. Kropka. Jeśli nie muszę zwiększać sumy subiektywnie odczuwanego zła, nieszczęścia, strachu na tym świecie – nie zwiększam. Dopóki zamykałem oczy i odruchowo odpychałem od siebie wiedzę o konsekwencjach swoich wyborów, nie zdawałem sobie nawet sprawy, dla ilu istot byłem przychodzącą po nie śmiercią. A nie chcę być śmiercią, chcę być życiem. Bo mój Bóg jest Życiem. Bo bycie „za życiem" to kwintesencja wyznawanej przeze mnie religii. Więcej światła, ruchu, radości, istnienia – doskonale zdaję sobie sprawę z tego, jak nieporadna jest ta wyliczanka, ale każdy, kto choć raz w życiu naprawdę się nim zachłysnął, zachwycił, kogo choćby na ułamek sekundy wbiła w ziemię świadomość, w jak wspaniałej i nieprawdopodobnie przerastającej nas przygodzie przyszło nam uczestniczyć – wie, o czym teraz piszę.

I to jest zasada druga. W katolickiej teologii mówi się czasem, że najmniej szczęśliwy człowiek w czyśćcu jest szczęśliwszy od najszczęśliwszego człowieka wciąż żyjącego na ziemi. Dlaczego? Bo z czyśćca jest tylko jedno wyjście – do nieba. Czyściec to miejsce, w którym nie można zasiedzieć się na wieczność, bo to już byłoby piekło (jakaś jego forma). Przez czyściec się przechodzi. Nie jest szczególnie sensowne parkowanie samochodu w myjni. Podobnie nie jest specjalnie produktywne zatrzymanie się na rozdzierającej kontemplacji czynionego zła, powodowanego cierpienia. Sycenie się zatykającymi nam wtedy gardło łzami jest dobre przez chwilę, działa jak detonator, musi jednak przyjść czas decyzji, kroku naprzód, działania. Z mojego (skromnego) doświadczenia wynika, że gdy ktoś mówi, iż jest za życiem, a opowiada wyłącznie o śmierci – na dłuższą metę nie osiąga nic poza zmęczeniem i irytacją, czasem nawet buntem, odbiorcy. Nie chcę więc, by moje bycie za życiem ograniczało się do bycia przeciwnikiem śmierci. Życie warte jest tego, by być za nim, ze względu na to, jak jest piękne. Odkąd zacząłem być nieco bardziej uważny na los moich współstworzeń, mam wrażenie, że „odpalił" mi się w środku jakiś dodatkowy zmysł, jakby ktoś nagle włączył kolejny wymiar w otaczającym mnie świecie. Widzę, czuję, słyszę więcej, co nie znaczy (niestety), że wyciągam z tego wszystkiego wnioski, że korzystam z tej nowej „supermocy". Nie tylko żywność marnujemy; człowiek jak żadne inne stworzenie potrafi marnować dokładnie wszystko.

Wiele razy miałem już okazję przekonać się, że Bóg wpisał w ten świat system oparty na sprzężeniu zwrotnym (moi niechrześcijańsko zorientowani znajomi też to sprzężenie widzą i powtarzają, że „karma wraca"). Jeśli wyświadczasz stworzeniu dobro, stworzenie (niekoniecznie to samo, mówię tu o całym stworzonym świecie) prędzej czy później odpłaci ci, przesyłając punkty na twój egzystencjalny rachunek. Ludzie, którzy wprowadzają na ten świat więcej światła, przyciągają światło. Jedną z najbardziej popularnych pobożnych lektur było swego czasu w moim Kościele dziełko Tomasza à Kempis *O naśladowaniu Chrystusa*. Dziś nie jest, bo chyba dotarło do nas, że owo naśladowanie Chrystusa mogłoby nas zmusić do uznania, iż nasz komfort nie jest wcale sensem istnienia Wszechświata. A przecież w chrześcijaństwie nie chodzi o nic innego, tylko o to, by iść krok w krok za Tym, który – jak pisze święty Jan w Prologu swojej Ewangelii – jest Światłością, co „w ciemności świeci, a ciemność jej nie ogarnęła".

Dokładnie tak: światłość na tym świecie wcale nie anihiluje ciemności. Ona tworzy w niej „strefy życia". Czy wokół mnie rozciąga się taka biostrefa? Czy żyję tak, by nie spalać zbyt dużo tlenu innym, którzy żyją na tej samej ziemi, czy nie zajmuję miejsca, które nie do mnie należy? I Jezus, i ojcowie Kościoła, i życiowe wybory tylu wielkich świętych i mistyków mówiły o cnocie umiaru, i to przecież nie tylko o tym, ile ona człowiekowi zabiera, ale – ile potrafi mu dać. Wszak wypuszczając coś z rąk, zawsze robisz w nich miejsce, by można było sprezentować ci coś nowego, coś, co nie pochodzi od ciebie, a więc dostarczy nieznanych wrażeń. Mowa trawa? Biedacoaching? Postaram się więc rzecz pokazać na przykładzie.

Każdy, kto oglądał film *Szczęki*, wie: nie ma na świecie wiele bardziej niebezpiecznych stworzeń niż rekiny. Wśród nich żarłacze białe mają na swoim koncie najwięcej udokumentowanych ataków na przebywających w wodzie ludzi. Pytanie pierwsze:

co owi ludzie w tej wodzie robili? Odpowiedź: najczęściej zażywali kąpieli na kalifornijskich, australijskich lub południowoafrykańskich plażach. Rekiny są na tym świecie od czterystu–pięciuset milionów lat. Człowiek – licząc różne jego pragatunki – powiedzmy, że od paruset tysięcy. Mamy więc sytuację, w której ktoś przez dwadzieścia trzy godziny i pięćdziesiąt pięć minut miał do dyspozycji basen, a pięć minut temu zaczął mu się do niego pakować roszczeniowy sąsiad. Ja wiem, że nie mieści nam się w głowie – tak bardzo sprane antropocentryzmem są nasze mózgi – iż wchodząc do lasu, wchodzimy do domu innych stworzeń i dokładnie tak samo jest z zanurzaniem pupy w morzu albo oceanie. Przyroda nie zna instytucji kąpieliska, zjawiska plażingu, to wynalazki człowieka – i czysty zdrowy rozsądek podpowiada, że w tej sytuacji potrzebna jest rozwaga ze strony tego, kto jest w stanie ją okazać. Żarłacz nie gustuje w ludzinie, człowieka atakuje zwykle przez pomyłkę. Czy to naprawdę aż takie poświęcenie, aż takie cierpienie i tortura nie moczyć się tam, gdzie wiem, że on może być? Bo jestem silniejszy, „mądrzejszy" i wiem, że – chociaż to o nim kręci się straszne filmy – ja jestem dużo bardziej przerażającym drapieżnikiem od niego?

Jest mi smutno, gdy pomyślę, że nie wiem, czy – choćby w RPA, kraju, który odwiedzam dość często, a który póki co daje jeszcze taką możliwość – zdążę pokazać żarłacza na żywo mojej córce. Sieci zastawiane przy plażach, polowania „sportowe" i komercyjne, dla pozyskania płetwy, z której robi się zupę, doprowadziły do tego, że żarłaczy białych jest dziś w oceanach świata najwyżej parę tysięcy. Na naszych oczach wygasa jedna z dynastii morskich władców, ginie wspaniałe, fascynujące stworzenie. Kto nie wierzy – niech poczyta (w książce Richarda Peirce'a *Nicole* albo w internecie) o samicy żarłacza białego oznaczonej symbolem P12, a później ochrzczonej mianem Nicole (na cześć Nicole Kidman działającej na rzecz ochrony tych zwierząt), która w latach 2003 i 2004 przepłynęła sobie z wód RPA do Australii i z powrotem. Jedenaście tysięcy kilometrów w jedną stronę pokonała w dziewięćdziesiąt dziewięć dni. Dowodząc, że wolno żyjące zwierzęta są po prostu nasze wspólne. A sytuacja, w której jedna lokalna wspólnota je chroni, a druga nie, prowadzi do sytuacji opisywanych też przez Carla Safinę: wilki chronione w parku Yellowstone odstrzeliwane są natychmiast przez „sportowych" myśliwych, gdy tylko przekroczą wyznaczoną przez człowieka granicę (identycznie dzieje się z żyjącymi w rezerwatach w Afryce słoniami).

Peirce w niezrównany sposób relacjonuje „wycieczkę" Nicole. To, z jaką sprawnością posługiwała się danymi jej przez Stwórcę umiejętnościami nawigowania, uwzględniając pozycję słońca, gwiazd i pole magnetyczne Ziemi. Jak głęboko (prawie do kilometra w głąb oceanu) nurkowała, gdy napotkała przeszkody choćby w postaci tropikalnych burz, jak uzupełniała zapasy energii na zamieszkanych przez kolonie fok bezludnych wyspach i przy dryfujących zwłokach martwych wielorybów, wreszcie – jak jakaś przywiana z morskim prądem tęsknota kazała jej wracać z powrotem do RPA. W finale swojej książki Peirce kreśli wizję, co mogło się stać z Nicole, gdy nie miała już na sobie nadajnika. Żarłacze białe żyją nawet do siedemdziesięciu lat, pozostaje wierzyć, że akurat jej udało się rzeczywiście przeżyć próbę zabicia jej przez europejskich „myśliwych" na wodach Mozambiku. Autor, bazując na długim doświadczeniu tropienia kłusowników, pokazuje, jak mogło to wyglądać (i dla wielu żarłaczy pewnie właśnie tak wyglądało): opisuje zadowolonych z siebie półgłówków (staram się, ale nie umiem nazwać ich inaczej) na łodzi, małego żywego rekina wykorzystanego w charakterze przynęty, hak wbijający się we wnętrzności ofiary, trwającą wiele godzin walkę z przytwierdzoną do niego liną, wreszcie – zerwanie jej i odpłynięcie w bezpieczne głębiny, z kawałkiem wciąż wystającym z pyska, z bólem, ale już nie szarpanym, już do zniesienia, w sobie.

To dlatego tak zżymałem się w poprzednim rozdziale na zabójców delfinów z Wysp Owczych czy Japonii. Ja po prostu wiem już, jak beznadziejny *deal* nam oferują. Miałem szczęście płynąć w otoczeniu dziesiątek delfinów, które asystowały nam, gdy wypływaliśmy z wysp Ninigo na Morzu Bismarcka, w Papui-Nowej Gwinei (tę podróż opisałem szczegółowo w książce *Last minute. 24 h chrześcijaństwa na świecie*). Nie da się opisać, co czułem, gdy przez cały dzień spędzony kiedyś na łódce z dwoma biologami morza z Azorów podglądaliśmy delfiny i kaszaloty, a ja dowiadywałem się, jak rozumieć ich zwyczaje i zachowanie. Żadne pięć minut poczucia dumy z powodu narodowej tradycji, żadne dwie minuty siorbania zupy (nawet z towarzyszeniem mlaskania) nie są w stanie nawet zbliżyć się do zysku, jaki osiągasz, obserwując te stworzenia w miejscu dla nich wymyślonym i przeznaczonym. Momentalnie budzi się w tobie ekscytacja życiem, wdzięczność, zachwyt, wychodzisz wreszcie ze swoich bebechów, czujesz się pełnoprawną częścią zupełnie przez ciebie nie zasłużonej całości. Zaczynasz rozumieć psalmistę, który (w Psalmie 104) zanurza się w kontemplacji wszystkiego, co poznał, o czym słyszał („Oto morze wielkie, długie i szerokie, / a w nim jest bez liku żyjątek / i zwierząt wielkich i małych. / Tamtędy wędrują okręty / i Lewiatan, którego stworzyłeś na to, / aby w nim igrał"; Ps 104, 25–26). Te słowa uznajemy za natchnione przez Ducha, są modlitwą czekającego na powrót Pana Kościoła. To naprawdę dobry pomysł – zabić i zjeść drogowskaz do nieba? Zamiast podziwiać, dzieląc się widokiem z innymi – posiadać, zabrać sobie na własność? Chodzi o postawę, jaką zajmujesz wobec świata, o to, co jest twoją domyślną, odruchową reakcją: bierzesz dla siebie czy z siebie coś dajesz?

Tak bardzo chciałbym nie być murem, o który rozbije się Objawienie. Ostatnim pokoleniem, które w relacjach ze światem ma jeszcze do dyspozycji szybę, a nie tylko lustro. Chciałbym pokazać mojej córce świat tak wspaniały, że nie przystoi go banalizować chowem przemysłowym ani współczesnym myślistwem. Pomóc jej, nauczyć ją odkrywać w stworzonej naturze naturę Boga, który jest przecież nieustanną relacją, istnieje stale z kimś i stale dla kogoś. Nasi chrześcijańscy teologowie, pocieszenie bezradni wobec prób szczegółowego opisania relacji wewnątrz Trójcy Świętej, weszli swego czasu w ciekawe metaforyczne obszary, opowiadając, że Trzy Osoby żyją w perychorezie, czymś na kształt nieustannego współbrzmiącego ruchu, bo powiedzieć, że chodzi tu o taniec, to mocno zawęzić intuicję, która się tu objawiła. O tym właśnie pisze w swojej – pierwszej w historii Kościoła poświęconej ekologii – encyklice papież Franciszek: „Człowiek tym bardziej się rozwija, tym bardziej dojrzewa i tym bardziej uświęca, im bardziej wchodzi w relacje, przekraczając siebie, aby żyć w komunii z Bogiem, z innymi i ze wszystkimi stworzeniami. W ten sposób przyjmuje w swoim życiu ową dynamikę trynitarną, jaką Bóg w nim odcisnął od początku jego istnienia" (*Laudato Si'* 240)

Każdy akt owego Trójjedynego Boga – jak zauważa anglikański profesor teologii i autor fundamentalnej *Teologii zwierząt* Andrew Linzey – jest aktem nie tylko społecznym, ale budującym wspólnotę, aktem miłości, i zawsze jest pozbawiony przemocy. Mamy Boga, który nie jest konsumentem, jest żywnością. Dla mnie to „jakby oczywistość", więc przyznam, że miewam niejaki kłopot ze zrozumieniem nastawienia tych moich współbraci, którzy twierdzą, iż jest odwrotnie. To chyba też Linzey pisał o błąkającej się dziś po wielu chrześcijańskich umysłach figurze „Jezusa drapieżnika". Zaiste, ciekawy to drapieżnik, co woli zginąć, niż dopominać się o swoje, jak najbardziej słuszne i elementarne, prawa. Który mógłby zabijać, by żyć – wszak jest wszechmocny – a tymczasem daje się zabić, by żyć mogli inni.

Źle znoszę szaloną promocję potępianego przez Franciszka „despotycznego antropocentryzmu" („Biblia nie daje podstaw do despotycznego antropocentryzmu nie interesującego się innymi stworzeniami", *Laudato Si'* 68). Ze zdumieniem słucham perlistych wywodów pewnego znanego księdza profesora z Katolickiego Uniwersytetu Lubelskiego, który zdaje się ostatnio ścigać sam z sobą na liczbę farmazonów dających się zmieścić w minucie przemówienia. Te o Święcie Reformacji jako „utożsamianiu Boga z szatanem" i o mesjańskiej misji Polaków zostawmy na inną okazję, tu mówimy wszak o ekologii: „W ideologii ekologizmu jako zielonego, ateistycznego, materialistycznego i nihilistycznego neokomunizmu dokonywana jest radykalna negacja Boga jako stworzyciela Polski, Polaków i Polek, zwierząt i roślin. (...) Od totalnej opozycji względem Boga objawionego do przejściowej animalizacji człowieka, aby go jednak ostatecznie doprowadzić do zagłady. Jest to, kochani – a wiem, co mówię, i czynię to z pełną odpowiedzialnością przed państwem i obliczem Bożym – ideologia będąca odmianą zielonego nazizmu".

Więcej rozbawienia i politowania odnajduję w sobie jednak w konfrontacji z produkcjami przeróżnych księży myśliwych, opowiadających o uniesieniach duchowych, jakie przeżywają, zadając śmierć lisom czy sarnom, posuwających się nawet do ryzykownej w swojej pompatycznej absurdalności metafory bycia

„sługami dwóch ambon". Zastanawiam się, kto był uprzejmy dać magisterium z teologii (że o etacie w Lasach Państwowych nie wspomnę) kapłanowi, który z fetyszyzowanego i niezrozumianego do bólu zdania o „czynieniu sobie ziemi poddaną" wysnuł błogosławieństwo dla rżnięcia tysiącletniej puszczy. Opadają mi ręce, gdy słyszę, jak dręczyciele norek spływają z czułością z ust ojców dyrektorów. Ot, teologia świata: zabić, zjeść, spieniężyć. Słowo daję, że gdy słucham tego zdogmatyzowanego mięsożerstwa i ekologicznego egotyzmu, czasem robi mi się tęskno za wspominanymi już „trollami", którzy przynajmniej nie silą się na udawanie, iż przemawia za nimi racja większa niż ich własny brzuch. Prostota używanej przez nich broni nieodmiennie mnie wzrusza. Stąpam na paluszkach, by tylko za szybko nie rozdeptać publicystycznym obcasem młodzieńca czy dzierlatki naprawdę głęboko pewnych, że słysząc ich *dictum*, natychmiast zwinę się w kłębek, zacznę ssać kciuk w rozpaczy, stracę sens życia i będę błagał o litość. Nabierają więc śmiało powietrza w płuca, przeczuwając nadciągającą rozkosz, zacierają ręce, przeładowują broń i bez pośpiechu, pewni siebie, pociągają za spust: „A przecież Jezus nie był wegetarianinem!".

Otóż, droga mięsożerna młodzieży, był czy nie był – nie wiemy. Wiemy też jednak, że to, czy jadł mięso, ma dziś dla nas takie znaczenie jak to, że nosił tunikę zamiast spodni. Stylizacja Jezusa nie należy do nienaruszalnego depozytu wiary, podobnie jak Jego dieta. Jeśli ktoś jest zdania, że naśladowanie Mistrza wymaga zostania cieślą, obrzezania i mówienia po aramejsku – mam dla niego ważną wiadomość: nie tędy droga. To elementy historycznego kontekstu Wcielenia, które dokonało się w takim, a nie innym miejscu, czasie, obyczajowości. Jezus nie przyszedł, by nawracać świat na chodzenie boso (lub w sandałach), ale by postawić świat na głowie, twierdząc, że najważniejszy jest ten, kto jest najsłabszy, a im jesteś silniejszy, tym więcej masz nie tyle praw, ile obowiązków – właśnie wobec stworzeń stojących niżej od ciebie. Tak: ośmielony do tego – jak się zaraz okaże – przez papieża Franciszka, ewangeliczną kategorię „ubogich", słabych rozciągam poza to, co tylko ludzkie.

Dzięki Chrystusowi ja, chrześcijanin, nie mam wątpliwości, że człowiek jest wśród owych stworzeń istotą wyjątkową, będącą „na obraz i podobieństwo Boga". Kimś, o kim wiemy, że Bóg zbudował z nim relację taką, jakiej nie zbudował z żadnym innym gatunkiem. Nie stał się wszak paprocią czy ważką, ale człowiekiem. To również człowiek, a nie baobab ani wilk, otrzymał od Stwórcy misję opiekowania się całą resztą życia. Ważne jest jednak ustalenie chronologii zdarzeń. Przypomnienie sobie, że to nie od razu po wygnaniu z raju, lecz dopiero po bratobójstwie Abla, po ustanowieniu przez Lameka drakońskich, nieludzkich praw, w myśl których zabijało się dziecko za karę za nabicie komuś niechcący siniaka (Rdz 4, 23), po tym, gdy Pan dostrzegł, „jak wielka jest nieprawość ludzi na ziemi i że wszystkie ich pragnienia były tylko złe" (Rdz 6, 5) – Bóg skraca życie swojej kreaturze do lat stu dwudziestu. Następnie zsyła potop. I – jak już zwracałem uwagę – dopiero po nim daje człowiekowi prawo do dysponowania życiem innych stworzeń, zabijania zwierząt na pokarm (niewykluczone, że dlatego, iż po potopie nie było po prostu na ziemi pokarmu roślinnego, wszystko zwyczajnie pogniło). Uwaga po raz drugi – sam zobowiązując się, że On już nigdy nie zgładzi żadnej istoty żywej (że też nikomu ta Boska deklaracja nie dała do myślenia)! I uwaga po raz trzeci: tego passusu o pierwotnej roślinożerności jako ziemskim ideale z pewnością nie pisali weganie, co dodaje mu wiarygodności (Matthew Scully wyciąga z tego wniosek praktyczny: „Jeśli świętość jest celem, a jedzenie mięsa wspomnieniem upadku, wiadomo, czego szukać, a czego unikać"). Co było dalej? Już wiemy. Gargantuiczna pycha oszusta, który przebrał się za pasterza i sterroryzował świat. Tak długo powtarzał sobie i innym, że jest ponad przyrodą, aż w to uwierzył – i kazał w to wierzyć Panu Bogu. Nie jestem specjalnym entuzjastą popularnej dziś w literaturze ekologicznej tezy o „szowinizmie gatunkowym" człowieka, który nie wiedzieć czemu od tysięcy lat okupuje mównicę w parlamencie zwierząt. Tu pewnie nigdy się nie dogadamy: w naszym antropologiczno-ekologicznym koncepcie zwierzę to zwierzę, a człowiek to człowiek (choć biologicznie łączy nas bardzo dużo). Dogadamy się jednak spokojnie gdzie indziej: nawet jeśli wierzymy, że człowiek z nadania Bożego jest opiekunem reszty stworzeń, przyrody, nie przestaje on przecież ani na sekundę być jej częścią. Uciskając przyrodę, krzywdzisz więc ludzi – to oczywista oczywistość.

Tak, wiem: nie mam żadnego prawa wymagać od opisanych na wstępie wysoko utytułowanych piewców myślowego kierunku, który roboczo nazwałem „teologią schabowego", by uczciwie zerknęli do ksiąg i przekonali się, że w katolickiej teologii (a w prawosławnej to już w ogóle) jest naprawdę sporo treści, pod którymi spokojnie mógłby się podpisać każdy współczesny ekolog (i może przy okazji przestałby wówczas rozpowszechniać brednie, że każdy literalnie chrześcijanin to potencjalny butny dewastator świata). Że ostatnich czterech papieży mówiło tak mocne rzeczy o ekologii, o konieczności podjęcia terapii w relacji człowieka z jego środowiskiem, iż mocniej już chyba powiedzieć się tego nie da. A że nikt ich wtedy nie słuchał, wszyscy zaś, którzy zabierają głos w tej kwestii, wciąż wałkują tych samych kilka cytatów ze świętego Augustyna czy Tomasza z Akwinu? Nagłe ataki wybiórczej uwagi nie są niczym dziwnym, gdy stawką jest kanonizacja ludzkich zysków. Nadanie rangi Objawienia swoim hobby. Zdogmatyzowanie własnych kulinarnych przyzwyczajeń.

Papieże ostatniego półwiecza mówią wyraźnie: ekologia to nie fanaberie pięknoduchów, ale sprawy zupełnie osiowe dla wiary. Paweł VI już w 1972 roku (w liście na Szczyt Ziemi w Sztokholmie) pisał: „Trzeba było tysiącleci, aby człowiek nauczył się panować nad przyrodą – czynić sobie ziemię poddaną – jak mówi Biblia. Nadeszła chwila, aby opanował swoje panowanie. A to niezbędne przedsięwzięcie wymaga nie mniejszej dzielności i niezłomności niż dzieło podbicia przyrody". Jan Paweł II w encyklice *Sollicitudo rei socialis* dodaje: „człowiek nie może bezkarnie używać różnego rodzaju bytów, żyjących czy nieożywionych – składników naturalnych, roślin, zwierząt – w sposób dowolny, jedynie według własnych potrzeb gospodarczych. Przeciwnie, należy brać pod uwagę naturę każdego bytu oraz ich wzajemne powiązanie w uporządkowany system, którym właśnie jest kosmos" (*Sollicitudo rei socialis* 34). A w encyklice *Centesimus annus* wysadza całą tę antropocentryczną herezję w powietrze z właściwym sobie rozmachem, pisząc: „Człowiek opanowany pragnieniem posiadania i używania, bardziej aniżeli bycia i wzrastania, zużywa w nadmiarze i w sposób nieuporządkowany zasoby ziemi, narażając przez to również własne życie. U korzeni bezmyślnego niszczenia środowiska naturalnego tkwi błąd antropologiczny, niestety rozpowszechniony w naszych czasach. Człowiek, który odkrywa swą zdolność przekształcania i w pewnym sensie stwarzania świata własną pracą, zapomina, że zawsze dzieje się to w oparciu o pierwszy dar, otrzymany od Boga w postaci rzeczy przezeń stworzonych. Człowiek mniema, że samowolnie może rozporządzać ziemią, podporządkowując ją bezwzględnie własnej woli, tak jakby nie miała ona własnego kształtu i wcześniejszego, wyznaczonego jej przez Boga, przeznaczenia, które człowiek owszem może rozwijać, lecz któremu nie może się sprzeniewierzać. Zamiast pełnić rolę współpracownika Boga w dziele stworzenia, człowiek zajmuje jego miejsce i w końcu prowokuje bunt natury, raczej przez niego tyranizowanej niż rządzonej" (*Centesimus annus* 37).

Jego następca, Benedykt XVI, jeszcze jako kardynał Ratzinger w wywiadzie rzece *Bóg i świat* mówił o przemysłowej produkcji mięsa: „ta degradacja żywych istot zamienionych w towar rzeczywiście wydaje mi się sprzeczna ze stosunkiem człowieka do zwierzęcia, jaki przejawia się w Biblii". Już z papieskiego tronu, z właściwą sobie teologiczną przenikliwością, zauważał – to naprawdę genialna myśl, otwierające oczy odkrycie – że świat nie tyle ma dziś kłopot z przyjęciem dogmatu o odkupieniu, ile uparcie nie przyjmuje i nie chce zrozumieć dogmatu o stworzeniu! Skutek? Widzę go gołym okiem – to kompletne puszczenie w niepamięć intuicji oczywistej dla tylu pokoleń naszych przodków: że w naturze jest świętość (o tym traktował będzie prawie cały rozdział ostatni). Nie że natura jest bogiem (ani że Bóg jest naturą), ale że rzeka jest czymś więcej niż monotlenkiem diwodoru, a ziemia – czymś więcej niż nieoptymalnym (do czasu wrzucenia w nią nawozu) mineralno-organicznym środkiem produkcji. To dogmat o stworzeniu powinni wbijać nam do głów księża na kazaniach, bo naprawdę nic nie jest tu dla współczesnego człowieka oczywiste. Mnie naprawdę otworzyło oczy owo odkrycie, że w Księdze Rodzaju Bóg, tworząc ciała niebieskie, wody, zwierzęta, jeszcze zanim pojawi się człowiek, widzi w nich coś, co samo w sobie ma wartość, jest dobre. Że to stworzenie to nie jednorazowy akt, ale zobowiązanie, trwająca już na wieki troska. Andrew Linzey ujął to nader trafnie: „Nie jestem w stanie wyobrazić sobie, jak

Bóg może odpowiadać definicji doktryny trynitarnej i jednocześnie być moralnie obojętnym wobec stworzeń, które podtrzymuje, godzi w sobie i w końcu odkupi. Zakładając istnienie Boga obojętnego na los stworzeń, zakładamy ostatecznie istnienie Boga obojętnego wobec swojej własnej natury i istnienia".

W świecie bez wiary w dogmat o tym, że został on stworzony nie przez człowieka, nie ma już miejsca na cokolwiek spoza człowieka, umiera wiara, umiera zachwyt. W świecie – odwołując się znowu do określenia Larsa L. Rasmussena – antropocentrycznego apartheidu nie ma miejsca na celebrowanie faktu, że jesteśmy członkami owej wspólnoty Drogi Mlecznej. Nie ma miejsca na miłość i szacunek do wspomnianego przez Jana Pawła II kosmosu, do życia. Nie ma już tej wyzwalającej duchowo z mozolnej bieżączki i budującej moją godność pod niebiosa myśli, że każdy z nas nosi w sobie Wszechświat, tak jak Wszechświat nosi w sobie nas. Kto z nas, przyznajmy z ręką na sercu, pomyślał choć raz w życiu, że nasz Bóg jest twórcą jakichś trzystu pięćdziesięciu miliardów (o tylu wiemy) galaktyk, decyliardów gwiazd, przestrzeni rozległej na prawie sto miliardów lat świetlnych? Że z Jego ręki wyszły miliardy gatunków, które pojawiły się i zniknęły na długo przed tym, gdy pojawiliśmy się na Ziemi my? Po co zadał sobie tyle zachodu, skoro człowiekowi 99,9 procent tej rzeczywistości nigdy nie będzie dane dotknąć? Nikt, kto nie spał na lekcjach fizyki czy biologii w szkole średniej, nie może już chyba twierdzić, że w tym Wszechświecie znaczenie ma tylko człowiek i nic więcej.

Jasne, Jan Paweł II chętnie odwoływał się do soborowej konstytucji stwierdzającej, że człowiek jest „jedynym stworzeniem, którego Bóg chciał dla niego samego", nie pomijał też jednak drugiej części tego zdania („Człowiek, będąc jedynym na ziemi stworzeniem, którego Bóg chciał dla niego samego, nie może odnaleźć się w pełni inaczej niż przez bezinteresowny dar z samego siebie"; *Gaudium et spes* 24). Czyli znów: skoro człowiekowi dano więcej niż wiewiórce, proporcjonalnie więcej się teraz od niego wymaga. Do apogeum tę refleksję doprowadził papież Franciszek. Mówi w niej praktycznie jednym głosem z zupełnie niekościelnymi autorami, świadomymi, wołającymi o opamiętanie *homo sapiens*. Z taką na przykład Naomi Klein, która w książce *This Changes Everything* pisze: „Nasza gospodarka i nasza planeta toczą dziś ze sobą wojnę. A dokładniej – nasza gospodarka toczy wojnę z wieloma przejawami ziemskiego życia, w tym z życiem człowieka. Jeśli ma nie dojść do katastrofy klimatycznej – musimy ograniczyć zużycie surowców. Ale jeśli ma się nie załamać obecny model światowej ekonomii – nasza ekspansja nie może być niczym ograniczona. Możemy zmienić zasady działania tylko jednej strony tego sporu i na pewno nie są to prawa przyrody".

Czy Naomi Klein albo jakikolwiek ekolog mógłby wyobrazić sobie zdanie, z którym zgadzałaby się bardziej niż z tym: „Ponieważ wszystkie stworzenia są ze sobą powiązane, każde z nich musi być doceniane z miłością, podziwem, a my wszyscy, istoty stworzone, potrzebujemy siebie nawzajem" (*Laudato Si'* 42)? „Każde", „wszystkie" – czy państwo w ogóle to widzą? Ubijana świnia, osa, każdy z miliardów kurczaków. Z miłością i podziwem! Dla wyznawców zdania o „czynieniu sobie ziemi poddaną" papież też ma niezwykle wprost ważny komunikat: „Nie jesteśmy Bogiem. Ziemia istniała wcześniej niż my i została nam dana. Pozwala to odpowiedzieć na oskarżenie stawiane myśli judeochrześcijańskiej: mówi się, że ponieważ opis Księgi Rodzaju zachęca nas do »panowania« nad ziemią, sprzyja bezlitosnej eksploatacji natury, przedstawiając dominujący i destrukcyjny obraz człowieka. Nie jest to poprawna interpretacja

Biblii, tak jak ją rozumie Kościół. Choć to prawda, że czasami chrześcijanie błędnie interpretowali Pismo Święte, to musimy dziś stanowczo stwierdzić, iż z faktu bycia stworzonymi na Boży obraz i [wezwania do] czynienia sobie ziemi poddaną nie można wywnioskować absolutnego panowania nad innymi stworzeniami" (*Laudato Si'* 67). Nie uwierzyliście Hołowni parę akapitów wyżej, może uwierzycie Franciszkowi. Papież wali nam prosto w oczy prawdę, którą każdy z nas, odkręcając kran, idąc do lodówki, wychodząc w pole albo chwytając za strzelbę, powinien najpierw powtórzyć tysiąc albo i dwa tysiące razy: „Nie jestem Bogiem", „Nie jestem Bogiem", „Nie jestem Bogiem".

Sto procent racji miał Episkopat Polski, który 2 maja 1989 roku pisał w liście do wiernych o tym, że istnieje „ciężki grzech przeciwko środowisku naturalnemu obciążający nasze sumienia, rodzący poważną odpowiedzialność przed Bogiem – Stwórcą" (przed „egoistycznym podbojem stworzonego świata" ostrzegał wydany niemal trzy dekady później, w październiku 2018 roku, ekologiczny list Episkopatu dedykowany świętemu Franciszkowi). Czyli: to naprawdę nie są przelewki, a od tego, jaki stosunek przyjmiemy do świata innego niż ten ludzki, może zależeć nie tylko nasze doczesne zdrowie, ale i życie wieczne. Ilu z nas spowiada się dziś z grzechów przeciwko wspólnemu środowisku? Dlaczego tak łatwo godzimy się na dramatyczne zredukowanie swojej religijnej wyobraźni (i wiedzy), lekceważąco traktując noszący w sobie tyle śladów, tropów, cząstek Objawienia świat? Dlaczego nie może nam przejść przez duszę to, co wyraził święty Franciszek, autor *Pieśni słonecznej*, z której jego papieski imiennik zaczerpnął tytuł swojej encykliki (*Laudato si'* znaczy: „Bądź pochwalony!"), nazywając Ziemię matką i siostrą? Kto nie zadzwoniłby natychmiast po policję, gdyby widział, że traktujemy matkę lub siostrę tak, jak my dziś traktujemy Ziemię? Jak niewolnicę. Jak rezerwuar narządów i niezbędnych do funkcjonowania materiałów. Jak kogoś, wobec kogo mam wyłącznie prawa, nie mam obowiązków.

Mnie, szeregowego katolika, boli szczególnie, gdy tubami ekologicznej ignorancji i antropocentrycznej buty stają się księża. Patetycznie powtarzający, nie zdając sobie nawet sprawy z jego wewnętrznego komizmu, słynne retoryczne pytanie Reksa Tillersona, niegdyś szefa wielkiego koncernu paliwowego ExxonMobil, a później szefa amerykańskiej dyplomacji w administracji Trumpa: „Jakie dobro przyjdzie z uratowania planety, skoro ludzkość będzie cierpieć?". Co jeszcze musi się stać, by dotarło do nich, jak bardzo cierpieć będzie ludzkość, gdy nie uratuje się planety?

Andrew Linzey, choć anglikanin, ma jednak przecież rację, pisząc, że kapłaństwo ze swej istoty jest swoistym przedłużeniem cierpienia, wejściem w buty Chrystusa cierpiącego za cały świat („aby wszystko na nowo zjednoczyć w Chrystusie jako Głowie: to, co w niebiosach, i to, co na ziemi"; Ef 1, 10). To adres nie tylko do księży, przecież każdy z nas, ochrzczonych, jest też – jak mówi Kościół – i kapłanem, i królem, i prorokiem. Linzey przekonuje, że gdyby ktoś zapytał go, jakiego chrześcijaństwa potrzebuje dziś świat, odpowiedziałby, że – we wszystkich wymiarach, z ekologicznym włącznie – chrześcijaństwa Cierpiącego Sługi (bo inne chrześcijaństwo ów świat, który z cierpieniem akurat ma największy problem, wypluwa i zawsze wypluje). I dodaje: „To właśnie kruchość i bezsilność zwierząt, a z drugiej strony nasza absolutna władza nad nimi, umacnia i uzasadnia moralną hojność. Twierdzę, że powinniśmy być dla stworzeń tym, czym Chrystus jest dla nas". Chrystus, drodzy księża profesorowie, magistrowie, dziekani, nie tuczy mnie, nie goni do rzeźni i nie gania za mną ze strzelbą, urządzając pokoty. To proste. Jestem za stary na to, by rzeczy nie były proste.

Obecny papież, prawdziwy prorok na dwudziesty pierwszy wiek, konsekwentnie wybija nam z głów myślenie, że siła, potęga, władza, sukces to kategorie w jakikolwiek sposób związane z Ewangelią. Proszę mi teraz łaskawie wyjaśnić, jak ma się truchło ustrzelonego i wypchanego lisa przynoszonego przez myśliwych w darze do sanktuarium Matki Bożej Tuchowskiej (zdjęcie dostępne na moim *fanpage*'u na Facebooku) do tego fragmentu nauczania Ojca Świętego: „Maryja, Matka, która troszczyła się o Jezusa, obecnie troszczy się z miłością i macierzyńskim bólem o ten poraniony świat. Tak jak z sercem przebitym mieczem opłakiwała śmierć Jezusa, tak teraz ma współczucie dla cierpienia ukrzyżowanych ubogich oraz stworzeń tego świata zgładzonych ludzką mocą" (*Laudato Si'* 241). I jeszcze jedno genialne zdanie z tego genialnego tekstu: „Kościół nie mówi dziś, upraszczając, że inne stworzenia są całkowicie podporządkowane dobru człowieka, jak gdyby nie miały one wartości samej w sobie i jakbyśmy mogli nimi dysponować do woli. Zatem biskupi niemieccy wyjaśnili, że »w odniesieniu do innych stworzeń można by mówić o priorytecie *być* przed *być użytecznym*«" (*Laudato Si'* 69).

Nie mogę się nachwalić cytowanej już tylekroć homilii arcybiskupa Skworca, w której metropolita apelował do katowickich teologów, by byli też ekologami (i raczej nie chodziło mu wyłącznie o obrady zaplanowanego na koniec 2018 roku szczytu klimatycznego w jego mieście). Oczywiście w mediach głównego nurtu nie zająknął się o niej nikt (ja też umarłbym w nieświadomości, że była, gdyby nie niezastąpiony ojciec Stanisław Jaromi), a przecież jest w niej tyle megaistotych treści.

Arcybiskup przypomina: „Każde Boże stworzenie jest dobre samo w sobie, nie tylko ze względu na późniejszą użyteczność wobec człowieka. Jest dobre, ponieważ jest dziełem dobroci i miłości Boga. Każde stworzenie nosi na sobie znamię swego Stwórcy – świadczy o Nim oraz głosi Jego wszechmoc i chwałę". Zwraca uwagę, że utrzymujący nas dziś przy wierze i życiu Duch Święty też objawia się uczniom „przez dostrzegalne zjawiska ze świata przyrody – postać jakby gołębicy, ogniste języki, powiew wiatru. Jego obecność sprawia, że już żaden grzech człowieka, żadne naruszenie harmonii człowieka z Bogiem, z drugim człowiekiem i z przyrodą nie odwraca stworzonego świata od kierunku, jaki nadał mu Jezus Chrystus". Idziemy więc wszyscy, razem tworzący świątynię Boga, w kierunku nieuchronnego eschatologicznego happy endu.

Dlaczego więc zastępy chrześcijan przechodzą dziś całe swoje ziemskie życie w przekonaniu, że ludzie jako jedyni na tym świecie nie są półproduktem? Dlaczego polscy mieniący się obrońcami „tradycyjnych, katolickich wartości" publicyści nadal tak chętnie wypluwają z siebie bzdury o „ekoterrorystach", wciąż uparcie nie widzą radykalnego zaostrzania się klimatu, przekonując, że to bardzo dobre (bo zapewniające zysk człowiekowi) nadal robić prąd, paląc węglem, i że człowiek utraci coś ze swojego człowieczeństwa, jeśli przestanie jeść dokładające się do owej klimatycznej rewolucji przemysłowe mięso na śniadanie, obiad i kolację? Ile jeszcze sezonów susz, które wykończają rolnictwo, pożarów (tak zwanej szóstej generacji, cechującej się szczególną gwałtownością rozprzestrzeniania), gwałtownych burz, które zabijają ludzi i niszczą im domy, ile powodzi i upiornych upałów trzeba, by moi kochani współbracia w wierze obudzili się i zrozumieli, że troska o współstworzenie to nie fakultatywna fanaberia, lecz coś, bez czego po prostu nie mamy prawa nazywać się ludźmi Boga ani szczycić przed resztą Ziemi swoim człowieczeństwem?

Franciszek zainspirował mnie myślą o świecie jako „ubogim", kiedy napisał, że przez ostatnie dwieście lat ludzkość traktowała resztę stworzenia jak najbiedniejszych z biednych. Pokazuje on, jakie skutki ma ułożenie relacji człowiek – natura według klucza pan – niewolnik. To osobny i fascynujący temat: ciekawie byłoby prześledzić, jak w historii ludzkości fundowanie eksterminacji przyrodzie prawie zawsze kończyło się przeniesieniem tego modelu na stosunek do ludzi. Przecież to dzieje się i dziś na naszych oczach. „Błędne byłoby myślenie, że inne istoty żywe powinny być traktowane jako zwykłe przedmioty, podlegające arbitralnej dominacji człowieka. Kiedy proponuje się wizję przyrody wyłącznie jako przedmiotu korzyści i interesu, pociąga to za sobą również poważne konsekwencje dla społeczeństwa. Wizja umacniająca arbitralność najsilniejszych doprowadziła do ogromnych nierówności, niesprawiedliwości i przemocy wobec większości rodzaju ludzkiego, ponieważ zasoby stają się własnością tego, kto przybył pierwszy, albo tego, kto ma więcej władzy: zwycięzca bierze wszystko" (*Laudato Si'* 82). Dziś cały ten świat domaga się od człowieka tego, co gwarantowało mu królestwo Boże: właśnie sprawiedliwości. A ta – powtórzmy – w Bożym słowniku jest synonimem miłosierdzia. Może nadszedł więc już czas, byśmy, my chrześcijanie, przestali wykorzystywać status Bożego dziecka do mobbingowania wszystkich na podwórku i wreszcie się nad nimi – nie tylko w ich, ale i w swoim interesie – zmiłowali?

Powtórzmy: nie robiąc tego, tracimy. Również – okazję do katechezy. Przyroda, świat, w którym wciąż to nie człowiek, lecz Bóg jest szefem, może nas realnie nawracać. Zwierzęta mogą nas uczyć nie tylko wrażliwości czy empatii, ale i uwielbienia. One posiadły sztukę, którą człowiek roztrwonił w swoim religijnym aktywizmie. My, żeby chwalić Boga, musimy wylewać z siebie potoki słów, jeździć na pobożne eventy, kombinować. One chwalą swojego Stwórcę organicznie, samym swoim istnieniem, każdą sekundą życia. Każdy ich ruch to bezinteresowna, nie obciążona tysiącami próśb o więcej kasy czy zdrowia, pieśń na cześć Tego, bez którego – gdyby ich nie wymyślił i nie podtrzymywał w istnieniu – by ich nie było. Pokażcie mi teraz, proszę, człowieka, który rzeczywiście wierzy w to, że to Bóg, a nie wolny rynek, naród albo jakaś polityczna siła, utrzymuje ten świat w istnieniu! To jedna z podstawowych prawd naszej wiary, ale sprzedaliśmy ją, jak wiele innych zresztą.

A szkoda. Bo z mojego osobistego doświadczenia – człowieka, który odwiedził dziesiątki sanktuariów i wylał z siebie tysiące mniej lub bardziej przemocowych modlitw – wynika, że modlitwa uwielbienia jest najbardziej skuteczną formą przyzywania Boga, by „ogarnął" nasze sprawy. Sprawia bowiem, że zanurzamy się w Nim w całości i wtedy może On w naszym życiu działać całościowo, a nie tylko w sferach, do których łaskawie zechcieliśmy Mu werbalnie udzielić dostępu. Widok zwierzęcia, które nie ma konta w banku, kredytu, otwartego doktoratu, wspomnień z egzotycznej wycieczki, a mimo to żyje, i to – jak mówi Ewangelia – żyje w wiedzy Boga o nim i w Bożej opiece, może być wstrząsającą, wyzwalającą lekcją. Tyle razy zastanawiałem się, co każe mi patrzeć na zwierzęta w ich naturalnym świecie z takim przejęciem, w stanie nieledwie zahipnotyzowania. To nie jest wyłącznie fascynacja innością. To fascynacja manifestacją właściwego porządku rzeczy, jaki mi się w stworzeniu objawia. To kolejny powód, dla którego postanowiłem, że nie będę zjadał swoich katechetów.

Oddajmy znowu głos Tadeuszowi Żychiewiczowi: „Pytamy solennie: kim jest człowiek? I zaraz odpowiadamy skwapliwie, że [jest] »na obraz i podobieństwo Boże«, wysnuwając stąd całą chwalebną i może nawet skądinąd słuszną (chociaż często zbyt daleko idącą we wnioskach) antropologię. O wiele ciszej natomiast, dyskretniej i już bez zapału przyjmujemy drugą stronę biblijnej prawdy: że człowiek jest prochem. Formułę tę wetknęliśmy do liturgii Popielca, ale nie wyciągnęliśmy z niej żadnych pochlebnych dla prochu wniosków, choć można było. Pytamy o miejsce człowieka na świecie i pomiędzy wszelkim stworzeniem. Z satysfakcją podkreślamy, że człowiek jest stworzeniem zupełnie szczególnym, odrębnym i nadrzędnym – co i prawda – a także, że nie ma sobie równego. Co też prawda. Ale skłonni jesteśmy zapominać, że przy wszystkich swoich odrębnościach i nadrzędnościach jednak pozostaje stworzeniem – jak ziemia, drzewo i zwierzę. Że jest istotowo związany z całą naturą. Że w jakiś bardzo głęboki i tajemny sposób całe stworzenie jest w nim. Człowiek jest także i ciałem, zaś wszelkie ciało jest prochem. W trakcie swego rozwoju żywy płód ludzki jest podobny kolejno do ryby, ptaka i czworonoga, a Biblia nigdy nie odrywa człowieka od ziemi. Przeciwnie: każe ziemi smucić się razem z człowiekiem i mniema, że wszelkie stworzenie po swojemu chwali Pana. Że adoracja Stwórcy dokonuje się nie tylko przez drzewa, ptaki i zwierzęta, lecz także przez morze i mgły, księżyc i gwiazdy, ogień, śnieg i słońce. Nam jednak dziwnie to wszystko jakoś nie odpowiada, dopatrujemy się w tym sentymentalizmu albo umowności. Zbudowaliśmy teologię zbawienia człowieka, ale nie pokwapiliśmy się do teologii zbawienia świata. Zbudowaliśmy teologię »nowego człowieka« – w miarę swych sił i możliwości niebieszcząc go jak najbardziej, co tym razem jakoś nam nie wadziło. Ale nie widać jakoś równie obszernej teologii biblijnej »nowej ziemi i nowego nieba«, także i wszelkiego stworzenia poza człowiekiem, które na równi z nim ma być »uwolnione od niewoli skażenia«, jak mówi Pismo. Aż dziwne, jak bezpodstawnie czujemy się wyniesieni ponad ziemię. Jak bardzo oddzieleni od wszelkiego stworzenia. A jednak pytamy uroczyście: cóż to jest człowiek? Jesteśmy kiepskimi Hamletami, którzy nad bardzo wielkimi tajemnicami Biblii pochylają się z gotową już, preferowaną w głębi duszy odpowiedzią, rzucając pytanie tylko po to, aby przekonać siebie i świat, że jednak pytamy, ważymy, rozważamy. Czy nie robimy tak dokładnie ze wszystkim, pytając: »Czego chcesz ode mnie, Boże?«, i zaraz Mu odpowiadając, czego chcieć powinien".

Jeśli pójdziemy drogą postulowanego przez papieża Franciszka „ekologicznego nawrócenia" – z pewnością nie będziemy na niej sami. Ani pierwsi. Świadomość, że natura jest podobnie jak my podlegającym ocaleniu bliźnim, przewija się przecież w całej chrześcijańskiej tradycji. Chrześcijaństwo nigdy nie było z definicji antyekologiczne (choć antyekologiczni bywali wcale liczni chrześcijanie). Uważność na ten świat, swoista delikatność, ale też przełamywanie bariery komunikacji z innymi stworzeniami zawsze były u nas identyfikowane jako znak świętości.

Mistrzem tej świadomości był, rzecz jasna, święty Franciszek, żyjący na przełomie dwunastego i trzynastego wieku dziedzic tekstylnej fortuny, który rzucił wszystko w wiadomo jaką zakaźną chorobę i oddał się całkowicie życiu „szaleńca Bożego". Połączył w swoim podejściu do świata dwa opisywane wyżej wątki. Nie myślał o własnych prawach wobec świata, ale o swoich wobec niego obowiązkach. Nie myślał o tym, jak zdobyć, rozwinąć i zgromadzić oraz zostawić po sobie więcej, lecz przeciwnie – o tym, jak rozdać, jak być ostatnim. Jak dać życiem, a nie tylko pobożnym gadaniem, wyraz tęsknocie za królestwem nie z tego świata (rozsyłając swoich uczniów, miał im mówić, by głosili Ewangelię, jak tylko się da, „a jeśli to będzie konieczne – to nawet i słowem"). Stworzył sobie swoisty „odwrócony biznesplan" (pożyczam to wyrażenie od doktora Pawła Grabowskiego, który zostawił Kraków i buduje na Podlasiu wiejskie Hospicjum Proroka Eliasza, odkrył bowiem, że chce pojechać w miejsce, w które nikt nie chciałby jechać, by robić rzeczy, których nikt nie chciałby robić, i skupić się na tym, co na pewno nie może się udać).

Bardzo mnie bawią wszystkie żałosne próby podejmowane dziś przez „katotwardzieli", by zrobić ze świętego Franciszka współczesnego konserwatystę, który wcale nie był żadnym rewolucjonistą, żadnym tam „biedaczyną", katolickim hippisem ani gadającym z ptaszkami ekooszołomem. Poszukajcie w internecie: co krok na prawych i sprawiedliwych portalach natkniecie się na farmazony o tym, że tak naprawdę zawsze z nastawienia był żołnierzem (istotnie, w świeckim życiu Franciszek nieco powojował), i na rewelacje: „Szach mat, lewaki! Franciszek też jadł mięso!". O matko, naprawdę? Znowu? Tak, w Dziejach Apostolskich – kolejny ulubiony cytat tej intelektualnej formacji – Bóg też mówi do Piotra, pokazując mu opuszczające się na przemyślnej płachcie minizoo: „Zabijaj, Piotrze, i jedz!" (Dz 10, 13). Tak jak główną wymową owej sceny z Dziejów nie jest przykazanie mięsożerstwa, lecz przekonanie o konieczności poszerzenia tkwiącego w okowach żydowskich formalności umysłu Piotra (Piotr mówi: nie będę jadł, bo tam są zwierzęta nieczyste, głos z nieba odpowiada: „Nie nazywaj nieczystym tego, co Bóg oczyścił", po czym – trzymajcie się mocno, mięsożercy – Piotr nie leci, nie zarzyna, nie pekluje i nie pali grilla, cała ta płachta po spełnieniu swojej katechetycznej roli zostaje bowiem podniesiona do nieba), tak i ja nie zamierzam wymagać od człowieka sprzed ośmiu wieków tego, na co on być może nie mógł sobie pozwolić. Ale ja – nim zainspirowany – już spokojnie mogę. To jest dziedzictwo Franciszka: z tego, że możesz, nie wynika jeszcze, że musisz.

Żaden z autorów żywotów świętego z Asyżu nie miał najmniejszego PR-owego interesu w tym, by w czasach, w których nikt nie słyszał jeszcze o ruchach obrony praw zwierząt, tyle miejsca poświęcać jego wyjątkowej relacji ze skarbcem Bożego stworzenia. Franciszek nie tylko z czułością opiekował się wyciągniętymi z pułapek królikami, a w zimie dostarczał miodu i wina pszczołom, wierząc, że dzięki temu nie wyginą z zimna. To patron wszystkich tych, na których współdomownicy patrzą z politowaniem, gdy wynoszą z domu w kubeczkach muchy, żuki czy pająki – przenosił bowiem w bezpieczne miejsca wszystkie zauważone na drodze robaki (ponoć poruszył go fragment, którym Psalm 21 zapowiadał ziemską „karierę" Zbawiciela: „Ja zaś jestem robak, nie człowiek"). Spokojnie za swojaka mogą wziąć go również wszyscy włączający się w akcję wykupu zwierząt wiezionych na rzeź. Serdecznie zachęcam, by poszli do szyderców zarzucających im „bambizm" i zrelacjonowali to, o czym opowiedział pierwszy biograf Franciszka, Tomasz z Celano: „Innym razem natknął się na jakiegoś mężczyznę, który niósł na targ dwa baranki uwieszone na plecach i związane, by je sprzedać. Gdy święty Franciszek usłyszał ich beczenie, wzruszył się serdecznie i przybliżywszy się, dotknął ich, okazując takie współczucie, jak matka dla płaczącego syna. I rzekł do mężczyzny: »Dlaczego tak męczysz braci moich, baranki, związane i uwieszone?«. On odpowiedział: »Niosę je na targ, aby je sprzedać, bo konieczność mnie do tego zmusza«.

A Święty na to: »Co potem stanie się z nimi?«. On zaś: »Kupcy zabiją je i zjedzą«. »Przenigdy!« – odparł Święty. – »To się nie stanie! Ale weź jako zapłatę ten płaszcz, który noszę, i daj mi baranki«. On bardzo chętnie dał mu baranki i wziął płaszcz, ponieważ płaszcz był wart o wiele więcej. W tym właśnie dniu użyczył go Świętemu pewien pobożny mąż dla ochrony przed zimnem. Święty, wziąwszy baranki, namyślał się zatroskany, co z nimi zrobić, i za radą brata, co mu towarzyszył, oddał je w opiekę temuż mężczyźnie i nakazał mu, aby ich nigdy nie sprzedawał ani nic im złego nie czynił, ale by je strzegł, karmił i pilnie chował".

Franciszek wykupił też od pasterza owcę, którą ten hodował razem ze stadem kozłów, i polecił, by zaadoptowały ją mniszki z klasztoru Świętego Seweryna (co te chętnie uczyniły). Znany był ze swoich kazań wygłaszanych do ryb albo do ptaków, które „w przedziwny sposób wyrażały swą radość zgodnie ze swoją naturą – wyciągały szyje, rozpościerały skrzydła, otwierały dzioby i patrzyły na niego. On zaś przechodził przez środek nich i wracał, a tuniką dotykał ich główek i ciał". Nie była to u niego seria emocjonalnych rozchwiań, lecz konsekwentny program na życie, skoro biograf notuje, że Franciszek jeden dzień (pewnie: jeden w tygodniu) poświęcał na „wychwalanie pszczół oraz innych stworzeń. Jak bowiem niegdyś trzej młodzieńcy wrzuceni do ognistego pieca zapraszali wszystkie stworzenia do wysławiania i chwalenia Stwórcy wszechświata, tak i ten mąż, pełen ducha Bożego, nieustannie wychwalał, sławił i błogosławił we wszystkich tworach i stworzeniach Stworzyciela i Rządcę wszystkich rzeczy".

Już przed Franciszkiem wielu naszych braci miało przecież tę samą wrażliwość. Święty Bazyli Wielki w modlitwie napisanej w czwartym wieku przestrzega ludzi, by swoją bezmyślnością i niewrażliwością nie zmniejszali przypadkiem chwały samego Boga, uniemożliwiając oddawanie Mu jej przez stworzenia: „O, Boże, umocnij w nas poczucie wspólnoty ze wszystkimi żyjącymi stworzeniami, naszymi braćmi zwierzętami, którym dałeś ziemię jako ich dom, by dzieliły go z nami. Pamiętamy ze wstydem, że w przeszłości wykonywaliśmy władzę daną człowiekowi z bezdusznym okrucieństwem, tak że głos ziemi, który powinien wznosić się ku tobie ich pieśnią, był jękiem i płaczem. Obyśmy zrozumieli, że nie żyjemy tylko dla siebie, ale i dla nich, i dla Ciebie, i że one kochają słodycz, jaką niesie z sobą życie". U świętego Izaaka Syryjczyka, żyjącego w siódmym wieku, czytamy o miłosiernym sercu: „Jest to serce, w którym płonie miłość dla całego stworzenia, dla ludzi, ptaków, dla dzikich zwierząt, dla demonów [*sic!* – S.H.] – dla wszystkich stworzeń. Ten, kto ma takie serce, nie może patrzeć na jakąś istotę lub myśleć o niej bez oczu pełnych łez z powodu olbrzymiego współczucia, które porusza jego serce, serce nie mogące już znieść widoku lub wieści o jakimkolwiek cierpieniu, nawet najmniejszym bólu wyrządzonym jakiejś istocie. Dlatego właśnie taki człowiek nigdy nie ustaje w modłach również za zwierzęta, za wrogów prawdy, za tych, którzy wyświadczyli mu zło, aby byli zachowani i oczyszczeni. Będzie się modlił nawet za gady, poruszony nieskończoną litością, królującą w sercach tych, którzy jednoczą się z Bogiem".

O relacjach świętych ludzi ze zwierzętami (i zwierząt ze świętymi ludźmi) pisze się nie od dziś całe tomy pięknych opowieści i legend. Otwierają one oczy, dają nadzieję, poruszają w nas – powiedzcie, że nie – najlepsze struny. Nie będziemy się już może znęcać nad myśliwymi, co za patrona wzięli sobie, bidulki, świętego Huberta – człowieka, który uzależnił się od łowiectwa jak od hazardu, a świętym został po tym, jak owo zajęcie porzucił (w czym niemałą rolę odegrało zjawienie mu się jelenia z krzyżem w porożu) i się nawrócił. Oto święty Medoc, żyjący w szóstym wieku biskup irlandzkiego Ferns, prekursor i patron urządzanych dziś obywatelskich blokad polowań, który ratuje gonionego przez myśliwskie psy jelenia, zarzucając na niego swoją szatę, dzięki czemu pogoń natychmiast kołowacieje, gubiąc trop (analogiczna historia miała się przytrafić walijskiej pustelniczce z siódmego wieku świętej Melangeli, u której schronił się przed nagonką zając, a polujący książę – zafascynowany jej postawą – podarował jej ziemię, która stała się azylem dla każdego człowieka i zwierzęcia potrzebującego pomocy). Oto święty Godryk z Finchale, jedenastowieczny angielski pustelnik, który udzielił schronienia w swojej chacie błagającemu go o pomoc innemu, również ściganemu przez myśliwych jeleniowi, tak iż ci musieli obejść się smakiem. Legendy o Godryku mówią, że zimą wędrował na bosaka po okolicy, zaglądając w każdą dziurę i szukając zziębniętych zwierząt (z wężami włącznie), które ogrzewał potem pod pachą, na swoim brzuchu, i leczył, wykorzystując wszystkie znane sobie zielarskie i duchowe metody uzdrawiania.

Inni święci z tego kręgu, jak święty Kevin – jeden z największych świętych Irlandii i Anglii – i święty Kolumban Starszy (obaj z szóstego wieku), nie tylko chronili zwierzęta, ale również protestowali wobec pomysłów budowania klasztorów i kościołów w miejscach, w których wiązałoby się to na przykład z dużą wycinką drzew albo zaburzało funkcjonowanie lokalnego ekosystemu (cenne wskazanie dla koleżanek i kolegów broniących dziś Puszczy Białowieskiej: już wiecie, kogo wzywać na pomoc). Kolumban – jak podaje Jame Schaefer w fenomenalnej książce *Theological Foundations for Environmental Ethics* – uznał, że uratowanie drzew przed wycięciem ma priorytet przed posadowieniem świątyni w kanoniczny sposób, z sercem zwróconym ku wschodowi. Święty Kevin z kolei aniołowi, który zapowiedział, że Bóg, przygotowując teren pod klasztorną inwestycję, chce zrównać z ziemią cztery góry i zamienić je w piękną łąkę, miał odpowiedzieć: „Nie chciałbym, żeby Boże stworzenia musiały przenosić się ze względu na mnie, mój Bóg z pewnością może nam pomóc w inny sposób. A poza tym wszystkie dzikie stworzenia żyjące w tych górach to moi domownicy, łagodni i obeznani ze mną, i byłoby im smutno z powodu tego, co mówisz". Przypisuje się mu też obiecanie „piekła i krótkiego życia" złodziejom drewna z chronionego przez niego lasu. Kevin przedstawiany jest czasem w rzeźbach i na obrazach z wyciągniętymi rękami, a na jednej z nich siedzi ptak. To nawiązanie do legendy, jak to świętemu podczas modlitwy usiadł na dłoni drozd, który poczuł się tam tak bezpiecznie, że złożył jajko, a Kevin – chcąc uszanować zaufanie ptaka – tak długo nie opuszczał rąk, aż z jajka wykluło się pisklę.

W dwóch dotychczas wydanych tomach z autorskimi opracowaniami życiorysów świętych (bo, broń Boże, nie z „hagiografiami") przytaczałem już na przykład historię o świętym Gerazymie (niektórzy łączą ją ze świętym Hieronimem), który wyleczył ranę pewnego lwa, a ten od tej pory stał się wiernym przyjacielem całego klasztoru (do sytuacji tej zabawnie nawiązał kiedyś prawosławny święty, starzec Nektariusz Optyński, który – jak wielu mnichów wschodniego chrześcijaństwa – widział w zwierzętach raczej towarzyszy drogi niż zasób naturalny i opiekował się wpatrzonym weń jak w obrazek kotem: „Święty Gerazym to wielki człowiek, dlatego miał lwa, my jesteśmy mali, dlatego mamy kota"). Pisałem o świętym biskupie Hugonie z Lincoln, który zaprzyjaźnił się z łabędziem. O świętym Serafinie Sarowskim i świętym Sergiuszu z Radoneża, którzy regularnie odwiedzani w swoich pustelniach w rosyjskich lasach przez dzikie zwierzęta, karmili je, leczyli, opiekowali się nimi jak domownikami i tak też byli przez nie traktowani. O świętym Rochu występującym na obrazach z nieodłącznym psem (który miał leczyć jego trądowe rany swoją śliną). Jest bardzo ładna legenda o tym, jak po śmierci święty Roch odmawia wejścia do nieba, do którego nie chce go wpuścić z psem służbista święty Piotr, ale kilkadziesiąt lat później, na skutek twardej postawy Rocha, niebiański odźwierny musi ustąpić. I nie tylko pies Rocha wchodzi do nieba, ale wszyscy święci zapraszają doń związane ze sobą na ziemi zwierzęta.

Nie chodzi o to, by teraz wyliczać wszystkie dostępne historyjki, w których choć na chwilę pojawia się zwierzę (zaczynając oczywiście od jednego z moich ulubionych fragmentów Starego Testamentu: historii Tobiasza, który rusza w daleką drogę ze skomplikowaną misją, a towarzyszy mu pies; bardzo ciekawa sprawa z tym psem, bo u Żydów był on zwierzęciem nieczystym, choć szanowano go w Mezopotamii i Persji, w Grecji był zaś synonimem wierności – patrz: Argos, pies Odyseusza, który czekał na powrót pana bite dwadzieścia lat). Chodzi o to, by zrozumieć, że zamiast zastanawiać się nad tym, czy zwierzęta mają duszę choć odrobinę przypominającą ludzką, lepiej jeszcze dziś uznać, że bez nich – powtórzmy – nasza dusza może nie w pełni rozwinąć swój potencjał.

I jeszcze jedna rzecz domagająca się tutaj jasnego dopowiedzenia. Zastanawiam się, gdzie, na którym zakręcie historii, udało nam się zatracić tę duchowo-ekologiczną intuicję, którą jeszcze przed chrześcijaństwem odnaleźć można w tylu pierwotnych religiach. Ptolemy Tompkins zwraca uwagę, że w bardzo wielu kulturach pierwotnych istniała instytucja niematerialnego „władcy zwierząt", kogoś, kto w imieniu najwyższego bóstwa odpowiadał za całość nie-ludzkiego stworzenia, komu ludzie musieli się tłumaczyć z zabicia każdego zwierzęcia, prosić o wybaczenie, najczęściej wciskając mu kit, że zrobili to przez pomyłkę. Jak doszło do tego, że wyśmiewamy „tęczowy most", zamiast nim być dla ilu tylko się da stworzeń?

Larry L. Rassmussen, zastanawiając się nad tym, dlaczego liderzy opinii wszystkich światowych religii, na poziomie niższym od centralnego, zasadniczo tak mało miejsca poświęcają konieczności zmiany podejścia człowieka do natury, sugeruje, że problem nie leży tylko w tym, iż zręby naszej wiary kształtowały się w świecie nie posiadającym jeszcze tylu twardych danych na swój temat co dziś i przede wszystkim dużo mniej zużytym, a więc bardziej przewidywalnym w swojej mechanice, niż nasz. W dzisiejszym świecie człowiek wciąż „mierzy się" z problemami, „wypowiada wojnę" chorobom, „dusi w zarodku" niebezpieczeństwa, „obala" tabu, „walczy" z pogodą, „wykańcza" konkurencję, „wyciska" z lokat zyski. Jeśli nie zmieni całościowego podejścia do Ziemi, spór jest w tej sytuacji nieunikniony. Nie jest to bowiem język, którym mówi stworzony przez Boga świat.

Drugi trop jest najgrubszego kalibru. Wróćmy na moment do Yuvala Noaha Harariego, jak już wiemy – komponującego swoje bestsellery (zachwycają się nimi i Obama, i Zuckerberg, i Gates) w połowie z imponującego researchu, w połowie z radykalnych tez (ja szczególną atencję mam do sądu, że momentem, w którym zawalił się most między człowiekiem a resztą świata, był ten, kiedy człowiek udomowił pszenicę, a raczej – jak twierdzi autor – to pszenica udomowiła człowieka, sprawiając, że zaczął mieszkać w domu, prowadzić osiadły tryb życia). Harari twierdzi, że człowiek wspiął się na taki poziom cywilizacyjny, na jaki się wspiął, dlatego że udało mu się wykształcić umiejętność, której nie wyhodowali w sobie ani europejscy neandertalczycy, ani azjatyccy przedstawiciele gatunku *homo erectus*, ani żadni inni reprezentanci rodzaju ludzkiego (bo przecież owo *homo* pozwala nam nazywać ludźmi ich wszystkich). Chodzi o umiejętność nie tylko komunikowania się, ale – w wielkim skrócie – tworzenia, za pomocą narzędzi służących do opisywania świata, świata nieistniejącego. Konstruowania mitów wspólnych dla wielu przedstawicieli gatunku, co umożliwia współpracę osobnikom nie tylko blisko ze sobą spokrewnionym (jak to jest na przykład u mrówek albo wilków). „To dzięki temu *homo sapiens* panują nad światem, podczas gdy mrówki jedzą resztki z naszych stołów, a szympansy siedzą zamknięte w ogrodach zoologicznych i laboratoriach" – pisze Harari. Co jest pierwsze na liście owych mitów, wirtualnych więzów krwi, które tylko my umiemy tworzyć? Oczywiście religie. Dla Harariego wszystko to, co dla mnie jest świętością, jest bajką. Skutkiem działania przesprytnego mechanizmu adaptacyjnego, dzięki któremu przedstawiciele naszego gatunku wyprzedzili, sterroryzowali, wybili przedstawicieli wszystkich innych gatunków (a ocaleńców nadal okupują). Jesteśmy stadem wyjątkowo przebiegłych małp człekokształtnych, które resztę gatunków zamknęły w katorżniczym obozie pracy.

Wiadomo przecież, jak na takie *dictum* zareagować musi ktoś, kto całe życie poświęcił głoszeniu wiary, a często żyje nie tylko nią, ale również z niej. Jak zareaguje na coraz powszechniejsze w przedmiotowej literaturze określanie zwierząt mianem „*non-human animals*" („zwierząt nie będących ludźmi"). Narządy polemiczne judeochrześcijan rozgrzewają się w tym momencie do białości. Na wyraźnym oddzieleniu człowieka od świata zwierząt, wyniesieniu go literalnie pod niebiosa, zaznaczaniu, że choć inne byty wzięły się z Boga, tylko on jest do

Boga podobny, zbudowana została nie tylko opowieść o miłości Stwórcy do stworzenia, teologia Narodu Wybranego, nauka o odkupieniu, ale również cały mechanizm hodowlano-gospodarczej opresji wszystkich stworzeń poza człowiekiem przez człowieka przekonanego, że na tej właśnie drodze wspomniany Bóg chce mu udzielać dobrobytu.

Cały problem polega do dziś na tym, że te dwie rzeczy sprzedaje się nam w pakiecie. Przedstawiciele „teologii schabowego" mówią: jeśli wierzysz w Boga i kochasz Boga – zużywaj stworzenie według własnej wrażliwości i pomysłu, bo jeśli nie, to znaczy, że nie wierzysz, iż jesteś stworzony na obraz i podobieństwo Boga, podważasz sam fundament naszej wiary, jesteś *de facto* heretykiem. To właśnie tu, mam wrażenie, tkwi korzeń całego tego prychania i wyższości, całej tej zabawy w głuchy telefon, gdy ty mówisz księdzu o biedzie stworzeń, a on ci nerwowo przerywa i powtarza o pięknie i wielkości człowieka. Stąd biorą się bzdury o „demonach wegetarianizmu" (egzorcyzmowanych nie tak dawno w Polsce przez pewnego bohaterskiego kapłana salcesonem – od swojskiej kiełbasy demony wyjść nie chciały; dla porządku wspomnieć należy, że egzorcyzmowana była „satanistką, członkinią Hare Kryszna, Amnesty International i Greenpeace" w jednym).

Niektórzy chrześcijanie zwyczajnie boją się chyba, że człowiek, który na dobre uświadomi sobie i zacznie przeżywać swoją więź z przyrodą, wniknie w jej historię, mechanizmy, prawa – przestanie do czegokolwiek potrzebować Boga. Jestem prawie pewien, że zimny i erudycyjny Harari zrobił więcej dla podkopania wiary u wielu swoich czytelników niż obsesyjnie antyreligijny Richard Dawkins. Głupotą byłoby jednak reagowanie na to teraz nakręcaniem antyekologicznej histerii. Ateizm to nie ekologia, a ekologia to nie ateizm. Przeciwnie – ekologia, czego próbuję dowieść w tej książce, może stanowić niezwykle silny argument w obronie teizmu, każąc ludziom po raz kolejny zmierzyć się z zapomnianą już nieco wśród chrześcijan prawdą, że owszem, człowiek jest stworzeniem zupełnie wyjątkowym, ale ową wyjątkowość winien przeżywać raczej w stylu zaproponowanym przez Matkę Teresę niż tym Donalda Trumpa. „Odegotycznić" się przez zachwyt i służbę. Harari może być ateistą. Czy jednak naszym ideałem jest katolik, który zamiast wierzyć w Boga, wierzy w siebie?

Czym innym niż leczeniem dżumy cholerą jest toczenie walki z ideą, że człowiek nie potrzebuje Boga, poprzez umacnianie w człowieku poczucia, że jest tak wspaniały, iż poza sobą nie potrzebuje na tym świecie nikogo więcej? Pycha teologiczna z pewnością nie wyparuje z nas na skutek odkręcenia kurka z pychą gatunkową. A gdy jeszcze doda się do tego pychę narodową...! Proszę spojrzeć na debaty, które toczymy w Polsce na tysiące różnych bieżących tematów: z ilu bije zapisane głęboko w naszym DNA – i często nieuświadamiane – przeświadczenie, że Kościół założono, a Ewangelię napisano w zasadzie tylko w jednym celu: żeby ludziom (ale Polakom jednak jakoś szczególnie) było bezpiecznie, zamożnie i wygodnie?

Traktowanie Pisma Świętego, Objawienia, jak szwedzkiego stołu, z którego każda nacja, wrażliwość, grupa i kółko zainteresowań bierze sobie to, co im akurat pasuje, ma zresztą nie tylko w polskim chrześcijaństwie przedługą tradycję. To również najprostsza droga do realnego bluźnierstwa, kiedy człowiek, stawiając się na miejscu Stwórcy, się „autobałwanizuje". Do tego dochodzi przebiegająca łącznie z powyższym rozumowaniem i wzmacniająca je kanonizacja „tradycji" (przez małe t). Skoro przez dwa tysiące lat na plebaniach jadało się schabowego i paliło śmieciem w piecu – to znaczy, że Bóg kocha schabowego i palenie śmieciem w piecu. Czy z tego, że przez tysiące lat ludzie załatwiali fizjologiczne potrzeby w krzakach, wynika, że my też mamy tak robić?

Minimum erudycji wystarczy, by zorientować się, że święte księgi, na które – a raczej na wyrwane z nich zdania – tak lubią się powoływać myśliwi, przemysłowi hodowcy i truciciele, nie są podręcznikami dietetyki, rolnictwa, *savoir-vivre*'u ani polityki. Objawienie Bożych prawd zawsze przechodziło przez filtr konkretnych ludzi, epoki, w której żyli, ich stanu wiedzy, kultury, umysłowej pojemności, zwyczajów. Słowo Boże to nie zawieszona w próżni abstrakcja, ono zawsze „wgrywa" się, pracuje w konkretnych okolicznościach historii i przyrody. Tak się składa – zwraca uwagę Harari – że Izrael, z którym Bóg zawarł swoje przymierze, był, kiedy nastąpiło Objawienie, ludem rolniczym, a nie zbieracko-łowieckim. To bardzo ważne, bo zbieracze i łowcy mieli do natury zupełnie inny stosunek niż rolnicy. Oni budowali z otaczającym ich światem więzi dużo bardziej, chciałoby się rzec, „partnerskie", czytali przyrodę, bo żyli z nią w pełnej symbiozie, widzieli wyraźnie, że tym światem rządzą mechanizmy, którym wszyscy podlegamy, i że podstawą relacji (oraz przeżycia) człowieka w takim świecie jest szacunek, jaki musi mu okazać. Dla rolników świat był (i często nadal jest) środkiem produkcji, przyroda była (jest) mającym przynosić człowiekowi zyski warsztatem (dziś – fabryką).

A wszystkich tych miłośników wyrywania starych cytatów z kontekstu i wycierania sobie nimi tłuszczu, krwi albo spalin zawsze mam ochotę zapytać, dlaczego są tak bardzo wybiórczy. To prawda, w Księdze Powtórzonego Prawa czytamy wyraźnie: „jeśli powiesz sobie: »Chcę jeść mięso«, bo będziesz miał ochotę na mięso, możesz jeść mięso do woli" (12, 20), ale mamy tam przecież również wyraźne nakazy kamienowania dziewcząt współżyjących przed ślubem (22, 20), zakopywania swoich odchodów łopatką (23, 14) albo zakazy jedzenia owoców morza (14, 9). Czemu uważacie zezwolenie na zabijanie dla kotleta za bardziej zobowiązujące niż zakaz brania pożyczek od cudzoziemców, zobowiązanie do regularnego oddawania dziesięciu procent przychodu albo – co siedem lat, w tak zwanym roku szabatowym – darowania swoim dłużnikom wszystkich długów (wszystkie te nakazy jak wół stoją w rozdziałach czternastym i piętnastym)? Co sprawia, że nie widzicie, iż Bóg, wprowadzając Żydów do Ziemi Obiecanej i dając im szczegółowe nakazy dotyczące uprawiania roli, wieloma z tych przepisów ich ogranicza, a nie zachęca do szalonego działania? Czy w Dekalogu nie napisano wyraźnie, że dzień szabatu ma być dniem wytchnienia również dla zwierząt gospodarskich? I co, praktykuje się to na naszych przemysłowych farmach? Niedziela, dzień, kiedy często urządza się polowania, jest może czasem wytchnienia dla zwierzyny w naszych lasach? Specjaliści od „czynienia sobie ziemi poddaną", chcecie mieć prawo zasłaniać się Biblią? Nie wyrywajcie więc z niej kartek, uznając za słowo Boże tylko to, co wam akurat pasuje.

W Dziejach Apostolskich czytamy ponadto co do starego prawa: „Postanowiliśmy bowiem, Duch Święty i my, nie nakładać na was żadnego ciężaru, oprócz tego, co konieczne" (Dz 15, 29a). Nowe prawo jest prawem wszechogarniającej miłości. W Starym Testamencie Bóg mówi wyłącznie do jednego, wybranego narodu; rewolucją Nowego jest to, że w nim Bóg mówi już do całego świata. I co się tyczy relacji z tymże, Jezus nie daje uczniom detalicznych przepisów dotyczących diety, stroju ani ilości kroków, a jeśli coś sugeruje, to żeby, decydując o czymkolwiek, sięgali po jeden klucz i jedną wskazówkę: właśnie tę wielkoduszną, totalnie bezinteresowną miłość.

By chłopski rozum korygowali nadzieją, a lęk wykorzeniali zaufaniem. Dzięki ofierze Jezusa na świątynnym wzgórzu nie musiało już ginąć żadne zwierzę; owo opisywane przez świętego Pawła „całe stworzenie", które jęczy na tej ziemi, w Nim może mieć nadzieję na ulgę.

Co więcej? W tym miejscu rozciąga się zasłona. Bóg Stwórca chce mieć także i z nie-ludzką częścią świata swoje tajemnice. Zgłębiam ten temat od bardzo, bardzo dawna i dochodząc do owej granicy poznania, do której każdy wchodzący w te rewiry prędzej czy później dojdzie, nie wyciągam z tego wcale wniosku, że „co nie jest zakazane, jest dozwolone". Bo to, co sprawdza się w prawie stanowionym, w relacji do prawa Bożego (albo w ogóle – do relacji) znamionuje jednak jakiś prymitywizm postawy. Naprawdę w przyjaźni, w małżeństwie, w relacji z dzieckiem będziesz myślał w ten sposób, a nie próbował raczej kierować się logiką: „chcę spełnić marzenia kogoś, kogo kocham"?

Franciszek pisze: „Jesteśmy wezwani, aby być narzędziami Boga Ojca, żeby nasza planeta była tym, co On wymarzył, stwarzając ją, i by odpowiadała na projekt Jego pokoju, piękna i pełni" (*Laudato Si'* 53). Jakie jest owo marzenie Boga? Wiemy. Widzimy przecież, że On też tęskni za przymierzem innym niż to poawaryjne i posttraumatyczne z czasów Noego, czytamy bowiem w Księdze Ozeasza: „W owym dniu Ja ustanowię dla nich przymierze z dzikimi zwierzętami, ptactwem powietrznym i płazami ziemnymi" (Oz 2, 20). Widzimy, jak wymyślił ten świat, bo czytamy opis życia w raju podany w Księdze Izajasza: „Wtedy wilk będzie przebywał z owieczką, pantera ułoży się obok koźlęcia, cielę z lwem razem paść się będą, a mały chłopiec będzie je prowadził. Krowa z niedźwiedzicą żyć będą w przyjaźni, ich młode razem będą leżały, a lew jak wół będzie jadał słomę. Niemowlę będzie się bawić na norze kobry, dziecko włoży swą rękę do kryjówki żmii. Nie będą wyrządzać zła ani krzywdy na całej mojej świętej górze. Bo znajomość Pana napełni ziemię, jak wody wypełniają morze" (Iz 11, 6–9). Oto świat, który – jeśli Go kochamy – winniśmy Mu dniem i nocą szykować. Świat, którego porządek widać też, o czym tak rzadko się przypomina, w ewangelicznej scenie kuszenia Jezusa na pustyni. Jezus „żył tam wśród zwierząt, aniołowie zaś usługiwali Mu" (Mk 1, 13b). Każdy, kto był choć raz na bliskowschodniej pustyni, wie dokładnie, z jakiego rodzaju zwierzętami mamy tam do czynienia (zresztą grecki oryginał Ewangelii wyraźnie mówi o zwierzętach dzikich): nie są to misie koala, yorki ani sympatyczne patyczaki. Te stworzenia momentalnie pojęły komunikat przynoszony im przez Mesjasza Pańskiego, przestroiły się w Jego obecności na rajski porządek, świat zrozumiał, z Kim ma do czynienia (ciekawie pisze o tym w przywołanym w *Bibliografii* artykule ksiądz Roman Batorski z Wyższego Seminarium Duchownego w Łowiczu). Dużo gorzej – czego dowodem są wszystkie cztery Ewangelie – poszło z ludźmi.

Że ludzie uparcie nie rozumieją, iż wypuszczenie pod lufy pięciuset bażantów hodowanych dotąd w klatkach w Ośrodku Hodowli Zwierzyny PZŁ, by panowie myśliwi mogli poćwiczyć sobie celność, waląc do stworzeń, które wzbiły się w powietrze po raz pierwszy, by za chwilę w nim zginąć, nie jest żadnym wypełnianiem woli Stwórcy, ale – powiedzmy to wprost – bluźnierstwem? A czy rozumieją – i tu czas przestać bić się w cudze piersi i zaatakować swoje – równie komplikujący życie, totalnie nieżyciowy nakaz przekuwania mieczy na lemiesze? Oddawania drugiego ciucha temu, kto zabiera mi pierwszy? Dawania „każdemu, kto prosi", i niedopominania się zwrotu udzielonej pożyczki? Sprzedania wszystkiego, co się ma, i rozdania ubogim?

W kościach czuję, że to jeszcze nie jest ten moment. Że dziś to wszystko, co próbuję ułożyć sobie w głowie za pomocą tej książki, w wielu jej odbiorcach wywoła bunt, radykalny sprzeciw, najgłębszą niezgodę. Że to wszystko dotrze do nas (również do mnie, bo mam stałą skłonność do ociągania się z przekładaniem na konkret życia tego, co się dzieje w mojej głowie) za parę, paręnaście lat, gdy dorośnie pokolenie naszych dzieci lub wnuków. Które z przerażeniem odkryją, że zapisaliśmy im w testamencie świat będący już czarną dziurą, miejscem (jeśli można tak powiedzieć o czarnej dziurze), skąd wszystkie drogi ucieczki prowadzą z powrotem do wnętrza. Tyle że wtedy będzie już za późno na cokolwiek poza lamentem i próbą zebrania rozlanego mleka.

A gdybyśmy jednak już dziś stanęli wreszcie przed Nim o nic nie proszący, wreszcie wdzięczni za to, że dał nam tak wspaniały świat, którym możemy się z troską opiekować, wolni od logiki „Tato, daj!", mający na ustach zupełnie inne pytanie: „Tato, co mogę dla Ciebie zrobić?"...

„I rzekł Bóg: »Oto wam daję wszelką roślinę
przynoszącą ziarno po całej ziemi i wszelkie
drzewo, którego owoc ma w sobie nasienie:
dla was będą one pokarmem. A dla wszelkiego
zwierzęcia polnego i dla wszelkiego ptactwa
w powietrzu, i dla wszystkiego, co się porusza
po ziemi i ma w sobie pierwiastek życia,
będzie pokarmem wszelka trawa zielona«.
I stało się tak".

(Rdz 1, 30)

ROZDZIAŁ PIĄTY

O tym, że Hitler nie był wegetarianinem.
O powodach zakończenia przeze mnie romansu
z parówczką i wszczęciu małżeństwa
z hot dogami z grochu. O tym, czy facet
rzeczywiście musi wp...lać stejki. A także
o stosunku katolika do mięsa z *in vitro*

Z ręką na sercu – ilu z nas, nawet uważających się za świadomych i jakoś tam zaangażowanych w swoją wiarę katolików, kultywuje jeszcze zwyczaj modlitwy przed posiłkiem? Jasne, gdy jest się z wizytą w klasztorze albo posila się w innej świętej stołówce – nie ma wyjścia, tym bardziej że w takich miejscówkach sprawy te są zazwyczaj ściśle regulowane i do gadania za wiele się nie ma (w większości znanych mi klasztorów na stole w tak zwanym refektarzu spoczywa zalaminowana karta z rozmaitymi cytatami z Psalmów, wezwaniami i refleksjami, które przed rozpoczęciem konsumpcji należy odśpiewać lub odczytać). Tu dygresja: w klasztorach zdarza się, że posiłkowi towarzyszy czytanie, a rozmowy między jedzącymi dopuszczalne są tylko za zezwoleniem najstarszego rangą z obecnych na sali zakonnika, który obwieszcza to dzwonkiem albo umówionym hasłem (na przykład mówi: „Błogosławmy Panu", wszyscy odpowiadają: „Bogu niech będą dzięki!", i wtedy można zacząć gadać).

Przyznam, że jedzenie w świętym *entourage*'u dla człowieka, który sam (bo rodzice próbowali inaczej) wychował się na pospiesznym wciąganiu paszy, aby jak najszybciej móc wrócić do wykreślania kolejnych pozycji z puchnącej bez opamiętania listy dziennych zadań, to naprawdę formujące doświadczenie. To chyba zasiadając do stołu w nowicjacie dominikanów (podczas komentowanych już tyle razy przeze mnie nieskutecznych – na szczęście dla polskiego Kościoła – prób zostania zakonnikiem), po raz pierwszy zrozumiałem, że nie tylko niedzielny obiad rodzinny, ale każdy posiłek spożywany w szerszym gronie jest czymś więcej niż tylko tankowaniem paliwa: jest wydarzeniem budującym wspólnotę. Myślę, że we wszystkich tego typu miejscach wygląda to podobnie: posiłek trwa tyle, ile potrzebuje do nasycenia się jedzący najwolniej, kierownik posiedzenia (zawsze jest ktoś taki) daje sygnał do modlitw końcowych dopiero wtedy, gdy już wszyscy odłożą sztućce i serwetkę. Zasadą jest, że jedząc, zawsze ma się baczenie, czy siedzący obok na pewno ma wszystko, czego potrzebuje. Jest w tym fajna myśl: nawet wykonując czynność, która w istocie jest przecież maksymalnie egoistyczna – zjadam coś, co mógł też zjeść ktoś inny, po to, by móc dalej żyć – nie przerywam służby bliźniemu. Jak mocno można być tego świadomym, przekonałem się kiedyś po kolacji w monasterze Watopedi na Świętej Górze Athos, gdy przy drzwiach refektarza napotkałem z jednej strony błogosławiącego wszystkich wychodzących przełożonego, z drugiej zaś – zgiętych w pokornym pokłonie do ziemi (przez dobrych parę minut – życie duchowe wymaga kondycji!) trzech mnichów, z których jeden (jak się później dowiedziałem) był tego dnia szefem kuchni, drugi – szefem obsługujących, a trzeci – tym, kto czytał. Bracia przepraszali wszystkich za swoje niedociągnięcia. I nawet jeśli było to zachowanie sformalizowane, to – jak każda skamielina – pokazywało też, jak może wyglądać życie.

W *Last minute. 24 h chrześcijaństwa na świecie* opisywałem już kolację, którą miałem okazję zjeść z mnichami z benedyktyńskiego opactwa w Pluscarden w Szkocji. Jednym z obsługujących był stary zakonnik, który w swoich gestach i mimice miał w sobie coś z dziadków i babć z oddaniem karmiących wnuki, zaaferowanych tak, że nie da się bardziej, tym, by im smakowało, przeżywających, czy na pewno zjadły dość, by mieć siłę do dalszej zabawy; podawane wnukom kanapki czy kaszka stają się dla nich na moment centrum galaktyki. Następnego dnia podczas porannej mszy okazało się, że nie był to pracujący w kuchni brat, lecz jeden z ojców: teraz był głównym celebransem. Gdy podawał nam komunię, robił to dokładnie w ten sam sposób, w jaki poprzedniego wieczora karmił nas zupą. Z tym samym pietyzmem, oddaniem. Nie był jednym z tych księży, którzy ze sprawnością szybkostrzelnych maszyn ścigają się sami ze sobą, próbując umieścić jak największą liczbę komunikantów na językach albo w rękach wiernych w jak najkrótszym czasie. On nas karmił tak, jakby od tego rzeczywiście zależało nasze życie. Jakby wydawał nam warte miliony dolarów przepustki na statek, którym uratujemy się od zagłady. Wtedy po raz pierwszy dotarło do mnie, że uczta, którą na swoją pamiątkę polecił uczniom sprawować Jezus, to nie zajadanie się symbolami, ale regularny posiłek. Który, jak sama nazwa wskazuje, ma nas wzmocnić. Bóg, który mógł „wpisać się" w tysiąc pięćset innych czynności, chciał zostać z nami właśnie w podtrzymującym życie, ale też budującym wspólnotę, a czasem i dającym przyjemność, jedzeniu.

Po co te kulinarno-eucharystyczne wstępy do kolejnego rozdziału książki poświęconej – określmy to znowu w ten sposób – duchowości zwierząt? Dwa poprzednie rozdziały wykazały chyba, że jedną z głównych (obok wygody) osi konfliktu, jaki mamy dziś z resztą stworzeń, jest nasz stół. A Eucharystia nie tylko na czysto duchowym poziomie jest jedzeniem, które leczy. W niej jest tak naprawdę wszystko: modelowe ustawienie relacji międzyludzkich (musisz dać siebie, musisz służyć), lekcja o stosunku do zła (na Ostatniej Wieczerzy – rozmowa Jezusa z Judaszem, na dzisiejszych mszach – bezwarunkowo przekazywany znak pokoju). Przypomnienie, że jesteśmy w drodze. Nauka, że w dojrzałych relacjach mówienie stale musi się przeplatać ze słuchaniem. Eucharystia to dosłownie „dziękowanie" (bardzo nie lubię nasączonego kościółkowatością słowa „dziękczynienie"). Każdy, kto był w Grecji, słyszał słowo *„eucharisto"* na każdym kroku: gdy komuś pomógł, gdy coś kupił, gdy ustąpił miejsca. Czy to by naprawdę było tak strasznie głupie, gdyby i mój posiłek był dla świata ukojeniem, dawał mu siłę, a nie zabierał? Gdybym powiedział nim światu nie: „zjem cię", ale „dziękuję"?

Czy skoro nad posiłkiem wypowiadamy (czasem) błogosławieństwo, nie można byłoby zorganizować tego tak, by błogosławić świat trzy razy dziennie właśnie przez to, że jemy? Ba, oddawać w ten sposób chwałę Bogu, który wsączając odpowiednią sugestię w narrację świętego Pawła, kazał mu zapisać znane polecenie: „Czy jecie, czy pijecie, czy cokolwiek innego czynicie – wszystko na chwałę Bożą czyńcie" (1 Kor 10, 31)? No to jak? Jedząc, błogosławię świat? Chwalę Boga? A może gdybyśmy wszyscy, wszystkie stworzenia z człowiekiem na czele, połączeni byli poznawczą siecią, którą – jak można założyć na podstawie opisu stworzenia – byliśmy połączeni w raju, czułbym, że są na świecie byty, które z przerażeniem myślą o tym, iż zasiądę dziś wieczorem do stołu? Bóg, o czym pisałem już wcześniej, pozwalając ludziom zabijać zwierzęta, sam zobowiązał się przy tym, że żadnego z nich nie pozbawi już nigdy życia. Polecił im też wyraźnie: „Bądźcie więc miłosierni, jak Ojciec wasz jest miłosierny". Mój prywatny wniosek? Jeśli mam być „jak Ojciec", moje błogosławieństwo wobec świata musi się ukonkretnić w mięsnym abolicjonizmie.

Zbierałem się do tego parę ładnych lat, ale w końcu się zebrałem. Najpierw pojawiło się subtelnie swędzące duszę poczucie jakiejś niekonsekwencji (dopiero później się zorientowałem, że była to hipokryzja), jakiegoś uwierania w byt, ilekroć jadąc przez Polskę (a wykręcam na jej drogach pewnie z czterdzieści tysięcy kilometrów rocznie), mijałem na autostradzie TIR-a z wyglądającymi z naczepy przez kraty parami oczu, które świat zaprojektowany dla nich przez ich Stwórcę widzą przez tych parę godzin podróży do rzeźni po raz pierwszy i ostatni. W sieci bez trudu znaleźć można wywiad z fotografem prasowym Dawidem Chalimoniukiem, który przez półtora roku, w porozumieniu z Inspekcją Transportu Drogowego, robił zdjęcia zatrzymanym do kontroli transportom żywych zwierząt. Zarówno tekst *Jeżdżę z przegranymi*, jak i same fotografie rozrywają serce każdego zdrowego na umyśle człowieka. „Gęsi nie mogą wyprostować głów, brojlery, bydło i świnie mają rany, bo gryzą się między sobą. Jagnięta beczą z rozpaczy. Małe świnki próbują się bawić, dopóki mają siłę. Gdy podchodzę do ciężarówki, świnie patrzą prosto w oczy. Krowy często spuszczają wzrok". Piekło. Może ktoś otarł łzę, przewrócił kartkę, głęboko westchnął, poszedł dalej. Może ktoś na jakimś autostradowym parkingu nastawił głośniej radio i pomknął przed siebie. Mnie kilka takich spotkań na żywo wystarczyło, bym podjął decyzję, że zaczynam ograniczać jedzenie tak zwanego czerwonego mięsa. Przez pierwszy rok jadłem jeszcze, gdy szło się w gości i nie wypadało odmówić, gdy w trasie nie było nic innego wyglądającego na w miarę nietrujące do jedzenia. W końcu – odstawiłem je całkiem.

Tymczasem zalajkowałem na Facebooku kilka prozwierzęcych profili, w tym Mercy for Animals i izraelskie Glass Walls („Szklane Ściany" – to nawiązanie do słynnego zdania przypisywanego

Paulowi McCartneyowi: „Gdyby rzeźnie miały szklane ściany, każdy byłby wegetarianinem"). Początkowo co chwilę odwracałem wzrok, trafiając na kolejne przerażające zapisy walki o życie, która z momentem przekroczenia przez zwierzę progu rzeźni i tak już przecież staje się przegrana. Przerażające było w nich to, że wiedziałem, jak każdy z tych filmów się skończy, w tych historiach nie było szczeliny na nadzieję, na nagły zwrot akcji, na jakąkolwiek niespodziankę. Coś wewnątrz mówiło mi jednak, że nieoglądanie do końca byłoby w dalszym ciągu uprawianiem hipokryzji.

Wiem, zdaję sobie sprawę: pierwszym odruchem każdego prawidłowo funkcjonującego człowieka jest wyłączenie takiego filmiku, bo to, co się tam dzieje, wywołuje wstrząs. Jeśli nie wyłączysz, po minucie szok zmienia się we łzy i wściekłość. Później – gdy się nie ucieknie – pojawia się pytanie o kanalizację tego wzruszenia i gniewu: co można zrobić? Po dwóch minutach do pracy rusza mózg, spiesząc z odpowiedzią: zwierzętom, których smutny koniec właśnie zobaczyłeś, nijak już nie pomożesz, ale możesz pomóc następnym, nie płacąc komuś za to, by je dla ciebie wyhodował, zabił i przyrządził. Katowałem się tymi filmikami do oporu. Nie szukałem specjalnie, ale gdy mi się wyświetlały, oglądałem do końca, z obrzydzeniem, przez łzy, za każdym razem zmuszając się do niewyłączania. Warunkowanie klasyczne, historia jak z psem Iwana Pawłowa? Być może. A może urealnienie ważnej części mojego życia, zintegrowanie w umyśle wiedzy o tym, skąd biorę materiał, który tworzy mnie trzy razy dziennie?

Aż wreszcie wajcha przeskoczyła. Nastąpiło odczulenie, odwrócenie narracji, którą faszerowano mnie od dzieciństwa – wszystkich tych zdrobnień: „wędlinek", „kiełbasek", „paróweczek", „kurczaczków", tego absurdalnego przekonania, że zwierzęta rzeźne żyją sobie szczęśliwie u rolnika na wsi, a później znikają w jakiejś ontologicznej próżni, by nagle, szast-prast, powrócić – równie szczęśliwe – do sklepu w postaci ogonówki, ozora czy Salcesonu Dziadunia. Całym sobą poczułem, że skoro już wiem – po prawie czterdziestu latach udawania, że nie wiem – skąd bierze się leżąca w mojej lodówce wędlina, znam cenę, jaką ktoś ma za nią zapłacić, to ja tej wędliny nie chcę.

Ziścił się największy senny koszmar przemysłu mięsnego, pakującego miliardy w przekonywanie publiczności (ostatnio coraz chętniej również angażowaniem się w akcje społeczne na rzecz bezpiecznej drogi do szkoły i ku czci żołnierzy wyklętych), że produkcja mięsa to samo zdrowie i szczęście wszystkich stworzeń. Polski „Newsweek" w tekście poświęconym wpływowi mediów społecznościowych na zmiany nawyków żywieniowych ujął to w ten sposób: „Zamiast zgodnie ze zwyczajem i czystym sumieniem kupować aromatyczną sopocką, użytkownicy sieci trafiają na filmy, na których sopocka skowyczy, dostając po głowie metalowym prętem". Autorka artykułu kwituje jednak temat konstatacją, że w zasadzie „mięsoróbcy" mogą spać spokojnie, bo decyzje, podjęte po obejrzeniu konającego w transporcie do rzeźni cielaka, by odstawić mięso, są odwracalne – wegetarianizm trwa tyle, ile zacieralny nieprzyjemny ślad w pamięci po tamtym widoku.

Nie wiem, jak mają inni, może właśnie tak. Mnie tych parę czy paręnaście filmów wystarczyło na dobre. Nie było w tym żadnej podniosłości, żadnego szlochu, spisywania cyrografów z samym sobą ani składania z oczami pełnymi łez przyrzeczeń w obliczu wzruszającej fotografii udręczonej świni. Zwyczajnie zrozumiałem, że nie byłbym przecież w stanie własnymi rękami zabić świni, cielaka, krowy, kury. Jasne, zaraz znów ktoś będzie obsadzał mnie w retorycznym *fiction*, dopytując: „A gdybyś umierał z głodu?! A gdyby z głodu umierało twoje dziecko?!". No ale, dziękować Bogu, nie umiera. Ja podobnie. Poszukajcie innych argumentów, bo to naprawdę cienkie niczym sik pająka – że użyję tego tak kochanego przeze mnie porównania – usprawiedliwiać się prawami wojny w czasie błogiego pokoju.

To proste jak konstrukcja cepa: dopóki nie muszę zabijać (czy osobiście, czy przez pośredników), to nie będę. Gdy będę musiał – przemyślę sprawę w tych innych, wówczas realnych, ale dziś abstrakcyjnych, warunkach. Zrobię to nie tylko dla zwierząt, ale i dla siebie. Bo ja po prostu nie chcę jeść śmierci.

W wydanej dawno temu książce *Holyfood* pisałem o wymyślonej przez siebie „teologii remineralizacji". Apelowałem, by – nie czekając na wielkie okazje – codziennie, łyk po łyku, poić się zdrową duchową wodą. Lektur (nawet najkrótszych), rozmów (nawet jednozdaniowych), nabożeństw przeżywanych w dobrze wybranym kościele, w którym ksiądz nie miesza w retorycznym blenderze swoich lęków i fantazji z nauczaniem Jezusa, tylko prowadzi do Boga. Ta dobra woda, o właściwym składzie, będzie powoli budowała nasz duchowy organizm. Ludzie dziś żyją w kulcie ropy, benzyny, paliwa, które – jak wierzą – pozwoli im szybciej zajechać dalej. Zapominają o wodzie, bez której nie będzie miał kto w ową świetlaną przyszłość dojechać. Głęboko wierzę w duchowy procent składany, w siłę zsumowanych małych kroków. Czyż nie podobnie działa Eucharystia? Chleb, który spożywamy codziennie i który nie wystrzeliwuje nas na orbitę spektakularnych objawień, ale zwyczajnie, odkładając się w każdym z atomów naszego ciała, daje zbudowanej z nich konstrukcji siłę na to, by przejść kolejny dzień, tydzień w drodze do domu?

„Jeśli nie będziecie spożywali ciała Syna Człowieczego, nie będziecie mieli życia w sobie" (J 6, 53) – mówi wyraźnie Jezus.

Eucharystia daje siłę do ciągłego zastępowania lęku nadzieją, ale jest też po prostu chlebem, który „rozpuszczając" się w naszym ciele, zwiększa jego kapitał energii (parę godzin po spożyciu chleba ów chleb, a przynajmniej jego odżywcza część, jest już przecież fizycznie mną). „Jestem tym, co jem" – mówi popularne powiedzenie. Patrząc na Eucharystię, chciałbym więc (motywowany konsekwentnym zamiłowaniem do wysokiej jakości), by i inny pokarm, który mnie tworzy, ten nie na patenie, ale na zwykłym talerzu, też miał w sobie życie. Tu, rzecz jasna, od razu znów (nuda) lądujemy pod ostrzałem „mięsożernych trolli", których niezaprzeczalny urok polega na tym, iż wydaje się im, że są dowcipni, gdy pytają: „OK, ale co z roślinami? Przecież pszenica to też forma życia, a żeby zrobić z niej bułkę, trzeba zniszczyć, zmielić jej ziarno!". Mają oni zresztą wiele innych błyskotliwych (szkoda, że wciąż tych samych) spostrzeżeń, umieszczanych praktycznie pod każdym newsem czy postem zahaczającym o weganizm. Wymienię tylko sam szczyt listy przebojów: 1. „A Hitler też był wegetarianinem". 2. „Wegetarianie zjadają zwierzętom pokarm i w ten sposób sobie robią dobrze, a je dręczą". 3. „Przecież człowiek jest z natury drapieżnikiem i mięso musi jeść". Itd., itp., *etc.*

Wszystkich żywiących (na serio albo nie) podobne wątpliwości serdecznie zapraszam do lektury książki *Eat Like You Care. An Examination of The Morality of Eating Animals*, w której Gary L. Francione i Anna Charlton wyjaśniają, że po pierwsze, Hitler wcale nie był wegetarianinem (raz nie jadł produktów zwierzęcych, a raz jadł; zwłaszcza kiełbaski bawarskie i faszerowane gołębie bardzo, bardzo lubił), a po drugie – Józef Stalin i towarzysz Mao jedli mięso, i co z tego? Że jednak – jak już wyjaśniałem – nie jesteś na bezludnej wyspie (oraz nie przechodzisz właśnie koło płonącego domu, w którego dwóch różnych zakątkach kwili dziecko i skowyczy pies, oraz nie płyniesz na środku oceanu łódką, z której, żeby nie zatonąć, musisz kogoś wyrzucić – cielę lub człowieka). Że człowiek wcale nie jest stworzony do jedzenia mięsa (o czym szerzej będzie niżej). A jeśli nie dostrzegasz etycznej różnicy pomiędzy zjedzeniem kota i zjedzeniem pomidora, to znaczy, że albo nie uważałeś na biologii (i dlatego nie wiesz, że kot ma mózg, a pomidor – mimo iż też jest organizmem żywym – nie ma, nie jest więc w stanie cierpieć, myśleć, oczekiwać, chcieć, choć rośliny potrafią wymieniać się sygnałami i reagować na bodźce), albo masz inny poznawczy kłopot, który jednak powinieneś rozwiązać, zanim zaryzykujesz włączenie się do dyskusji na temat istniejącej, nie wydumanej, rzeczywistości.

Najpoważniejsze z tego wszystkiego, i w zasadzie jedyne, które warto wziąć na tapet, jest z mojego punktu widzenia pytanie numer trzy: czy mięsożerstwo istotnie jest wdrukowane w naturę człowieka, nierozłącznie z nią związane? Jakakolwiek byłaby odpowiedź – moich decyzji nie zmieni, wszak jako chrześcijanin w wielu obszarach proszony jestem o ustawiczne przekraczanie swojej natury, dlaczego nie miałbym więc spróbować i w tej, fajnie jednak byłoby wiedzieć, skąd się wyrusza, na czym się stoi.

W tym zbożnym dziele z pewnością pomoże nam zaś przeciekawa, wspominana już wcześniej, książka *Mięsoholicy. 2,5 miliona lat mięsożerczej obsesji człowieka*. Marta Zaraska, dziennikarka naukowa pisząca do „New Scientis" i „The Washington Post", opisując swoją prywatną postawę w odniesieniu do badanego tematu, wyznaje, iż jako mieszkanka francuskiej prowincji, wyjątkowo nieżyczliwej wegetarianom, ma w restauracjach wybór: sięgnąć po rybę i raz na jakiś czas skubnąć mięso czy też zamawiać po raz tysiąc któryś tę samą sałatkę z kozim serem.

W ramach próby ustalenia, skąd wziął się – wciąż tlący się i w niej – sentyment do mięsa, kreśli kompletną historię drapieżnictwa, zaczynając od nie znanej nam z nazwiska bakterii, która jakieś półtora miliarda lat temu doszła do wniosku, że pożre inną bakterię, idąc następnie przez historię roślinożernych australopiteków i naczelnych, zmianę klimatu sprzed dwóch i pół miliona lat, która doprowadziła do przetasowania się zasobów pokarmowych (zmniejszenia się powierzchni lasów, a zwiększenia się obszarów łąk i sawann), i dochodząc aż do dwudziestowiecznego szaleństwa burgerów i karkóweczki z grilla. Obala przy okazji parę wywlekanych *non stop*, naprawdę dyżurnych mitów, jak choćby ten, w myśl którego dowodem na naszą mięsożerną konstytucję miałoby być posiadanie kłów. Otóż kły ma większość ssaków, w tym przeżuwacze, takie jak jelenie czy konie. Do jedzenia mięsa przeznaczone są zaś nieobecne u człowieka łamacze (można je zobaczyć w pysku naszego psa lub kotka). Nie rozwieramy szeroko swoich paszcz, nie mamy rozwiniętych sprzyjających żuciu włókien mięśni skroniowych (tak że *sorry*, drodzy podjarani swoim podobieństwem do tygrysów mięsomaczyści, musicie poszukać pierwowzorów gdzieś indziej). Mit kolejny: to dzięki jedzeniu mięsa naszemu gatunkowi tak bezprzykładnie rozwinął się mózg. Zaraska sugeruje, że stało się to nie dzięki mięsu (ani nie dzięki jego gotowaniu, jak sądzili niektórzy), ale dzięki konieczności rozwinięcia umiejętności związanych z jego pozyskiwaniem.

Chętnych do rzetelnego prześledzenia, dlaczego wyłącznie mięsożerni neandertalczycy w końcu wyginęli, a *homo sapiens*, sprytnie kombinując i uzupełniając mięsną dietę bulwami, miodem i owocami, przetrwał (wnioski dla współczesnych miłośników diet „paleo" nasuwają się same), wypada odesłać do książki.

Na potrzeby naszego wywodu wyciągniemy z niej jeszcze tylko parę informacji. Na przykład o kolejnej bujdzie, jaką jest wygenerowane w dziewiętnastym wieku przez niemieckich naukowców przekonanie o ogromnym zapotrzebowaniu człowieka na białko (obliczono je w ciekawy sposób: obserwowano, ile białka spożywają ciężko pracujący fizycznie robotnicy, i uznano, że to jest właśnie ilość normatywna dla człowieka w ogóle). Mit ten ewoluował na tyle skutecznie, że brak białka (a nie żywności w ogóle) uznano za przyczynę koszmarnej choroby głodowej, tak zwanej kwashiorki (leczonej dziś między innymi przez moją fundację w Ośrodku Leczenia Głodu w Ntamugendze w Demokratycznej Republice Konga), a współcześni kulturyści pożerają białkowe proszki lub, stosując się do zaleceń mojego idola Roberta Burneiki, „wp...lają stejki", gdyż – jak głosi ich *credo* – żeby mieć mięśnie, trzeba jeść mięśnie, amen. Białka potrzebujemy tymczasem realnie 0,83 grama na kilogram masy ciała (dotyczy to i facetów, i pań, osób pracujących umysłowo i fizycznie, słabszych i silniejszych; jedynie sportowcy wyczynowi mogą sobie ten wskaźnik przemnożyć przez mniej więcej półtora do dwóch). I naprawdę nie ma znaczenia, czy niezbędne do rozwoju aminokwasy pobierzemy z kurczaka, z jajka, z soi czy z ziemniaków. Akurat soja, ziemniaki, gryka to pod tym względem – pisze Zaraska – rośliny prawie doskonałe. Kiedyś obowiązywała doktryna ścisłego ustalania, która roślina jakie aminokwasy ma w sobie, czego jej brakuje i jak komponować z nich kompletne posiłki, dziś podchodzi się do tego z większym luzem, wiedząc, jak różnorodnie ludzie (w naszej części świata) mogą jeść, również wegańsko (a ostatecznie, jeśli ktoś nie chce różnorodności – niech je dziennie półtora kilograma ziemniaków pod różnymi postaciami, i też, jak twierdzi autorka, od strony zaopatrzenia w białko da radę).

Ileż to już nasłuchaliśmy się przestróg od cioć, babć i proboszczów, zaklinających nas na wszystkie świętości, że niejedzenie mięsa to grzech, wpędzanie się po krzywiźnie widelca do grobu. Okazuje się, że wcale nie przemawiał przez nich Jezus, lecz po prostu właściwy ich czasom niekompletny stan wiedzy o biologii człowieka. Bo dziś wiemy, że gastronomiczne samobójstwo na raty popełniają raczej ci, co żrą mięso bez opamiętania. Ja, facet ważący około osiemdziesięciu pięciu kilogramów, zgodnie z wyżej podanym mnożnikiem powinienem zjadać dziennie sześćdziesiąt osiem gramów białka (gdybym jadł mięso – to tyle co ćwiartka kurczaka albo dwadzieścia deko wątróbki), a zjadam pewnie dużo, dużo więcej. W 2013 roku tygodnik „Polityka" i serwis natemat.pl szeroko omawiały raport Centrum Zdrowia Dziecka i Fundacji Nutrica, z którego wynikało, że wszystkożerne polskie dzieci przekraczają zalecane dzienne spożycie białka o sześćset procent, dzieci będące na diecie wegetariańskiej o czterysta procent, a na wegańskiej – o dwieście procent. Według cytowanych przez natemat.pl danych Instytutu Żywności i Żywienia dorośli Polacy jedzą z kolei o sto pięćdziesiąt do dwustu procent za dużo białka (z danych amerykańskich z 2003 roku publikowanych w *The Future of Meat Without Animals* wygląda, że w USA jest mniej więcej podobnie, a przebiałkowani, choć lżej, bo o jakieś dwadzieścia procent, są nawet tamtejsi wegetarianie). Model: dziecku miękko, odkąd tylko ma ząbki, dorosłemu – na śniadanie żółty ser, na obiad mięso, a na kolację parówki – to droga do cukrzycy, otyłości, osteoporozy, zakwaszenia organizmu, kamieni nerkowych *etc*.

Moi drodzy koledzy księża: nawet jeśli nie wierzyliście mi, gdy pisałem, że wasz polski schabowy parę miesięcy temu być może zabił, a być może za dziesięć lat zabije jakiegoś biednego bliźniego z globalnego Południa, uwierzcie może dietetykom, że to nie żaden weganizm, ale ów „świński tyłek" (jak mawiała moja babcia, prychająca na monokulturowość naszej opartej na wieprzowinie diety) zabija także was samych (temat na kazanie dotyczące piątego przykazania – jak ta lala).

Wszystkie te dane wskazują na to, że kluczem do zdrowego odżywiania się jest zerwanie z bezmyślnością i umiar. Nie ma żadnych danych, na których dałoby się oprzeć twierdzenie, że dieta wegetariańska jest niezdrowa (jedyne, na co trzeba zwrócić uwagę, to suplementowanie witaminy B12, jeśli nie je się nabiału i jajek), a więc – co z tego wprost wynika – niezgodna ze stworzoną przez Boga naturą człowieka. Co zatem sprawia, że tylu naszych współczesnych, słysząc dzielącego się swoimi refleksjami wegetarianina, natychmiast czuje się w obowiązku potraktować go jak ojcowie paulini szwedzkiego najeźdźcę? Mięsożercy równie często jak weganie robią z diety kwestię światopoglądową, deklarację wiary, przynależności cywilizacyjnej, szacunku dla tradycji. „Niemięsożerca" jest dyżurnym świętokradcą w kościele, w którym na ołtarzu zainstalowano brytfannę i grill. Marta Zaraska wyjaśnia, że wszystkie te bogoojczyźniane sztandary, w które zawija się dziś schabowego, skrywają czystą biologię – to, jak ludzki organizm reaguje na produkty tak zwanej reakcji Maillarda, zachodzącej podczas termicznej obróbki mięsa (między cukrami a białkami, w lekko wilgotnym środowisku, w temperaturze od stu pięćdziesięciu do dwustu pięćdziesięciu stopni Celsjusza). Aromaty uwalniane podczas pieczenia, które w przypadku białek sugerowały naszym przodkom, że mięso jest bezpieczne, a w przypadku tłuszczów – że będzie czym rozcieńczyć białko i że pozyskamy dużo energii, tak się nam wbiły w nozdrza i mózgi, że jesteśmy dziś w stanie dorobić do nich każdą ideologię i rozszarpać każdego, kto chciałby nas ich pozbawić. Do tego dochodzi atawistyczne umiłowanie przez człowieka smaku *umami*, zapewniającego wyjątkowo rozkoszne uczucie, za który odpowiadają obecne w mięsie dwa składniki (można do tego dołączyć jeszcze trzeci, co sprawi, że prawdopodobnie przeżyjemy kulinarne szczytowanie). Ludzie (a także zwierzęta, na przykład teoretycznie należące do drapieżców pandy) niewrażliwi na ten smak nie wykazują zainteresowania mięsem. „Osoby, które chcą ograniczyć spożycie mięsa, powinny więc zastosować kilka prostych sztuczek. Aby mieć namiastkę produktów reakcji Maillarda, spróbujmy jeść świeżo pieczony chleb, chrupiące tosty oraz pieczone warzywa. Tłuszcz mięsny zastąpią nam awokado, ser i orzechy, a smak *umami*: tofu gotowane w sosie sojowym, trochę masła orzechowego oraz grzyby. Jeśli nawet te pokarmy nie będą smakować tak samo jak grillowany stek, to i tak uszczęśliwią nasze kubki smakowe".

Zaraska też pisze wiele o przemysłowym rolnictwie, pobierającym miliardy budżetowych dotacji i szantażującym wszystkich naokoło, że bez niego wszyscy przecież pomrzemy z głodu. Po raz kolejny wylicza wszystkie grzechy tego przemysłu: maltretowanie zwierząt, tak by uzyskać na przykład mięso bardziej „kruche" od mięsa zwierząt nie poddawanych tym zabiegom, bardziej blade, delikatne, z kremowym białym tłuszczem (w tym celu unieruchamia się cielęta i wpędza w anemię, karmiąc je mlekiem o obniżonej zawartości żelaza, co jest już zakazane w UE, ale nie w USA), lobbing – czasami histeryczny (fascynująca jest historia o tym, jak po zorganizowaniu w jednej z waszyngtońskich restauracji „bezmięsnego poniedziałku" zaprotestowała branżowa organizacja hodowców, wyjaśniając, że „bezmięsne poniedziałki" to „metoda publicznego oczerniania hodowców zwierząt oraz drobiu, stosowana przez organizacje ochrony praw zwierząt i środowiska"), lokowanie wyników „niezależnych" badań w „niezależnych" mediach (liczne przykłady wymieniono w tekście). Ma też wiele do powiedzenia tym, którzy chcieliby wyjaśnić owo doprawdy zabawne w naszych czasach utożsamienie mięsożerności z męskością (a tej – z siłą, sprawnością i ogólną superfajnością). Eksploatowane bez litości dla rozumu kowbojsko-twardzielskie mitologie i skojarzenia mają, zdaniem autorki, swoje korzenie w czasach, gdy żyliśmy w jaskiniach. Faceci tworzyli wówczas wspólnotę, w której polowali, później te polowania omawiali, robili politykę, decydując o strategii następnych łowów, obwodach łowieckich, umacniali swoje poczucie siły, rozpamiętując walkę, jaką musieli stoczyć z dinozaurem czy innym stworem (ma rację Zaraska, twierdząc, że gdyby marchewki nieco bardziej zaciekle walczyły o życie, niewykluczone, iż na świecie rządziłby dziś wegetarianizm). Do tego dochodzi trwające od wielu wieków utożsamianie mięsa z dostatkiem (patrz: szalone mięsne orgie naszych byłych władców, w których, rzecz jasna, nie chodziło o zapewnienie biesiadnikom zbilansowanej diety, ale o epatowanie zamożnością *ergo* potęgą). No i to, że my tym wszystkim nasiąkamy od najwcześniejszej młodości, podglądając, jak na co reagują dorośli. Mięsożerstwo to nie biologiczny imperatyw, to bardzo mocno i na wielu płaszczyznach utrwalone przyzwyczajenie.

Zaraska błądzi w zasadzie tylko w jednym miejscu: gdy bierze się do szukania przyczyn związania mięsożerstwa z chrześcijańską ortodoksją i upatruje ich – za przywoływanymi autorami – w pojedynku wygranym przez świętego Pawła, stawianego tu w roli apostoła mięsa, ze świętym Jakubem, który miał sympatyzować z powstrzymującą się od jedzenia zwierząt sektą esseńczyków, żydowskich radykałów. Takie założenie stoi w zdecydowanej sprzeczności z wieloletnią praktyką Kościoła, w której dopiero od niedawna klasztorne stołówki zawalone są (najtańszymi, bo przecież obowiązuje ubóstwo, a więc przemysłowymi) wędlinami. Nawet lewak Jaś Kapela dostrzega w swojej książce, że jeszcze paręset lat temu uczciwie chcący przestrzegać postów chrześcijanin przez ponad połowę dni w roku musiał być wegetarianinem, a przez prawie dwa miesiące – weganinem, zaś w klasztorach mięso zawsze było wyłącznie dla chorych i dla gości. Tę tradycję przechowało do dziś chrześcijaństwo wschodnie (w żadnym ze znanych mi monasterów prawosławnych nie uświadczysz mięsa, wegańsko je się tam przez znaczną część roku); nas, rzymskich katolików, wstrzemięźliwość od mięsa obowiązuje zaś tylko przez pięćdziesiąt dwa piątki roku oraz w Środę Popielcową (wtedy, jak również w Wielki Piątek, obowiązuje też ograniczenie liczby posiłków, a nawet czasu ich trwania, nie ma jednak aktualnego na Wschodzie zalecenia powstrzymania się od ryb i wszelkiego nabiału, poprzestania na chlebie, oleju, warzywach). Zbyt proste byłoby też stwierdzenie, że u osób zachowujących te posty gra rolę wyłącznie motywacja negatywna (nie jemy mięsa, bo mięso to luksus); motywacja pozytywna (nie jemy, bo nie chcemy bólu stworzeń) też jest wyraźnie widoczna u klasyków życia duchowego.

To nie chrześcijaństwo jest tu źródłem problemu, lecz „kartezjańska infekcja" i ideologia maksymalizacji zysku, która wgrała się również w chrześcijaństwo. Dowód? Proszę spojrzeć na Danię, jeden z najbardziej zsekularyzowanych krajów Europy (osiemdziesiąt procent mieszkańców nie uważa religii za rzecz istotną, paręnaście procent wierzy w Jezusa – Zbawiciela świata), w którym ukąszenie wspomnianych wyżej chorobotwórczych czynników było tak silne, że zaowocowało swoistą ekohipokryzją: w Danii moda na ekożycie (rowery, zieloną energię, zielony transport, edukację) współwystępuje przecież z jednym z najbardziej intensywnych i przerażających mięsnych agrobiznesów w Europie (mówiąc ściśle – nie tylko mięsnych; hodowla norek też w tym ekoraju kwitnie w najlepsze).

Ma z kolei Zaraska świętą rację, gdy zwraca uwagę na to, od czego zacząłem tę opowieść: gdy ktoś segreguje śmieci, chwalimy go za to, nawet jeśli robi to niedokładnie. Gdy ktoś stara się ograniczyć jedzenie mięsa, „mięsożerne trolle" zaraz atakują go zestawem swoich starych, mających poprawić im samopoczucie, śpiewek („A buty skórzane to nosisz!"), radykalni weganie wyzywają zaś od mięczaków, półzbrodniarzy i dwulicowych cieniasów.

Doskonale pamiętam, jak na początku mojej przygody z byciem celebrytą piątej klasy znajoma z prozwierzęcego ruchu namówiła mnie na wywiad do pisma ruchu wegetariańskiego. Wyznałem w nim, że stałem się fleksitarianinem, bardzo ograniczam jedzenie mięsa i mam nadzieję, że za parę lat rozstanę się z nim kompletnie. Facebook podesłał mi link do wywiadu. Zajrzałem, spodziewając się, jakie bęcki dostanę za takie wyznanie od moich opisywanych już wcześniej kolegów z katobranży, głoszących Jezusa drapieżnika i Ewangelię flaków, a każdy proekologiczny gest uważających za oznakę komunizmu, genderowości, LGBT, mentalności eutanazyjnej i generalnie cywilizacji śmierci. Miałem skromną nadzieję, że cały ten szajs, którym niezawodnie obrzucą mnie moi bracia i siostry, zmyję w ciepłym prysznicu wegetariańskiego środowiska, które powie: „Patrzcie, katol, a jest z nami". O święta naiwności. To był chyba pierwszy raz, gdy przekonałem się, że niezależnie od tego, o jakiej idei mówimy, każde wyznające ją środowisko wykształca bardzo podobne co do charakteru struktury osobowo-myślowe. Tak jak nasz Kościół katolicki ma na przykład swoich tradycjonalistów (pieszczotliwie nazywanych „tradsami"), zawsze smutnych (smutek nałogowo myli im się bowiem z powagą), zapatrzonych w przeszłość, krytykujących wszystko, co ich zdaniem leżało koło liberalizmu, nowinek, ducha reform, radości (czyli: około dziewięćdziesięciu dziewięciu procent rzeczywistości), a co najbardziej perwersyjne – dyżurujących stale na profilach i portalach swoich ideowych przeciwników, by zamiast poświęcać czas na własne życie, zrzędzić tam na to, jak układają je sobie inni (jeśli są „tradsi" o innej charakterystyce – serdecznie ich przepraszam, ja poznałem jak dotąd w zasadzie tylko takich), tak samo więc mają ich też lewacy, matki karmiące piersią (na własnym tacierzyństwie doświadczyłem, jakie rozmiary przybrać może „psychoza laktacyjna"), wędkarze, filolodzy klasyczni, no i, rzecz jasna – wegetarianie. Wyzwiskom nie było końca. Tak, zrezygnował ze świń i cielaków, ale pozostaje bezdusznym mordercą kurcząt. Ryba, którą wcinasz, na pewno miała swoje zainteresowania i przyjaciół, konała długo i boleśnie, oprawco. Co to za miękka fajka – albo jesteś w stu procentach wege, albo jesteś śmiercią. Poczułem – napiszę to wprost – że rozmawiam z sektą. A ponieważ jako jednostka mająca obsesję samokontroli i z zasady raczej nieprzysiadalna od takich sytuacji instynktownie trzymam się z daleka, powiedziałem sobie: „O nie, słoneczko, musisz jednak iść do celu swoją własną drogą".

Szedłem więc, swoim tempem. Rezygnując z mięsa stopniowo, w najprostszy z możliwych sposób: gdy miałem w menu sensownie wyglądający wybór, wybierałem coś innego. Dla człowieka, który odkąd opuścił łono matki, wciąż jest w drodze, nie było to łatwe, gdyż w znacznej części polskich (ale i na przykład afrykańskich) gastrolokalizacji „danie wegetariańskie" oznacza zwykłe danie (na przykład makaron), z którego wyjęto mięso, skutkiem czego można go porównać do *Mony Lisy*, z której usuniemy wizerunek Lisy Gerhardini: nadal jest to obraz, ale nie ma kompozycji, znika zamysł, zostaje ni pies, ni wydra. Podobne doświadczenia miałem przez lata z zamawianiem (początkowo na próbę) posiłków wegetariańskich w liniach lotniczych. Tam też królowało myślenie, które posiłek wege każe nazywać „bezmięsnym". Dokładnie tak: nie tyle jesz rośliny, ile nie jesz mięsa. Filozofia jest więc jasna: mięso to punkt odniesienia, wzorzec, zasada pożywienia. Wegetarianizm to redukcja, to mniej smaku, pomysłu, satysfakcji. Ileż to razy widziałem pełne litości spojrzenie personelu pokładowego, który podając mi „posiłek specjalny" (tak się określa w tym świecie wszystkie „nienormatywne" dania, by zgodnie z zasadą politycznej poprawności i dyskrecji nie trąbić na pół samolotu, że pan je posiłek koszerny, a pani beztłuszczowy), mrugał porozumiewawczo, że gdybym chciał, to zostało jeszcze jakieś „normalne" papu i nie będzie problemu z podmianką, bo przecież jak można chcieć jeść taką mamałygę.

Ileż to razy – później, już po całkowitym wygnaniu z talerzy zwierząt lądowych i ptactwa – w sytuacjach z gatunku „jadę w gości", w odpowiedzi na komunikat: „Nie jem mięsa", uzyskiwałem kojącą informację: „To my tu mamy takiego chudziutkiego kurczaczka". Gdy z uśmiechem odmawiam, uśmiech z drugiej strony zwykle przechodzi w podszyte paniką zakłopotanie. Gospodarz wpada w dyskomfort, oswojony i przewidywalny świat okazuje się wierzgać, pojawia się tak zwany deficyt poznawczy, który muszę mu pomóc zredukować. Pierwsze pytanie: „Dlaczego?", zwykle zawiera w sobie sugestię odpowiedzi: „Z powodów zdrowotnych?". Gdyby na tym się skończyło – nie ma sprawy, każdy kiedyś był na jakiejś diecie, choroba nie wybiera, samo życie. Gdy jednak odpowiadam, że nie, że nie jem większości zwierząt z przyczyn – jak to się wzniośle mówi – etycznych, bo nie jadam bólu, sytuacja staje się ryzykowna. Trzeba naprawdę perfekcji w stosowaniu psychologicznej techniki nazywanej z angielska *shit sandwich* (na spód coś miłego, później trudna prawda, na wierzch znów coś miłego), by nasz żywiciel poczuł się poinformowany, ale nie zaatakowany, nie wprost wzgardzony przez kogoś, kto patrzy na niego z góry i tym, co mówi o sobie, oskarża go o udział w strasznym procederze.

Zasadniczo nie mam w zwyczaju w relacjach z ludźmi o poglądach innych od moich ulegać pokusie (bo myślę, że najczęściej to jest właśnie pokusa) tak zwanego dawania świadectwa. Rzecz niezwykle popularna w niektórych kręgach kościelnych: zaprosić protestantów na wspólną modlitwę i nałożyć koszulki z Matką Bożą. Pójść na kolację do przyjaciół żyjących w związku niesakramentalnym i po zupie, a przed daniem głównym, powiedzieć im, że żyją w grzechu. Nie uważam więc za specjalnie sensowne, gdy jest grill i wszyscy wciągają karkówki, wyskakiwania w kulminacyjnym momencie z tyradą, że ta świnka z pewnością miała oczy i dzieci (choć to prawda). Nie znam prostszej metody na doprowadzenie do sytuacji, w której wszystkie wieczory w roku będzie się mieć wolne – z wyjątkiem tych, kiedy organizowane będą spotkania jakiejś wegańskiej czy wegetariańskiej grupy, gdzie ludzie będą siedzieć, pokazywać sobie raporty z rzeźni, lać łzy, mówić o okrucieństwie ludzkości i budzić w sobie na przemian bezsilność i złość, co podbuduje może ich motywację i samoocenę, ale dla dobrostanu zwierząt nie wyniknie z tego nic.

Dziś cielęciny, wieprzowiny, drobiu nie jem w ogóle. Ostatnio zjadłem kęs wiele miesięcy temu, przez pomyłkę; ze zdumieniem odkryłem, że już mi to nie smakuje i naprawdę nie wiem, o co ludzie się tak zabijają. Wciąż jem ryby (kiedyś, będąc dzieckiem i szukając pomysłu na siebie, zrobiłem nawet kartę wędkarską i parę razy kilka okoni i płoci zabiłem). Wiedząc jednak, i czytając o tym coraz więcej, jak interesujące są to stworzenia (one też – w wielu gatunkach – potrafią budować społeczeństwa, stosować strategie, posługiwać się narzędziami), a przede wszystkim jak długa (wielominutowa) jest ich agonia, gdy zostaną wyciągnięte z wody (gdy wyciąga się je z dużej głębokości, dochodzi do tego rozrywająca ich narządy wewnętrzne dekompresja), i nie mając wątpliwości (bo nikt myślący ich już nie ma), że czują ból, będę się starał powoli i z nich zrezygnować. W swoim tempie. W miarę rozwoju mojej świadomości i postępowania procesu integracji emocji z wiedzą i refleksją duchową, serca z mózgiem oraz duszą. (Zdaję sobie sprawę, że rybom poświęciłem w tej książce minimum miejsca, ale to nie dlatego, że unikam pisania o tym, co sam jem, raczej jem je dlatego, że jeszcze za mało się o nich dowiedziałem). Tak, by zrobić to skutecznie, a nie – jak wielu przede mną – dziś we łzach i spazmach całkowicie rzucić jedzenie ryb, by po miesiącu czy dwóch, gdy hormony wrócą do normy, znów sobie tu czy tam pofolgować.

Na razie nie zamierzam rezygnować z nabiału. Doskonale wiem, jaka i tu jest zależność i że kury nieśne, podobnie jak będące w istocie produktem ubocznym przemysłu mleczarskiego cudne cielęta oraz ich wyciśnięte do cna mamy, krowy mleczne, nawet te „ekologiczne", nie trafiają później do domów spokojnej starości, lecz pod nóż, a więc wciąż jestem sponsorem czyjegoś cierpienia. Ideologicznie jestem gotów na weganizm, ale logistycznie chyba jeszcze nie. Przy moim patologicznym (najpierw musiałbym właśnie go zmienić) trybie życia, przy takiej zmienności, nieustannych podróżach, obciążeniu, robieniu sześciu rzeczy naraz – nie byłbym pewnie w stanie zapewnić sobie takiego, jak powinienem, jedzenia. To jednak chyba ciągle kwestia dostępności wegańskich opcji w Polsce, w małym podwarszawskim mieście, w którym mieszkam. W Londynie lub Nowym Jorku bycie weganinem to naprawdę żadna sztuka, czterdzieści kilometrów od Pałacu Kultury – nieco większa. Dodatkowo polska kuchnia wegetariańska wciąż cierpi na niezrozumiałą dla mnie orientalizację (wszystko sypane jest tonami nielubianych przeze mnie hiperintensywnych wschodnich przypraw; mam często wrażenie, że zamiast wydobywać naturalny smak z naszych wspaniałych warzyw, wegekucharze ścigają się, kto lepiej odtworzy przywiezione z podróży po Indiach i Bliskim Wschodzie smaki). W ostatnich miesiącach zmienia się jednak u nas w tym zakresie tak wiele – patrz: produkty dla wegan w Lidlu i w Biedronce, bezmięsne hot dogi w Ikei, naprawdę pyszne (próbowałem) bułki z kotletami z kaszy jaglanej i wyżerane przeze mnie tonami genialne wegańskie hot dogi na stacjach Orlen (które zawdzięczamy akcji stowarzyszenia Otwarte Klatki, chwała mu za to; na orlenach jest jeszcze całkiem zgrabny wegański wrap z falafelem, również znakomita alternatywa dla mięcha) – że za chwilę może to być naprawdę bułka (z wegańskim) masłem. Siedem procent społeczeństwa deklarujące się w Polsce jako wegetarianie to jednak nie jest bardzo mało, znam parę partii marzących o takim poparciu.

OK. Wiadomo, że w takich badaniach za wegetarian podają się i ci, co czasem jednak wpadną do KFC. Nie toczymy tu jednak przecież boju o harcerskie sprawności czy stopnie wojskowe. To nie o nas tu chodzi, lecz o zmniejszenie jakkolwiek sumy bólu stworzeń. Ja w porównaniu z sobą sprzed dziesięciu lat powoduję go pewnie o jakieś sześćdziesiąt–siedemdziesiąt procent mniej. Żaden sekciarz nie zabierze mi radości z tego, że w ciągu tych paru ostatnich lat udało mi się nie być przyczyną śmierci kilkudziesięciu ptaków, co najmniej jednej świni, jednego cielęcia. Że w dni, w które nie jem nawet ryb – bo nie jem ich codziennie – oszczędzam dla bardziej potrzebujących (może kiedyś – dla moich dzieci czy wnuków) jakieś dwadzieścia wanien słodkiej wody, ze trzy metry kwadratowe lasu (którego nie trzeba będzie wyciąć pod uprawę soi czy kukurydzy na paszę), ciut zmniejszam efekt cieplarniany, bo produkcja jednego burgera generuje tyle gazów cieplarnianych co przejechanie autem około pięciuset kilometrów (chętnych do wykonania osobistych obliczeń zapraszam na vegetariancalculator.com). Zrobić dobry uczynek, umościć sobie choć niewielki fragmencik wieczności praktycznie zerowym kosztem, biorąc z półki w lodówce to, a nie coś innego? Kto widział lepszy interes?

Czytam czasem dyskusje, w których ludzie godzinami rozkminiają, czy zostać wege, czy nie zostać. Dopytują o najdrobniejsze detale, o procent tego w szczawiu, a tamtego w kalarepie, w porównaniu z jagnięciną albo tatarem wołowym. Zbierają się do tego jak do lotu na Księżyc, mnożą tak zwane czynności przygotowawcze, czyli coś, co ja robię, gdy mam się wziąć do roboty, ale przecież jeszcze muszę poukładać rzeczy na biurku, coś przy okazji przejrzeć, sprawdzić, czy zgasiłem światło i czy spodnie równo wiszą na krześle, i czy nie przyszedł żaden mail, i czy jutro na pewno będzie ładna pogoda. Odliczają dni: zaczynam za tydzień, to już pojutrze, uwaga: jutro! Prawda jest taka, że w ich życiu najprawdopodobniej zupełnie nic się nie zmieni. Będą tak samo pracować, spać, załatwiać sprawy, rozmawiać. Zwłaszcza jeśli – jak ja – pójdą drogą fleksitarianizmu. Nawet jeśli przejdą z poziomu bezmyślnych trzech razy dziennie siedem dni w tygodniu na poziom dwóch razy przez trzy czy cztery dni, będą mieli z tego same korzyści. Daję słowo – odkryją, jak przepyszne mogą być jedzone dla nich samych, a nie służące jako dodatek do mięsa, fasola, ziemniaki, kapusta, czym może nas uraczyć jedzony świadomie pomidor. Da Bóg, że w ich życiu powtórzy się historia opisana w Księdze Daniela, gdy poddani testom prorok Daniel i trzej służący: Chananiasz, Miszael i Azariasz, przechodzą na dziesięć dni na weganizm (motywowany religijnie: chodzi o to, że lepiej jeść same warzywa niż żarcie pogańskich królów), a „po upływie dziesięciu dni okazało się, że wyglądają oni lepiej niż młodzieńcy, którzy jedli potrawy królewskie. Strażnik zabierał im więc potrawy i wino królewskie, a przynosił jarzyny. A Bóg obdarzył tych czterech młodzieńców wiedzą, rozumieniem wszelkiego pisma i mądrością. Daniel umiał też wyjaśniać widzenia i sny" (Dn 1, 15–17).

Kocham fleksitarian. Żeby nie było, że nie kocham wegan – ich też kocham i doceniam, bo gdyby nie ich działania i motywowanie, nie byłoby fleksitarian. Zawodowy sprinter nie powinien jednak, jak sądzę, wyżywać się z wyższością na kimś, kto zaczyna swoją przygodę od dreptania w ramach *nordic walking*. Kierunek, który uratuje planetę, jest jasny: mniej mięsa. Czy to będzie mniej o sto czy o dwadzieścia procent – to ma drugorzędne znaczenie w sytuacji, w której zdecydowana większość ludzi wciąż żywi wątpliwości co do podanego w poprzednim zdaniu aksjomatu. Przyznam, że szokiem było dla mnie, gdy w książce *Dead Zone*, która – jak już wiedzą czytelnicy – jest niezwykle krytyczna wobec przemysłowego wykorzystywania zwierząt do odżywiania człowieka, przeczytałem o (pięknie położonej na bodaj kornwalijskim wybrzeżu) farmie-hotelu, gdzie cała produkcja odbywa się w stu procentach organicznie i po prostu na własne oczy widać, że w ziemskich warunkach nie da się robić tego wszystkiego bardziej w zgodzie z naszą (ułomną, jak już wiemy) naturą. Właściciel miejsca z dumą mówił, że w hotelowej restauracji na dania mięsne decydują się nawet wegetarianie, widząc, jakie życie miały hodowane tu zwierzęta. Carl Safina, wspominany już również autor książki, która otworzyła mi oczy na to, ile wspólnych cech mamy z pogardzanym przez nas i poniżanym światem zwierząt, też w jednym z wywiadów przyznał ponoć, że czasem zdarza mu się jeść mięso, jednak wyłącznie ze sprawdzonych, organicznych źródeł. Czy ja skusiłbym się na takiego steka czy taką kiełbasę? Nie sądzę. Choć nie mam do takiej postawy żadnych zastrzeżeń etycznych, myślę też, że byłby to z mojej strony jakiś rodzaj niekonsekwencji, bo jeżeli mówię, że liczy się dla mnie los każdego zwierzęcia, w każdym z nich widzę również niematerialną wartość, a nie tylko wagę, to najpiękniejsza nawet hodowla wieprzowiny czy cielęciny nie może być dla mnie rozwiązaniem (po pierwsze dlatego, że w hodowli myśli się gatunkiem, nie jednostką, po drugie – jeśli zwierzę miało fajne życie, to jeszcze nie jest wystarczającym powodem, by mu je odbierać).

Nie mam pojęcia, jak będzie się rozwijał rynek ułatwiających przejście na opcję „mniej mięsa" zamienników. Podczas konferencji CIWF w Londynie miałem okazję – w ramach europejskiej premiery – spróbować burgera słynnej amerykańskiej firmy Beyond Meat, która coraz bardziej rozkręca się w produkcji tworzonych w całości z roślinnych białek substytutów kurczaka, wołowiny, kiełbasy, a moim jedynym zmartwieniem było to, że choć udało mi się zjeść około dziesięciu serwowanych na imprezie próbek, kelnerzy byli zbyt uważni, by dać mi zjeść wszystkie. To było po prostu pyszne. W mojej ocenie – człowieka, który wciągnął jednak w życiu co najmniej parę setek różnej maści mięsnych burgerów – nie do odróżnienia od prawdziwego mięsa. To straszne, że Beyond Meat, bez wątpienia światowy lider tej technologii, skupia się na razie na rozwoju dostępności produktu w USA, nieco po macoszemu traktując inne rynki (choć jest już obecny w Kanadzie i Wielkiej Brytanii). Uwierzcie mi, jeśli coś może smakować w ten sposób, to za upieraniem się przy wołowinie muszą stać już tylko jakieś kulturowe przesądy. W roku 2018, gdy piszę te słowa, Beyond Meat otworzyło kolejną fabrykę; to właśnie w nią zainwestował mięsny gigant Tyson Foods, którego zobowiązali do tego akcjonariusze, po tym jak opublikowano wyniki dziennikarskiego śledztwa przeprowadzonego w jednej z rzeźni koncernu. Może – dosypane pieniędzmi – dojdzie w końcu i do nas (na razie zakłady mięsne Sokołów badają rynek, za co należy się im szacunek, serią wegańskich past, hummusów i pasztetów warzywnych Z Gruntu Dobre; można je dostać w Lidlu). W stawce liczy się też Impossible Meat, którego „krwiste" roślinne burgery cieszą się coraz większą popularnością (założyciel firmy Pat Brown mówi, że „chce zmienić wygląd Ziemi z kosmosu", a produkcja jego burgerów wymaga o dziewięćdziesiąt dziewięć procent mniej ziemi, osiemdziesiąt pięć procent mniej wody i emituje o osiemdziesiąt dziewięć procent mniej gazów cieplarnianych niż w przypadku tradycyjnej wołowiny). Tobias Leenaert w książce *How To Create a Vegan World. A Pragmatic Approach* wylicza: firma New Wave Foods pracuje nad stworzeniem „krewetki" z morskich alg, Hampton Creek i Clara Foods tworzą roślinne zamienniki jajek, Perfect Day chce (opierając się na krowim DNA) wyprodukować mleko identyczne z pozyskiwanym tradycyjnie, tak by nie trzeba było „używać" krowy. Holenderski Vegetarian Butcher sprzedaje swoje produkty już w tysiącach sklepów. Leenaert przywołuje też przykład niemieckiej firmy mięsnej Rügenwalder Mühle, która zainwestowała w „bezmięsne mięso" kilkadziesiąt milionów euro, ale idzie przy tym jeszcze dalej niż choćby wspomniany koncern Tyson Foods. Jej szef mówi, że za dwadzieścia lat mięsa nie będzie się już produkować z mięsa, a kiełbasa z mięsa zwierząt będzie w pokoleniu naszych dzieci traktowana tak, jak dziś traktuje się papierosy.

W Polsce fajną robotę na tym polu robi też wysyłkowy warszawski Bezmięsny Mięsny (przy niektórych produktach jest jeszcze do zrobienia odrobinę w dziedzinie smaku, ale chłopaki naprawdę bardzo się starają), bezdyskusyjnym przebojem na moim grillu są bywające okresowo w Piotrze i Pawle (chętnie jedzone również przez mięsożerców, patrz: Marcin Prokop, który wciągnął parę, zanim się zorientował, że je florę) burgery holenderskiej firmy Vivera. A wspomnianym już orlenowskim hot dogom z grochu miłość mógłbym wyznawać dniami i nocami.

Smak to bardzo ważna rzecz. Skoro otrzymaliśmy ten zmysł od Boga, możemy zakładać, że nie tylko ma nas ostrzegać przed zepsutym jedzeniem (smakującym kwaśno lub gorzko), ale i dostarczać jakiejś przyjemności. Skoro tak nam się ułożyło w głowie, że kręci nas smak mięsa – nie rezygnujmy z niego całkiem. Nie podejrzewam siebie o to, że zrobi mi jakąś specjalną różnicę pojawienie się na rynku mięsa (ale też na przykład skóry) hodowanego *in vitro* (to fascynujący temat, więcej o postępie prac w tej dziedzinie w wydanej ostatnio u nas pełnej detali książce Paula Shapiro *Czyste mięso*), bez i tak wyrzucanych przez rzeźnie „odpadków", bez zajmowania miejsca pod uprawy, bez oprysków, bez cierpienia – jasne jest jednak dla mnie, że skoro upadły argumenty o niezbędności mięsa dla zdrowia człowieka i z przywiązania do smaku, na stole pozostaje tak naprawdę tylko jeden: ten, że do jedzenia mięsa jesteśmy po prostu przyzwyczajeni. Nawet połowę wszystkich czynności wykonujemy bowiem w życiu nawykowo.

Każdy ruch na tym rynku: zamienniki, *in vitro*, rozszerzanie menu w restauracjach i oferty w sklepach, to krok w kierunku tego, by mięso stało się – jak to porównał kiedyś zdaje się jeden z autorów „The Washington Post" – „tym, czym cygaro dla przemysłu tytoniowego". By ludzie nauczyli się je szanować i jedli je od święta albo wtedy, kiedy rzeczywiście muszą. Na Facebooku zaczytuję się ostatnio we wspaniałych relacjach z podróży po Wschodzie odbywanych regularnie przez krakowskiego filozofa i filologa Michała Milczarka. Gdy opisuje on noc spędzoną wśród członków jakiegoś rdzennego ludu północnej Rosji, w namiocie, w mrozie, otoczony tysiącami reniferów, gdzie karmiono go świeżym, jeszcze ciepłym reniferzym mięsem, gdy jadąc przez Czukotkę z wędrującymi tygodniami po totalnych bezdrożach kierowcami ciężarówek, pokazuje ich polowanie na króliki, pozwalające im zdobyć jakąś kolację – nie ma we mnie cienia sprzeciwu. Przemysłowych farm napychających nasze sklepy i pchających nas dalej w zgubny nawyk zrozumieć nie umiem. Dla mnie wielkoduszność okazana w sklepie lub w restauracji, choć czasem będzie może trzeba zapłacić za nią jakiś społeczny koszt, może okazać się wyznaniem wiary. Andrew Linzey pisze w *Teologii zwierząt*: „Wegetarianizm nie jest jakimś opcjonalnym dodatkiem moralnym lub drugorzędną przesłanką, lecz stanowi akt teologiczny o najwyższym znaczeniu. Odmawiając zabijania i zjadania mięsa, dajemy świadectwo istnienia wyższego porządku istnienia (...). Sprzeciwiając się naszej »naturalnej naturze« lub »psychologicznej naturze«, stając wbrew porządkowi niezbawionej przyrody, stajemy się symbolem porządku istnienia, za którym tęsknią wszelkie stworzenia". Amen. I smacznego.

„Los bowiem synów ludzkich jest ten sam,
co i los zwierząt; los ich jest jeden:
jaka śmierć jednego, taka śmierć drugiego,
i oddech życia ten sam".

(Koh 3, 19)

ROZDZIAŁ SZÓSTY

O moim intymnym związku z Juliuszem Cezarem. O tym, czy chrześcijanin ma być lwem czy barankiem. O kosmicznych i wojennych psach. O tym, co ma wspólnego świat z Eucharystią. I o tym, iż choć ja twierdzę, że chyba nie zdążymy (się uratować przed nami), papież sądzi, że Pan Bóg zdąży. Zobaczymy.

Pisząc tę książkę, a wcześniej przygotowując się do niej, musiałem – rzecz jasna (bo tak jest zawsze) – co chwila odpowiadać na pytania tych, którzy domagali się wyjaśnień, dlaczego nie poświęcam im czasu: „A o czym będzie tym razem?". Najpierw odpowiadałem: „O tym, czy zwierzęta mają duszę". Potem mówiłem, że będzie to amatorski wstęp do prywatnej chrześcijańskiej ekologii, w którym postawię tezę, że albo uznamy ów świat za naszego bliźniego, albo popełnimy zbiorowe samobójstwo, gdyż postępowanie wbrew instrukcjom Producenta zawsze kończy się zniszczeniem sprzętu. Parę tygodni później wydawało mi się, że napiszę grzmiący manifest przeciwko ludzkiej chciwości, nieuwadze i pysze, którego każda strona będzie bezlitośnie policzkować czytelnika (i autora). Teraz, gdy moja praca dobiega już końca, myślę, że od samego początku chciałem (i nie mam pojęcia, czy mi to wyszło) napisać książkę o życiu (jak zadeklarowałem we wstępie), ale i o wspólnocie. Nie wydumanej przez sentymentalistę, który na starość (lub na skutek kryzysu wieku średniego, zależy, jak na to patrzeć) albo po tym, co zobaczył, pracując z biednymi w Afryce, albo wreszcie po tym jak przesiąkł lewackimi miazmatami rozpylanymi codziennie z inhalatorów rozdawanych przecież wszystkim osobom związanym jakkolwiek z TVN – odwrócił się od ludzi i zszedł na pieski i kotki. Rzecz w tym, że ta wspólnota jest bardziej realna niż większość konstruktów, które odruchowo uznajemy za realne (patrz na przykład: lęk i sława).

Proszę sobie tylko wyobrazić to, o czym pisze Sam Kean w nagradzanej książce *Ceasar's Last Breath*. Dowodzi tam, że dosłownie sekundę przed przeczytaniem tych słów każdy z nas wciągnął do swoich płuc przynajmniej jedną (a pewnie więcej) z molekuł, które składały się na westchnienie Juliusza Cezara wydobywające się z jego płuc, gdy kulił się pod ciosami senatorów na posadzce senatu w trakcie id marcowych 44 roku p.n.e. W tej właśnie chwili wchłaniamy też w siebie owo najważniejsze dla nas, chrześcijan, „wyzionięcie ducha", które dokonało się siedemdziesiąt lat później na Golgocie, tuż za murem okupowanej przez Rzymian Jerozolimy. Przez nasz nos albo usta przechodzi właśnie cząstka powietrza, które wirowało wokół walących się wieżowców WTC 11 września 2001 roku. I tego, którym oddychali moi przodkowie na polach Grunwaldu w roku 1410 (a wszystko wskazuje na to, że – uwaga dla tych, którzy pragnęliby toczyć ze mną jakieś spory – miałem ich tam po obydwu stronach). Które wdychał mój pradziadek dziesiątki tysięcy lat temu w jakiejś kaukaskiej czy afrykańskiej jaskini. Którego ostatni haust wzięła ostatnia zjedzona przeze mnie świnia zabita parę lat temu w jakiejś polskiej rzeźni. To samo wreszcie powietrze – rześkie, poranne – łaskotało w nozdrza lwa, który do dziś, zaiste błogosławiony, nie miał jeszcze wątpliwego zaszczytu spotkania z kimś, kto odda mu najwyższy honor za pomocą strzelby, i śpi sobie w ten słoneczny dzień na afrykańskiej sawannie.

Piszę te słowa właśnie w mojej ukochanej Afryce. Jest wrzesień 2018 roku. Cały kontynent żyje filmem zamieszczonym na stronie serwisu BBC Africa, pokazującym żołnierzy kameruńskiej armii rządowej dokonujących egzekucji cywilów: dwóch kobiet i dwojga dzieci (jedna dziewczynka ma lat może osiem, może dziewięć, drugie dziecko – około roku, dwóch). Dostępne w sieci wyedytowane fragmenty są dostatecznie przerażające, ale ja obejrzałem ten film do końca, do ostatniego wystrzału, wiedząc, że tylko tak mogę być z tymi ludźmi do końca, że jedyne, co mogę dziś dla nich zrobić (jak ustaliło skrupulatne dziennikarskie śledztwo – dramat miał miejsce w 2015 roku, podejrzani oczekują na proces), to zachować ich już na zawsze w pamięci. W sobie. Bo przecież z każdym wdechem, którym będę odtąd przedłużał swoje życie na tej ziemi, będzie wnikać we mnie ostatni haust powietrza karmiącego tego malucha niesionego przez mamę na plecach w zaplecionej afrykańskim zwyczajem chuście. Rozstrzelano go sekundę po tym, jak przewróciła się wraz z nim na ziemię po przeznaczonym dla niej strzale.

Kean pisze, że cząsteczkom wydychanego właśnie przeze mnie, ogrzanego i nawilżonego przez mój organizm powietrza mniej więcej dwa tygodnie zajmuje rozniesienie się z wiatrem wokół Ziemi w szerokim równoleżnikowym pasie. Po dwóch miesiącach można je znaleźć już na całej półkuli. Po roku–dwóch są na całym świecie. Kilkanaście razy na minutę wchłaniam w siebie okrzyki radości, przedśmiertne nerwy i spokojny sen całego Bożego świata: ludzi, zwierząt, wszystkiego, co ma w sobie „tchnienie życia". To przecież niemożliwe, by Bóg nie wiedział o tym, że tak będzie, gdy ów świat dla nas tworzył. Musieliśmy jedynie poczekać tysiące lat na fizyczne i chemiczne odkrycia, które uświadomiły nam, jak ściśle – my, wszyscy żyjący – jesteśmy ze sobą, już na tym podstawowym poziomie, połączeni.

W porównaniu z tym, co wpisał w ten świat nasz Bóg, może się schować cały nasz wspaniały internet. Miliony, miliardy ludzi próbują dziś wyprzeć z siebie świadomość istnienia tej więzi, konsekwentnie utrzymując głowę nad powierzchnią, zamiast – nawet trzęsąc portkami – próbować raz po raz zanurkować w tym oceanie. Coraz częściej przyjmować zaproszenie do tego, by myśleć o swoim życiu w świecie nie jak o przemijającym balu, ale jak o raz rozpoczętej i mającej się już nigdy nie skończyć (choć odbywa się raz w takim, a raz w innym *entourage*'u) liturgii. Nie jak o kolacji, na którą nas zaproszono, byśmy mogli się jak najszybciej i jak najtaniej nachapać, ale jak o Eucharystii. My sprowadziliśmy dziś liturgię do kulturowego obrzędu, Eucharystię do duchowej stacji paliw. A przecież są one czymś znacznie więcej: tańcem, szkołą takiego tańca, którym będzie nasza wieczność. Jedyną przestrzenią, gdzie w praktyce – bo nie mam już w sobie dość naiwności, by wierzyć, że może się to wydarzyć na jakichś wiecach czy sympozjach – uczymy się, jak leczyć nasze podziały, nie usuwając przy tym wcale naszych różnic (w jedności nie chodzi o jednolitość, to pewne).

W dobie duszpasterstw biznesu i kanonizacji ambicji nie jest łatwo szukać odpowiedzi na pytanie, co to znaczy: być jak On, który dał siebie ludziom na pokarm, przyjmując postać nie świetlistego anioła, lecz produktu tej ziemi: rośliny wyrosłej dzięki słońcu i wodzie, przetworzonej rękami człowieka. Stając się chlebem. Za starym facebookowym wyjadaczem też jestem, by nie przewidzieć jakże dowcipnych komentarzy, jakie z miejsca pojawiłyby się pod takim wpisem: „Hołownia, to zostań w tej Afryce i daj się pożreć lwom, one z radością przyjmą komunię z ciebie!". Przecież wiadomo, że nie o to mi chodzi. Nie oddałbym swojego życia za zwierzę (o wiele gorsze jest to, że nie wiem, czy oddałbym je za człowieka). Chodzi mi tylko i wyłącznie o dostrzeżenie, że nie jestem jedynym uczestnikiem tej gry mającym prawo do uszanowania jego żywotnych interesów. I że – jak starałem się wykazać – we współczesnym świecie naprawdę do rzadkości należą już sytuacje, w których miałbym dostatecznie ważny powód, by owych interesów moich współtowarzyszy drogi nie wziąć pod uwagę. Mam wrażenie, że nic innego, niż właśnie życie przeżywane w świadomości włączenia w taką wspólnotę ze światem i ludźmi, nazywano kiedyś Mądrością, tą przez wielkie M. To jej szukano u starców, snujących legendy z czasów, gdy człowiek słuchał przyrody, a ona słuchała jego.

Po co zmieniać coś w naszym życiu, które przecież jako tako nam idzie? Jak to – po co? By przestać umawiać się na randki z lustrem. Przekonać się, że wszystkie okropności (również opisane w tej książce), które ludzie fundują dziś sobie i światu, nie wyczerpują prawdy o nim. Że nawet jeśli ból i zło pchają się gdzieś na pierwszy plan, inna część tej samej wspólnoty trwa właśnie w tej chwili w zachwycie.

Mamy tego samego Ojca, oddychamy tym samym powietrzem. Gdy umrę, moje ciało nie będzie przecież czekać na zmartwychwstanie w jakiejś kapsule, niczym mumia Lenina. Jego atomy od razu zaczną tworzyć inne byty, a ja, obserwując to z góry, będę z radością myślał o tym, że jednak spełniła się nadzieja, iż „coś ze mnie jeszcze będzie", i zachodził w głowę, jak Stwórca poradzi sobie z pozbieraniem tego wszystkiego na nowo w wersję 2.0, w zmartwychwstałe ciało. Ale to później. Dziś, patrząc na cały ten świat, mam celebrować to, że otacza mnie rodzina, w sensie dosłownym – z krwi i kości (i atomów moich przodków).

Carl Safina w *Poza słowami* opisuje, jak delfiny oblepione ropą wyciekłą po wybuchu platformy Deepwater Horizon w 2010 roku w Zatoce Meksykańskiej podpływały do ludzi, szukając u nich pomocy. Pamiętacie z wcześniejszych rozdziałów historie zwierząt chroniących się u świętych przed myśliwymi, od których aż roi się w celtyckich i wschodnich hagiografiach? „Delfiny i inne zwierzęta szukające naszej pomocy mają umysły zdolne do zrozumienia, że my również mamy umysły i możemy im pomóc (jeśli tego zechcemy). Rozumienie, że potrafimy rozumieć, to często więcej, niż my mamy im do zaoferowania. Czasami delfiny intencjonalnie nam pomagają [Safina opisuje w książce wiele takich przypadków – S.H.], czasem ludzie zabijają delfiny i negują ich cierpienie. Czyja »teoria umysłu« jest zatem bardziej rozwinięta?" Każdy, kto widział bawiące się młode zwierzęta, kto był przy śmierci człowieka, wie – siedzimy razem w tym pięknie i w tym bagnie po uszy.

Nic chyba nie przypomina mi o tym lepiej niż stojący na skraju londyńskiego Hyde Parku przejmujący pomnik Animals in War Memorial upamiętniający zwierzęta, które (jak głosi napis) „nie miały wyboru" i zginęły w nie swoich, bo ludzkich, wojnach. Muły objuczone wojskowym sprzętem zdążają w stronę pola walki i wyłomu w ścianie symbolizującego śmierć. Po drugiej stronie idą ich towarzysze – koń i pies, już wolne od bagażu, wyprostowane, ciekawie się rozglądające. Śmierć zwróciła im to, co zabrało wybrane dla nich przez człowieka życie.

A przecież ludzie naprawdę je kochali, obserwowali, szanowali, potrzebowali ich, tak jak i one ludzi. Mam w domowej bibliotece wspaniałą książkę *Tommy's Ark*, w której Richard van Emden pracowicie zestawił fragmenty wspomnień angielskich żołnierzy walczących w pierwszej wojnie światowej opowiadające o ich relacjach ze zwierzętami. Od bojowych koni, od których zależało tyle, że odznaczano je medalami, przez myszy, których używano do testowania powietrza pod kątem obecności gazów bojowych, przez pocztowe gołębie, aż do dzikich zwierząt: przelatujących ptaków, wykluwających się piskląt, większej leśnej fauny, a nawet obserwowanych podczas godzin spędzanych w okopach żuków czy gąsienic. Stworzenia, które nie znają pojęcia wojny, przypominały tonącym w etycznej abstrakcji żołnierzom, że są ludźmi, a choć ludzie zwariowali – świat jednak nie zwariował. Oto gąsior Jimmy i gęś Jane, które żołnierze Królewskiej Artylerii Polowej zakupili w grudniu 1915 roku celem błyskawicznego podtuczenia ich na Boże Narodzenie. Ich osobowości na tyle jednak ujęły wojaków, że wciągnęli pierzastą parę do stanu osobowego baterii. Zwierzaki podróżowały wszędzie dumnie z kuchnią polową, przeżyły ostrzał, a nawet próby porwania. Jimmy zmarł w zoo w roku 1920, Jane przeżyła go aż o jedenaście lat, dokonawszy w sposób naturalny pełnego przygód żywota jako emerytka na farmie w Berkshire. Oto piesek Sammy, niewielki terierowaty kundelek, kudłaty, o czujnym, dostojnym, godnym co najmniej podoficera spojrzeniu, który przyłączył się do oddziału brytyjskiej piechoty gdzieś we Francji w kwietniu 1915 roku (na terenach zniszczonych wojną błąkało się, utraciwszy swoich właścicieli, mnóstwo bezpańskich zwierząt; niektóre z nich wojskowi przygarniali mniej lub bardziej legalnie, inne ginęły zastrzelone lub – i tak bywało w tym koszmarnym czasie – zjedzone). Sammy był ranny, przeżył też atak gazowy w czasie bitwy pod Ypres, kilkakrotnie wraz z żołnierzami zasypywany był w okopach. Wiadomo o nim jeszcze tylko tyle, że służył później pod Sommą.

Chyba wszyscy znają historię niedźwiedzia o imieniu Wojtek, którego w 1942 roku polscy żołnierze, zdjęci litością, kupili w Iranie od perskiego chłopca za konserwę, tabliczkę czekolady i nóż oficerski. Zwierzak był jeszcze tak mały, że trzeba było go karmić skondensowanym mlekiem podawanym z butelki po wódce za pomocą szmacianego smoczka (proszę sobie wyobrazić, ile zachodu w warunkach wojennych musiało to wymagać). Wojtek przeszedł z 22 Kompanią Zaopatrywania Artylerii cały szlak bojowy, był w Egipcie i pod Monte Cassino. Zasłynął ze swojego zamiłowania do piwa, potrzeby bliskości i czułości, a także pojedynków zapaśniczych, jakie toczył z żołnierzami. Zabiło go ostatecznie to, co zabija przecież co dnia tylu ludzi: służąca, której pozwoliliśmy się zmienić w dominującego, terroryzującego cały dom potwora. Polityka. Ostatnie piętnaście lat życia Wojtek spędził w klatce w edynburskim zoo. Polskie Towarzystwo Opieki nad Zwierzętami oraz komunistyczny (i co z tego) Związek Bojowników o Wolność i Demokrację podejmowały próby sprowadzenia go do kraju, ale żołnierska brytyjska emigracja uznała, że dla Wojtka lepsze jest więzienie w wolnym kraju niż duży wybieg w obozie socjalistycznym – i bidak umarł w tej swojej klatce w wieku dwudziestu dwóch lat jako powojenny jeniec jałtańskiego porządku.

Wspólnotę naszego losu widzę każdego dnia, mijając na warszawskich ulicach staruszków wyprowadzających na spacer swoje też ledwo człapiące czworonogi. Osobiście znam takich, którzy modlą się o to, by nie dane im było odejść przed swoim psem czy kotem, wiedząc, że z przyjacielem jest się do końca. A gdy się nie da – Wszechświat pęka na pół, bo co innego może zrobić, z bólu. Nie ma bardziej poruszającej lektury niż wpisy zamieszczane przez moich znajomych na Facebooku, gdy u kogoś z nich odejdzie pies. Czytając je, mam czasem wrażenie, że spotykam ludzi zupełnie innych niż ci, którzy codziennie w tym samym miejscu toczą walki wręcz o politykę, ten czy inny film, wszystkie nasze dzienne sprawy. Noe ukrył zwierzęta w arce, by mogły przeżyć kataklizm; ja nie mogę się oprzeć wrażeniu, że dziś zwierzęta, ofiarując nam siebie w relacji, chowają w niej nas, pomagają nam ocalić nasze człowieczeństwo, to, co w nas najlepsze, zanim roztrwonimy to i wymienimy na fałszywy pieniądz do końca.

„Los bowiem synów ludzkich jest ten sam, co i los zwierząt; los ich jest jeden: jaka śmierć jednego, taka śmierć drugiego, i oddech życia ten sam" (Koh 3, 19). We wspomnieniach błogosławionej Natalii Tułasiewicz, jednej z najciekawszych polskich świętych dwudziestego wieku (marzę o napisaniu kiedyś jej biografii), jest wstrząsająca scena, gdy hitlerowcy po wkroczeniu do Poznania wysiedlają jego polskich mieszkańców. Natalia zostawia wtedy w domu na stole jabłko dla tych, którzy teraz będą w nim mieszkać: „Może to będzie człowiek równie jak my nieszczęśliwy i wygnany ze swojej siedziby... Wróg, ale przecież człowiek". Krewnym Natalii Niemcy nie pozwalają nawet wziąć niemowlęcego wózka, jej samej wyrywają z ręki smycz, na której chciała zabrać na tułaczkę swojego ukochanego psa, Muszkę. „Wyszłam z pokoju i natknęłam się w przedpokoju na nowego żołnierza w kasku. Brunet, około czterdziestki, smagły, o sadystycznych szczękach i złych oczach. Zobaczył, że trzymam Muszkę na lince. »Pies? Psa nie wolno zabierać – nie ma mowy!« Wyschło mi w gardle. Nawet to! Znalazł się jakiś nowy żołnierz, młody. Dawać mu zaraz tego psa! Wyrwał mi linkę z ręki. Muszka przerażona spojrzała na mnie z całą bezradnością lęku. »Musiu, Muszeczko, służyłaś mi wiernie!« – ledwie zdążyłam musnąć jej włos ręką. Drżącym głosem wołałam za odchodzącym za nią żołnierzem: »Niech pan nie robi jej krzywdy, bardzo proszę, niech pan ją odda dobrym ludziom, to mój przyjaciel, wierny, najlepszy!«". Muszkę miała później odnaleźć jedna z krewnych Natalii, nie wiadomo jednak, co się potem z nią stało. Trudno mieć nadzieję, że przeżyła wojnę. Jej pani też nie było to dane. Natalia po okresie tułaczki zgłosiła się na ochotnika do pracy wśród wywiezionych na roboty do Niemiec, tam wpadła przez niefrasobliwość polskiego kuriera, zginęła w obozie w Ravensbrück, w przeddzień jego wyzwolenia przez aliantów. Jej popioły – jak wszystkie z obozowego krematorium – wrzucono pewnie do pobliskiego stawu. „Wszystko idzie na jedno miejsce: powstało wszystko z prochu i wszystko do prochu znów wraca" (Koh 3, 20). Dzięki Chrystusowi wiemy jednak, że to, co dla Koheleta było portem docelowym, w rzeczywistości jest tylko miejscem przesiadki. Ziemia, do której wracamy, nie jest grobem, lecz łonem, z którego się odrodzimy. Wszyscy. Ja naprawdę mam szczerą nadzieję, że gdy i na mnie przyjdzie już czas, w gronie tych, co wyjdą po mnie, będzie także Natalia z idącą wiernie przy nodze Muszką. Nie wyobrażam sobie, by mogło być inaczej w świecie naprawionym Bożą ręką.

Nie da się rozplątać naszych losów, zbyteczne próbowanie. Jedną z najbardziej szokujących lektur, jakie czekały na mnie, gdy zacząłem pisać tę książkę, była *Eternal Treblinka* Charlesa Pattersona. Tytuł autor zaczerpnął z jednego z opowiadań żydowskiego noblisty Isaaca Bashevisa Singera, wegetarianina i radykalnego obrońcy praw zwierząt, *The Letter Writer*, gdzie jeden z bohaterów stwierdza: „Dla zwierząt wszyscy ludzie to naziści, a ich życie – to wieczna Treblinka". Na tak porażające porównanie mógł, rzecz jasna, pozwolić sobie tylko i wyłącznie Żyd. Patterson rozwija je, pokazując, jak przemysłowe zabijanie zwierząt było w historii inspiracją do rozwijania metod przemysłowego zabijania ludzi. Jak solidarność, ta wspólnota najsłabszych stworzeń, przeznaczonych do eksterminacji przez inne stworzenia, zawsze wyrażała się w języku stosowanym przez silniejszych dręczycieli. Proszę tylko spojrzeć: dla ludzkich katów ich ludzkie ofiary są zwierzętami. Dla nazistów

Żydzi byli „robactwem", „krwiopijczymi pająkami", „szkodnikami", podczas wizyty w łódzkim getcie Joseph Goebbels stwierdził wprost: „To już nie są ludzie, to zwierzęta". W czasie bliższego nam chronologicznie rwandyjskiego ludobójstwa Hutu nazywali Tutsi „karaluchami". Japończycy eksterminujący chińskich jeńców w czasie wojny chińsko-japońskiej w latach 1937–1945 porównywali swoje odczucia do dokonywania uboju świń. Amerykańscy generałowie mówili o Indianach jako o małpach, owcach albo zwierzynie łownej. Itd., itp., *etc.* Jasna strona książki Pattersona to reportaże o ludziach, którzy przeszli piekło ludobójstwa i wojny, na skutek czego nierzadko ulegali czemuś, co w książce opisywane jest jako „*rescue fantasy*" – gorącemu, płynącemu z tak intensywnej ekspozycji na śmierć, pragnieniu ratowania wszystkiego, co żyje, przed owego życia utratą. To bardzo bliska mi postawa. Radykalne „*pro-life*". Bycie za życiem zawsze i wszędzie, skoro życiem jest mój ukochany, jedyny Bóg.

W książce Pattersona jest nie tylko wiele szokujących (czasem – mam wrażenie – zbyt szokujących) zestawień, jest też materiał do licznych pytań, na które ciężko później znaleźć spójne odpowiedzi. Na przykład: czym tak naprawdę jest „zezwierzęcenie", a czym „humanizm", gdy przed oczyma staje nam Kurt Franz, komendant treblineckiego piekła, który szczuł swojego bernardyna na więźniów, a ten – gdy tylko zostawał bez „opieki" swojego pana – dawał im się głaskać i był po prostu zwykłym, przyjaznym psem? Jest ponadto apel, żebyśmy nie dopuścili do tego, by miliony naszych współstworzeń opuszczały codziennie ten świat bez – co za trafne określenie – „hołdu jednej łzy".

Spróbujmy więc wyjść – jak proponował to w *Laudato Si'* papież Franciszek – z paradygmatu wyłącznie użyteczności zwierząt, podarować im (to już moja propozycja) choć jedną myśl z troską, z czułością, wdzięcznością. Oddają nam przecież wszystko, co mają: swoje jedyne życie. W laboratoriach miliony stworzeń biorą dziś na siebie nasze choroby, w rzeźniach – nasz głód, w terapii, jaką robią nam w domu – nasz ból, w służbie podczas wojen, na lotniskach, w ekipach ratowniczych – nasze bezpieczeństwo, na uczelniach – naszą ciekawość i pęd do wiedzy.

Nie umiem nie myśleć ciepło (może dlatego, że chciałbym rozpuścić lód będący jej ostatnim wspomnieniem) o Mrs Chippy, „Pani Stolarzowej", kocie okrętowego cieśli, Szkota Harry'ego McNisha, zastrzelonym po południu 29 października 1915 roku wraz z pięcioma psami zaprzęgowymi, gdy wiozący Ernesta Shackletona na podbój Antarktydy statek Endurance uwiązł w lodzie (pasażerom udało się uratować po wielu miesiącach spędzonych w krytycznych warunkach, w czym wielka zasługa McNisha, który fachowo przygotował wyruszające po ratunek łodzie). Mrs Chippy zawdzięczał swój przydomek temu, że chodził za McNishem krok w krok, pilnując go niczym namolna żona. Słynął też jednak ze sprawnego wspinania się po masztach, a raz udało mu się zaliczyć wodowanie. Podobnie jak psy był hołubiony przez załogę, przypominał marynarzom o domu, o normalnym życiu, w którym jest miejsce nie tylko na wielkie dziejowe misje, ale i na troskę, czułość, zabawę. McNish nie mógł wybaczyć Shackletonowi zabicia ukochanego stworzenia. Kot został w lodach Południa, McNish, po zarobkowej tułaczce, umarł w kompletnej nędzy na emigracji w Nowej Zelandii w roku 1930. Nowozelandzkie Towarzystwo Antarktyczne, które oznaczyło i uporządkowało jego grób trzy dekady później, w 2004 roku umieściło też na nim rzeźbę Mrs Chippy, która znów może pilnować swego pana.

Na stacji kolejowej w Slough pod Londynem zdarza mi się odwiedzać wyeksponowanego w gablocie wypchanego (niestety) Station Jima, pieska, który sto dwadzieścia lat temu pracował tam jako zbieracz datków na fundusz pomocy wdowom i sierotom z kolejarskiej braci. Jim miał trafić na stację jako trzymiesięczny szczeniak przypominający puchową kulkę. Pracował dzielnie, czasem wypuszczał się w podróż pociągiem do Londynu, warczał na śmiecących, a wszystkich podróżnych zabawiał robieniem sztuczek, których znał dziesiątki. Był słabego zdrowia, żył zaledwie dwa lata: zmarł nagle, na peronie, w otoczeniu tych, którym poprawiał humor i ratował życie, a oni odwdzięczyli mu się pamięcią, jak umieli.

Ilekroć jestem w Moskwie, przejeżdżam koło centrum kosmicznego, w którym parędziesiąt lat temu selekcjonowano i przygotowywano do eksperymentalnych lotów kosmicznych odłowione ze stołecznych ulic kundelki. W tym – najbardziej chyba znanego psa świata, Łajkę, skazaną na pewną śmierć kaprysem Nikity Siergiejewicza, który nalegał, by jak najszybciej wystrzelić w kosmos coś znaczącego i uczcić w ten sposób rocznicę Wielkiego Października. Przez ten pośpiech naukowcy nie zdążyli zaprojektować w Sputniku 2 systemu powrotu na Ziemię. Łajka (nazwana tak, bo była pieskiem szczekliwym) poleciała na spotkanie z przeznaczeniem 3 listopada 1957 roku. Przeżyła start, choć ten mocno ją przeraził. Na orbicie zupełnie się jednak uspokoiła. Żyła tam jeszcze kilka godzin, zanim udusiła się z gorąca na skutek błędu w obliczeniach dotyczących przewodnictwa cieplnego użytych do budowy statku materiałów (o tym błędzie też wiedziano, ale także nie zdążono już z nim nic zrobić). Nadzorujący szkolenie psów (Łajka miała wielu potencjalnych zmienników) Oleg Gazenko dopiero w 2002 roku potwierdził, że Rosyjska Agencja Prasowa TASS oczywiście kłamała, informując, iż Łajka przeżyła na orbicie tydzień, po czym poddana została zdalnie eutanazji. „Dane, które uzyskaliśmy w tym locie, nie były warte śmierci tego wspaniałego psa. Nie powinniśmy tego robić. Coraz bardziej tego żałuję".

Pisałem już o tym w „Tygodniku Powszechnym", tu chcę przypomnieć raz jeszcze. Przed Łajką życie straciły (nie latające w kosmos, ale wystrzeliwane na wysokość stu kilometrów) Dezik i Lisa, Czyżyk i Miszka, Bulba i Ryża. Po niej – inne poprzedniczki Gagarina: Muszka i Pchołka, Lisiczka i Czajka, Knopka i Zulba. Wielu zwierzakom, na szczęście, udało się wrócić. Wśród nich były, rzecz jasna, Biełka i Striełka, pierwsze żywe stworzenia, które spędziły na orbicie dobę (Biełka latała zresztą w kosmos w sumie chyba z pięć razy). Dwa psiaki natychmiast stały się pierwszymi prawdziwymi gwiazdami sowieckiej popkultury, obwożono je po akademiach, zabierano na wywiady z ich trenerami (z których czasem, znudzone, uciekały). Dożyły spokojnej starości (Striełka doczekała się nawet potomstwa) pod opieką naukowców, z których wielu tak mocno przywiązywało się do zwierząt, że brało je później do domów. Psy przeżywały czasem awarie rakiet (Szutka i Kometa), trzy dni w tajdze, gdy ekipy ratunkowe nie umiały znaleźć lądownika (Knopka i Małyszka), albo skrajne wyczerpanie po dwudziestodwudniowym orbitowaniu, jak w przypadku Ugolioka i Wietieroka, którym jakiś cudem udało się jednak dojść do siebie (to było już po Gagarinie, w ramach przygotowań do dłuższych lotów załogowych). Wszystko to wiem dzięki doktor Olesi Turkinie, autorce wspaniałej monografii poświęconej rosyjskim kundelkom w kosmosie. Turkina wykonała mrówczą pracę, śledząc losy załóg wszystkich czterdziestu dwóch psich ekspedycji, odnajdując ich zdjęcia, wynajdując poświęcone im książki, znaczki, pomniki, jakie im stawiano. Opowiada, jak bezpańskie pieski zbierane z moskiewskich ulic (naukowcy wychodzili z założenia, że bezdomne zwierzęta będą „twardsze" niż te hodowlane) stawały się narzędziem sowieckiej propagandy: budziły ducha w narodzie, a przede wszystkim pokazywały światu, że nawet radziecki pies potrafi rzeczy, których nie umieją dwunożni Amerykanie. Chciałem napisać o Damce, Modnicy, Odważnej, Śnieżynce, byśmy – wraz z wami, którzy sięgnęliście po tę książkę – mogli choć przez chwilę pobyć w świecie stworzeń, dla których wierność to wszystko, przyjaźń to życie, zaufanie to tlen, a sprawienie radości – sens istnienia.

Gdy myślę o tym, co robimy dziś światu, jak o nim myślimy, staje mi przed oczami (tak, wiem, mnie wszystko kojarzy się z Jednym) opisywany w Ewangelii obraz ukrzyżowania. Egzekutorzy rozdarli na cztery części, dla każdego po jednej, płaszcz Jezusa, a tunikę zostawili w całości, nowego właściciela wybierając przez losowanie. (Zdarzyło mi się spotkać w życiu młodą dziewczynę w ostatniej fazie AIDS i gruźlicy, której bliscy, słysząc o jej nieuleczalnej chorobie, natychmiast spieniężyli jej rzeczy, stąd wiem, że nie da się chyba wyraźniej dać komuś odczuć, iż nie należy do tego świata, jest na nim zupełnie zbędny). W owej tunice Jezusa, której nie dało się podzielić na części, widzę świat utkany przez Stwórcę we wzór nierozdzielnych zależności między tworzącymi go nićmi. Rzymskim żołdakom – reprezentującym na Golgocie, niestety, również i nas, „swoich, którzy Go nie przyjęli" – wydaje się, że są w stanie odebrać ten świat Jezusowi, a Jezusa światu. Mylą się. On, „pierworodny wszystkiego stworzenia", nie da go sobie zabrać. Z pewnością po niego wróci.

„Co Bóg złączył – człowiek niech nie rozdziela" – słyszymy w liturgii sakramentu małżeństwa. Ze światem też łączy nas sakrament (widzialny znak niewidzialnej łaski) trwalszy niż niejeden ludzki związek – życie. Ba, sam świat jest tak naprawdę sakramentem, interaktywną księgą, w której codziennie możemy szukać Stwórcy. Ta myśl wraca jak refren w refleksji tylu wielkich mózgów mojej religii: świętego Klemensa Aleksandryjskiego, świętego Atanazego, świętego Bazylego Wielkiego. Hugon ze Świętego Wiktora, wybitny średniowieczny teolog (zwolennik tezy, że człowiek jest postawiony „pośrodku stworzenia", bo został wyposażony w wyjątkową siłę rozumu, ale równocześnie ma w sobie siłę właściwą zwierzętom oraz tę, którą mają rośliny), poleca szukać w stworzeniu trzech Boskich przymiotów: mocy (która stwarza), mądrości (która zarządza i kieruje), dobroci (która zachowuje). Zachwyca się też tym, jak Bóg „posklejał" ze sobą wszystkie elementy stworzenia: nie może się nadziwić porom roku, wegetacji, ruchowi wody w strumieniach, apetytom dzikich zwierząt, rozmieszczeniu minerałów, a nawet rozlokowaniu narządów zmysłów na ludzkiej twarzy (i temu, jak to wszystko jest ustopniowane: Hugon za najwyższą formę ryby zdawał się uznawać wieloryba, szczytem „ptaszości" miał być dla niego gryf, najdoskonalszym przedstawicielem czworonogów słoń, a węży – smok). Sakrament to spotkanie. Gdy czyta się dzieło Hugona *De tribus diebus*, obficie cytowane przez wspominaną już Jame Schaefer, ma się wrażenie, jakby słuchało się człowieka, który wprost nie może przestać zasypywać spotkanego w życiu fascynującego rozmówcy pytaniami: „Dlaczego krokodyl nie porusza żuchwą, gdy żuje? Jak salamandra wychodzi cało z płomieni? Kto dał jeżowi kolce i nauczył go nadziewać na nie jabłka strącone przez wiatr, które niosąc, piszczy jak załadowany wóz? Kto pouczył mrówkę, by przeczuwając zbliżającą się zimę, wypełniała swoje schowki ziarnem? Albo pająka, który plecie sieć ze swych wnętrzności, by pochwycić ofiarę?". Hugon przekonuje, że dopatrywanie się w świecie wyłącznie zasobu rzeczy niezbędnych czy pożytecznych to banał: fascynujące jest pytanie, dlaczego Bóg stworzył te człowiekowi nieniezbędne. Jego zdaniem – uwaga – po pierwsze po to, by człowiek ćwiczył się we wstrzemięźliwości (to jest naprawdę bardzo ważny i zwykle pomijany trop: Bóg samoograniczył się, choć nie musiał, by powołać do życia wolne stworzenie, czy zatem stworzenie nie powinno Go i w tym naśladować, zamiast wiecznie chcieć bardziej i więcej?). Po drugie – by uczył się przekraczać sam siebie, otwierając się na myśl, że istnieją dobra wychodzące poza horyzont jego brzucha czy kiesy. Jak pisze Schaefer, w myśli Hugona „cała natura mówi o Bogu. Cała natura uczy człowieka, jak żyć teocentrycznie".

Jednym z moich ulubionych, bardzo osobistych fragmentów Pisma Świętego zawsze był ten wers z Księgi Jeremiasza: „Tylko Ja znam plany, jakie mam względem was – wyrocznia Pana – plany pomyślności, a nie nieszczęścia, aby spełnić wasze nadzieje na przyszłość" (Jr 29, 21). Nie da się, pisząc o złu, które codziennie kąsa i rozdziera ten świat, uniknąć pisania o jego praprzyczynie, jaką jest grzech pierworodny, ale – co bardzo ważne – nie można też na nim poprzestać, fiksować się na tym, że przytrafiło się nam nieszczęście. Bóg wcielił się przecież po to, by przywrócić nam świadomość tego, co ów grzech poprzedzało, a co amerykański teolog (kontrowersyjny, ale w tym miał rację) Matthew Fox nazywał trafnie „pierworodnym błogosławieństwem". Nie przestaje mnie to zdumiewać, więc powtórzę (z zachwytem): Bóg był Bogiem całego stworzenia przez prawie piętnaście miliardów lat przed pojawieniem się człowieka. W pierwszych słowach, swoistej konstytucji nadanej człowiekowi i światu, On go całą swoją Boską mocą błogosławi. I nikt tego aktu nie cofnął, bo w Bogu nie ma zmienności, kaprysów, humorów, strategii – ten akt wciąż rozciąga się nie tylko na nas, ale i na całe stworzenie. Co więcej – jesteśmy zobowiązani, związani właścicielskim nakazem, by naszymi rękami ten gest dzisiaj przedłużać. Przedłużamy? Stosowana w polskim Kościele katolickim oficjalna liturgiczna księga błogosławieństw zawiera ponad dwadzieścia obrzędów dotyczących przyrody. Ile z nich jest obecnych w duszpasterstwie? Zostawmy nawet na moment rośliny czy zwierzęta (błogosławione czasem przez co odważniejszych proboszczów w dniu świętego Franciszka; z doświadczenia wiem, że do kościołów ściągają wtedy dzikie tłumy) – czy my, ludzie, umiemy błogosławić się nawzajem? Wiem: „Przecież to robota dla księży, im za to płacą". Tyle że Bóg zawarł przymierze (na którym mamy się wzorować w naszych relacjach) chyba nie tylko z klerem. Jakim szokiem była dla nas prośba Franciszka o błogosławieństwo skierowana do wiernych zebranych na placu Świętego Piotra, która poprzedziła błogosławieństwo udzielone przez niego w dniu jego wyboru na papieża! Kiedy ostatnio zrobiłeś komuś na czole znak krzyża? Położyłeś mu na głowie albo ramieniu rękę, wypowiadając słowa dobrej modlitwy? Wiem, że trzeba się przełamać. Że kiedy po raz pierwszy poprosiłem o błogosławieństwo arcybiskupa (dziś kardynała) Konrada Krajewskiego, a wcześniej on poprosił o błogosławieństwo mnie, czułem się naprawdę zakłopotany, nie wiedząc, co zrobić ani co powiedzieć. Dziś błogosławię bliskich, spotkanych, mijanych, świat, który widzę za oknami samochodu, a nawet (wcale często) swoje psy. To jest moja mała cegiełka, mój wkład w lepienie tego popękanego świata, a więc przywracanie Bożej ekologii.

U świętego Jana czytamy: „Bóg tak umiłował świat, że Syna swojego dał, aby świat został przez Niego zbawiony" (J 3, 16–17). Bóg kocha świat. Każdego z nas, ludzi, każdą sarnę, komary. A co, jeśli rację ma ksiądz profesor Michał Heller, pisząc:

„Bardzo lubię teologiczną hipotezę, że stworzenie świata i Wcielenie to był jednak akt, który tylko my rozdzielamy w czasie. Stwórca świata i Bóg wcielony to ten sam Bóg: więcej nawet: On w jednym akcie stwarza świat i dokonuje jego odkupienia"? Jeśli Bóg robi to z szalonej, nieskończonej miłości do człowieka i do świata, na którym ów człowiek żyje, a nie dlatego, że musi, że powinien, że nie zgadza Mu się coś w Jego boskiej księgowości? „Do Pana należy ziemia i wszystko, co ją napełnia" – czytamy w Psalmach (Ps 24, 1). Do Pana, nie do nas. Nie stworzyliśmy ani jednego kwiatka, ani grama ziemi, na nic nie zasłużyliśmy. Może więc czas wprowadzić do naszej moralności – co postulował Thomas Berry, wielki ekolog i ksiądz ze zgromadzenia pasjonistów – obok pojęć samobójstwa, zabójstwa i ludobójstwa, również kategorię „życiobójstwa"? Bóg naprawdę ma swoje prywatne sprawy z każdym ze swoich stworzeń.

Wspaniałą myśl poddaje Jame Schaefer, pisząc o postulacie „pełnej oczekiwania pauzy", która (a nie działanie) winna być naszą automatyczną reakcją na kontakt z innym stworzeniem: „Ludzie wierzący w to, że Boża obecność i charakter wyrażają się przez doświadczalny zmysłowo świat, powinni podchodzić do całego stworzenia – przyrody ożywionej i nieożywionej – ostrożnie, uważnie, z otwartością na jego sakramentalny charakter, unikać natychmiastowych reakcji, które mogłyby utrudnić jego zdolność do przekazywania owej Bożej obecności i charakteru. Wszystko, co stworzone: obszary ziemi, zbiorniki wodne, masy powietrza, powinno być przyjmowane z oczekiwaniem, że Bóg chce nam coś przez nie powiedzieć. Żaden składnik świata nie powinien być widziany, dotykany, wąchany, słyszany ani smakowany bez odniesienia do Boga, którego hojność wyraża się w mnóstwie różnorakich bytów pojawiających się na Ziemi w procesie ewolucji. Żaden naturalny byt nie powinien być z miejsca odrzucany ani źle traktowany już na wstępie, z definicji, jeśli tylko nasze życie z jego absolutnie niezbędnymi potrzebami nie jest przez nie bezpośrednio i nieodwołalnie zagrożone. Przystępujący do sakramentu stworzenia zatrzymają się w oczekiwaniu, zachowując szacunek dla stworzeń, gdy zetkną się z nimi, ponieważ są one Bożymi pośrednikami".

Mam wrażenie, że gdy odpowiednio długo siedzę cicho, nie nadając w przestrzeń niczym radioteleskop, czy chce kto słuchać czy nie, stale opowiadających o sobie sygnałów – ten świat, pozornie milczący, choć początkowo nie dowierza tej ciszy, z czasem zaczyna jednak opowiadać mi swoją tajemnicę. Każde źdźbło trawy, każda ryba, wół i pies czekają chyba właśnie na to, że z pogrążonego w wokalnym autoerotyzmie chóru dumnych paniczów i roszczeniowych panien zaczną wyłamywać się kolejne głosy, śpiewające zapowiadaną w Apokalipsie „nową pieśń" na cześć Pana, której słowa i melodię musi usłyszeć, a następnie pozwolić im się uwolnić, każde z nas. „Jakże mamy śpiewać pieśń Pana w obcej krainie?" – pytali wygnani do Babilonu Żydzi (Ps 137, 4). Larry R. Rasmussen w *Earth-honoring Faith* tak mierzy się z tym tematem: „Tym razem owa obca kraina to nie Babilon, ale planeta. A my nie jesteśmy Izraelem, lecz całą ludzkością. Na naszej trzeciej skale od Słońca nie można już liczyć na dające się przewidzieć pory siania i zbierania, na lodowce zasilające wielkie rzeki, na poziom mórz na tyle bezpieczny, by na ich brzegu dało się budować wielkie miasta. Na to, że flora i fauna będą miały dość czasu, by nauczyć się żyć w świecie nowych szkodników, chorób, susz i potopów. Na rządy umiejące sensownie podzielić zasoby w czasie coraz częstszych wielkich katastrof i opanować konflikty, które zaczną wybuchać, gdy coraz większa rzesza ludzi zostanie bez nadziei, bez domu. Na deszcz, śnieg i surowce wystarczające do tego, by przyszłe pokolenia mogły jakoś żyć na kurczącej się planecie. Na taki skład oceanicznej wody, by udało jej się utrzymać żyjące w niej od eonów lat podwodne koralowe lasy. Jak więc możemy wyśpiewać naszą Ziemię inaczej? Jak skomponować nową pieśń w obcej krainie, gdy krainą tą stał się nasz własny dom? Jak to zrobić, gdy Ziemia stała się gorąca, płaska i tłoczna, a granice i mury nikogo już przed niczym nie są w stanie ochronić? Gdzie zawrócimy, gdy zorientujemy się, że religia, w której żyliśmy, odkąd nastała era przemysłu i technologii – religia wiecznego i nieograniczonego wzrostu – to iluzja, to dogmat przebrany za zdrowy rozsądek, ale podtrzymywany przy życiu tylko życzeniowym myśleniem?

Nasze obecne problemy nie mogą być rozwiązane za pomocą tych samych narzędzi, które je stworzyły. Stare bukłaki nie utrzymają młodego wina, stare ubranie po przyszyciu nowej łaty się podrze (zob. Łk 5, 33–39). Era nowej odpowiedzialności potrzebuje zupełnie nowych sposobów myślenia, życia i działania. A to z kolei wymaga odwagi: odwagi zdjęcia z oczu zasłony, bycia bezlitośnie szczerym – uznania pochodzących od człowieka przyczyn degradacji natury, odwagi motywowanego współczuciem wycofania się z nich. Odwagi życia na zbolałej i skurczonej planecie. Odwagi wyruszenia w podróż, której końca nie znamy, po nieprzebytych drogach, przez nieznane wyzwania. Odwagi, by ułożyć, zacząć wyśpiewywać i wejść w tę zupełnie nową pieśń".

Rzecz w tym tylko, że odwaga ta powinna być nie odwagą lwa (tej świat ma już naprawdę dosyć), lecz odwagą stania się barankiem. Zapytajcie chrześcijan (zwłaszcza tych zaangażowanych), z jakim zwierzęciem byliby najbardziej skłonni się – metaforycznie – utożsamić. Założę się, że lew będzie co najmniej w pierwszej trójce. W której dziesiątce znajdzie się baranek? Jan Chrzciciel określił tym mianem Jezusa, gdy po raz pierwszy zobaczył Go przechodzącego w okolicy. „Barankologia" to temat na doktorat z biblistyki, nawet i bez niego trudno jednak przejść obojętnie wobec czegoś, co John R. Miles w monumentalnym słowniku biblijnym *The Anchor Bible Dictionary* nazywa „mistycznym sylogizmem": „Jezus jest Barankiem. Jezus jest Bogiem. A więc – Bóg jest Barankiem". Oczywiście, nie jest to prawda łatwa do przyjęcia dla chrześcijan skażonych gnozą i przekonaniem, że są Siłami Zbrojnymi Pana Boga, zobowiązanymi do codziennych działań zaczepno-obronnych wobec zła, którzy w swojej metaforyce chętnie zastępować zaczęli baranka właśnie lwem (odwołując się do porównań z Księgi Rodzaju i Apokalipsy). Baranek występuje jednak w biblijnym tekście dużo częściej. Zwłaszcza w tekstach przypisywanych świętemu Janowi (Ewangelii i Apokalipsie), którego ambicją było wytłumaczenie prawd chrześcijańskiej wiary głównie wcześniejszym wyznawcom judaizmu.

To o tyle szokujący zabieg, że Bóg Żydów, Bóg Starego Testamentu, to rzeczywiście w dużo większym stopniu wojowniczy lew. Baranek zaś to zwierzę ofiarne, będące symbolem już nie tyle łagodności, ile bezbronności, totalnej zależności od człowieka, od swojego pasterza. Owca, baran idą tam, gdzie wskaże im pasterz. Z równym zaufaniem – na pastwisko i na rzeź. Szokujące dla Żydów, mających do takich zwierząt podejście czysto użytkowe, musiało być to, co słyszeli (czytali) w Psalmie 23, który został napisany z perspektywy… owcy: „Pan jest moim pasterzem, niczego mi nie braknie". W Drugiej Księdze Samuela znajdujemy z kolei wstrząsający fragment, gdzie prorok Natan upomina króla Dawida, który uwiódł żonę kolegi, a jego samego wysłał na pewną śmierć (w taką to ziemską rodzinę wszedł później nasz Pan Jezus). Natan opowiada Dawidowi historię o biednym człowieku, co „nie miał nic, prócz jednej małej owieczki, którą nabył. Karmił ją i wyrosła przy nim wraz z jego dziećmi, jadła jego chleb i piła z jego kubka, spała u jego boku i była dla niego jak córka" (2 Sm 12, 3). Żyjący w sąsiedztwie bogacz, gdy przyjechali do niego goście, doszedł do wniosku, że nie będzie naruszał swoich stad, kazał zabrać biedakowi tę owieczkę, zabić ją i przyrządzić swoim gościom. Król Dawid, słysząc tę opowieść, zagotował się i zabrał do zaocznego skazywania jej zamożnego bohatera na śmierć. A wtedy usłyszał od proroka Natana komunikat, który stał się początkiem totalnej zmiany, jaka nastąpiła w jego życiu: „To ty jesteś tym człowiekiem". Owieczką jest tu więc *de facto* zgwałcona przez człowieka dysponującego władzą kobieta.

Jezus jest barankiem dlatego, że sam staje się ofiarą – wystarczającą i kompletną. Ustaje odtąd potrzeba składania w ofierze jakichkolwiek zwierząt, co do tej pory czyniono (w Świątyni zabijano baranka na ofiarę rano i wieczorem), wierząc, że zostaną one przyjęte jako substytuty ludzkiego życia (tu mamy sytuację dokładnie odwrotną: istota wyższa poświęca się za niższą). A choć tego skrupulatnie przestrzegano, Bóg zdawał się – zwróćmy uwagę – jakby ociągać z ratunkiem. Żydzi od wieków raz w roku spożywali Paschę, zabijali paschalnego baranka, wspominali, jak w cudowny sposób Pan wyciągnął ich z egipskich tarapatów – i nic.

Wyczekiwany Mesjasz wziął na siebie krzyż całego stworzenia. Jezus pewnie przez całe swoje życie jadł paschalnego baranka zgodnie z religijnymi przepisami, ale gdy wypełnia się czas i ma zjeść ziemską Paschę po raz ostatni, nie słyszymy ani słowa o zarzynaniu przez uczniów tego zwierzęcia. Jezus daje się zabić zamiast niego („Jak baranek na rzeź prowadzony, tak

On nie otworzył ust swoich"; Iz 53, 7). Wszechmocny Bóg (Jan bardzo akcentuje w swojej Ewangelii boskość Chrystusa) nie tylko staje się człowiekiem, ale też przyjmuje rolę zwierzęcia, w którego życiu – jak trafnie zauważa Miles – kultura (udomowienie przez człowieka) zupełnie zastąpiła naturę i które jest w tym tożsame z człowiekiem (on też zrezygnował z natury na rzecz cywilizacji). Pozwala, by ludzie malowali Go później, nazywali, wspominali jako to właśnie zwierzę, symbol łagodności, powolności, zależności od tego, komu został powierzony. Jasne, w Apokalipsie – i w ikonografii chrześcijańskiej – mamy później wiele odsłon Baranka Zwycięskiego, ale to nadal przecież jest baranek. Baranek ukryty w hostii jest więc jedynym, którego od lat spożywam. Nie umiem wepchać się z nożem i patelnią między wódkę i zakąskę tej Boskiej tajemnicy.

Modlę się też codziennie do Boga, aby dał mi wreszcie „zbaranieć". Z podziwem patrzę na proroków owego pokoju w tym świecie, przywracających normalny porządek rzeczy, tym, którzy hojnej miłości do stworzeń poświęcili swoje życie, i gorąco im kibicuję. Na Facebooku zalajkowanych mam dziesiątki fundacji otaczających opieką i ludzkie, i nie-ludzkie stworzenia. Staram się, na ile mogę, prywatnie wspierać zbiórki na rzecz poprawy losu zwierząt. Zachęcam każdego, by każdego dnia rano zadał sobie pytanie, jak dziś może zmniejszyć, choć o ułamek promila, sumę cierpienia w świecie. Codziennie, naprawdę codziennie, zastanawiam się, czy udało mi się sprawić, że gdzieś nie umrze – choć mógłby – człowiek. Od niedawna pracując w pomocowej dziedzinie zawodowo, wiem, jak może to być proste. Wiem też dobrze, że akurat w moim przypadku (choć coś podpowiada mi, że nie tylko w moim) obłudą byłoby wmawianie sobie, że muszę dokonywać selekcji, że wrażliwości i możliwości nie wystarczy mi nawet dla ludzi, muszę więc odmówić jej wszystkim innym stworzeniom. Za dobrze już znam siebie, by nie wiedzieć, jak łatwo rozgrzeszać się majakami, iż ktoś oczekuje ode mnie szczytowego heroizmu, z braku codziennej, elementarnej wrażliwości. Kochasz życie, chcesz być „biofilem"? Uratuj razem ze mną jedno z naszych dzieci, poświęć na to równowartość godziny swojej dzisiejszej pracy, wejdź na stronę którejś z moich fundacji (poza wspomnianą Dobrą Fabryką jest jeszcze Fundacja Kasisi). Poczytaj Alberta Schweitzera, który w *Człowieku etycznym* przekonywał, że zwykła moskitiera może być aktem miłosierdzia dla świata: „Taki człowiek nie zerwie liścia ani kwiatu z drzewa, będzie się starał nie zmiażdżyć żadnego owada. Jeśli w lecie pracuje przy świetle lampy, będzie wolał zamknąć okno i znosić duchotę, niż patrzeć na przypalone owady upadające jeden po drugim na stół. Jeśli wyjdzie na drogę po deszczu i zauważy na niej dżdżownicę, uświadomi sobie, że może ona wyschnąć na słońcu, jeśli nie wróci wkrótce na ziemię, w której może się zakopać. Podniesie ją zatem z groźnej powierzchni drogi i przeniesie na trawę. Jeśli napotka owada, który wpadł do kałuży, przystanie, by z pomocą liścia lub gałązki ocalić mu życie. (...) Człowiek etyczny nie boi się, że nazwą go sentymentalnym. Losem każdej prawdy jest stać się przedmiotem żartów, zanim stanie się czymś ogólnie przyjętym". I dalej: „Gdy tylko krzywdzę jakiekolwiek życie, muszę mieć pewność, że jest to konieczne. Nie wolno mi podążyć dalej niż to, co nieuniknione, nawet jeśli nie wydaje się to znaczące".

Jak zacząć iść tą drogą? Dokładnie tak jak każdą inną. Świata nie zmienia się na Facebooku, trzeba zrobić pierwszy realny krok. Jednych poprowadzi serce i wzruszenie psią wiernością, innych – rozum analizujący podane w poprzednich rozdziałach dane. Jednym i drugim pomóc też może chyba siostra wyobraźnia. Cytowany tu już tylekroć Carl Safina zwraca uwagę, że małpy człekokształtne, ale też i na przykład myszy, mają ten sam gen, który odpowiada u nas za mowę, nasza wersja wyróżnia się jednak dwiema drobnymi zmianami w obrębie aminokwasów, które umożliwiają nam zaawansowane kontrolowanie wydawanych dźwięków – to one są podwalinami pod mowę. Chcesz odbudować porwaną więź z Ziemią? Zamknij oczy i wyobraź sobie, że każde stworzenie jest w stanie mówić w zrozumiałym dla ciebie języku. Opowiadać ci swoją historię, swoje myśli, pragnienia, mówić ci, jak – z jego punktu widzenia – jest. Kto zaryzykuje twierdzenie, że w jego życiu na pewno nic się nie zmieni? A przecież stworzenie mówi do nas już dziś, *non stop*, tak jak umie, po swojemu. Jeden z moich ulubionych rozdziałów książki Safiny traktuje o jego znajomym, który od czterdziestu pięciu lat z domu na pacyficznym pograniczu USA i Kanady podsłuchuje i podgląda fascynację swojego życia – orki. Reżyserom filmowym zawdzięczające swój czarny PR, w istocie będące stworzeniami dużo łagodniejszymi od człowieka, wspaniale zarządzającymi swoimi relacjami rodzinnymi, społecznymi, biegłymi w nawigacji i topografii morza, mającymi niebywałe zdolności echolokacyjne. Wstrząsnęły mną opowieści o bezmyślnych połowach tych pięknych zwierząt (najczęściej okupionych śmiercią dorosłych opiekunów poławianych dzieci) do oceanariów, w których stanowiły następnie rozrywkę dla tłuszczy. Zachwyciły dowody ich altruizmu, czułości, zdolności planowania. Nazwijcie to wariactwem: czytając książki Safiny, Wajraka, innych przyrodniczych reporterów – po prostu się modlę. Bo gdyby Safina i Wajrak byli żyjącymi kilkadziesiąt wieków temu religijnymi Żydami, czy naprawdę ujęliby to, co widzą dziś, jakoś inaczej niż poniższe słowa: „On ustawił w pięknym porządku wielkie dzieła swej mądrości, ponieważ istnieje przed wiekami i na wieki, a nic Mu nie będzie dodane ani odjęte i nie potrzebuje żadnego doradcy. Jakże godne ukochania są wszystkie jego dzieła, i zaledwie iskierką są te, które poznajemy. Wszystko żyje i trwa na wieki i w każdej potrzebie wszystko jest mu posłuszne. Wszystko idzie parami, jedno naprzeciw drugiego, i nie mają żadnego braku; przez jedno umacnia dobro drugiego, a któż się nasyci, patrząc na Jego chwałę" (Syr 42, 21–25)?

Napisałem o sobie, o tym, jak myślę, widzę, czuję. Ilekroć jadę przez Polskę i widzę wszystkie te nazwy miejscowości: Konotopy, Odrzywołki, Żabieńce, Ptaki, Jelenie Góry, Niedźwiedzie, przypominam sobie, że nigdy nie byliśmy sami w domu. Mieszkając w nim od ponad czterech dekad, chciałbym wyjść z piwniczki swoich wyobrażeń i doświadczyć świata, który chłonęła całym sobą Tippi Degre, bohaterka upolowanej kiedyś przeze mnie na johannesburskim lotnisku książki *Tippi. My Book of Africa*. Dla tej urodzonej i wychowanej w Namibii córki francuskich fotografów przyrody kumplami i towarzyszami dziecięcych zabaw były słonie, lamparty, zebry, żyrafy. To dziecko – widać to na zdjęciach – rozumiało je, szanowało, czuło się z nimi jak w domu. Strasznie jej tego zazdroszczę. Tego, jak swoją codziennością, każdym ruchem i oddechem, umiała świętować życie.

Nie wierzcie tym, którzy będą wam wmawiać, że ekolodzy chcą zabrać ludziom radość życia, oni chcą ich – znających dziś tylko dwa tryby czasu: pracę i czas wolny – znów nauczyć świętowania. Wcale nie chcą pozbyć się z Ziemi człowieka, chcą – jak słusznie zauważył Andrew Linzey – pozbyć się z niej „starego człowieka": tępego, egotycznego, niewrażliwego na życie w każdym jego przejawie. Ekologia uczy dokładnie tego samego, co religia: jak to ujął amerykański poeta Robinson Jeffers – „zakochiwania się na zewnątrz" („*fall in love outwards*"), nie do wewnątrz.

To prawda, że w tak zwanej ekologii głębokiej pojawia się regularnie postulat zmniejszenia liczby urodzin jako niezbędnego warunku poprawy sytuacji na świecie, ja jestem jednak przekonany, że da się być człowiekiem zakochanym w tej Ziemi bez przyjmowania owej absurdalnej tezy w pakiecie. Absurdalnej po trzykroć, bo po pierwsze, jeśli kochasz życie, zawsze będziesz za tym, by na ziemi było go nie mniej, lecz więcej. Po drugie – bo każdy, kto choć trochę orientuje się w stanie współczesnego świata, wie doskonale, że kłopotem, jaki dziennie pozbawia życia tysiące dzieci poniżej piątego roku i około ośmiuset trzydziestu matek, które umierają przy porodzie, kłopotem, który zmusza do pracy przy ręcznym opróżnianiu szamb za grosze (a dokładnie: trzy złote miesięcznie) tysiące członków indyjskiej społeczności Valmiki (należącej do „niedotykalnych"; przejmująco opowiada o nich Paulina Wilk w tekście zamieszczonym na stronach tygodnika „Polityka"), nie jest brak zasobów na świecie, ale ich dramatycznie niesprawiedliwy podział. (Jeżeli kogoś nie przekonują podawane wcześniej dane FAO o potencjale żywnościowym Ziemi, niech przejrzy raporty *Global Wealth* publikowane rokrocznie przez Credit Suisse: jeden procent ludzkości kontroluje połowę jej majątku, sześćdziesiąt kilka osób ma tyle pieniędzy co trzy i pół miliarda ludzi). Na tym świecie znajdzie się miejsce dla każdego. To nie kongijskie czy nigeryjskie kobiety rodzące syna czy córkę są winne biedy na świecie i to nie one odpowiadają za to, że ja spędzę na nim pewnie dobrych dwadzieścia lat więcej niż mój prapradziadek. Kto tak twierdzi, spadł z Księżyca i niech jak najszybciej tam wraca wraz ze swoją demograficzną inżynierią, nie będącą niczym innym niż kolejną metodą rozgrzeszania się przez bogatych. Po trzecie wreszcie: wszystkie modele demograficzne pokazują, że w połowie wieku nawet w krajach notujących dziś największą dzietność trend ten ulegnie odwróceniu. Jaki mamy więc plan na dwudziesty drugi wiek? Elitarny klub, w którym liberalny darwinizm osiedli wyłącznie garstkę bogatych?

Nie antykoncepcja głodnych rozwiąże problemy tego świata, ale nawrócenie sytych. Rewolucja wrażliwości, uważności i czułości. Świat, w którym człowiek na nowo nauczy się żyć z resztą stworzeń, będzie światem lepszym także dla ludzi, stanowiących przecież nieodłączną jego część. Będzie bez wątpienia lepszym domem dla mnie i dla moich bliskich, których kocham nad życie. Z odbezpieczonego granatu zmieni się w hojny posag dla mojej córki, a kiedyś może dla moich wnuków czy prawnuków. Nie chciałbym oglądać ich z góry plujących za pół wieku albo wiek na mój grób, wiedzących już z lekcji historii, że to właśnie durne, egotyczne, chciwe, ksobne, tępe pokolenie dziadka Szymcia, który oddał sobie spokojnie kredki i fruwa po lepszym świecie, zostawiło im odroczone skutki w postaci kataklizmów, epidemii, wojen o wodę, migracji klimatycznych, głodu. Chciałbym, by odwiedzając mnie za tych parę dekad w Dzień Zaduszny – naprawdę nie mam innych celów w życiu! – uśmiechały się, błogosławiły, może dziękowały.

Nie mam przy tym raczej, niestety, wątpliwości, że – tak jak pisałem już wcześniej – na masowe opamiętanie jest zdecydowanie za wcześnie. Jeszcze nie czujemy ognia smagającego nasze egzystencjalne pośladki, na razie wyśmiewamy się z tego, kto krzyczy, że widzi dym. Zgadzam się z tymi, którzy twierdzą (jak Linzey właśnie), że my (ja też) do tego wszystkiego naprawdę dojdziemy. Tak jak po setkach lat twardego uznawania, że niewolnictwo, rasizm, dyskryminacja kobiet stanowią naturalny i święty porządek, doszliśmy do tego, że nie są one czymś ludzkim.

Obyśmy tylko zdążyli.

„Oczekując, zjednoczmy się, aby zająć się tym domem, który został nam powierzony, wiedząc, że wszystko, co jest w nim dobre, zostanie zebrane na niebiańskiej uczcie. Wraz ze wszystkimi stworzeniami pielgrzymujemy na tej ziemi, szukając Boga, ponieważ »jeśli świat ma początek i jest stworzony, to poszukuje tego, kto go stworzył, który dał mu początek, który jest jego Stwórcą«. Pielgrzymujmy, śpiewając! Niech nasze zmagania i nasz niepokój o tę planetę nie odbierają nam radości i nadziei!

W centrum tego świata stale obecny jest Pan życia, który tak bardzo nas kocha. On nas nie opuszcza, nie zostawia nas samymi, bo definitywnie zjednoczył się z naszą ziemią, a Jego miłość zawsze prowadzi nas do znalezienia nowych dróg. Jemu niech będzie chwała!" (*Laudato Si'* 244, 245).

DZIESIĘĆ PROPONOWANYCH KROKÓW W KIERUNKU BARDZO DOBREJ ZMIANY

1 **Bądź praktyczny.** Zawsze stosuj się do zasady: *„Do what you can – then panic"*; zanim spuścisz emocje ze smyczy, zrób wszystko, co możesz zrobić. Emocje, które budzą się w nas, gdy widzimy krzywdę zwierząt, niesprawiedliwość panującą we wzajemnych relacjach między stworzeniami, skutki chciwości i nieuwagi są dobre jako palnik do działania, ale jeśli jedynym działaniem człowieka pozostanie to, że ma (i wyraża) emocje – świat z pewnością nie będzie od tego lepszy (nie ma nawet gwarancji, że nie będzie gorszy).

Jeśli widzisz krzywdę konkretnego zwierzęcia – zareaguj. Zadzwoń na policję, do straży miejskiej. Zrób zdjęcie i wyślij do organizacji zajmujących się zwierzętami (jak Ogólnopolskie Towarzystwo Ochrony Zwierząt, Otwarte Klatki itp.). Jeśli brak ci odwagi, ale chciałbyś coś zrobić, pomyśl, jak mógłbyś zareagować przy kolejnej okazji, skoro teraz jeszcze nie czujesz się na siłach. Obejrzyj film *Making the Connection* na youtube'owym profilu Vegan Society i połącz kropki. Jeden telefon wykonany do restauracji, w której planujesz lunch, z pytaniem, czy podają tam jagnięcinę albo *fois gras* (produkty wyjątkowego okrucieństwa), jeśli uzależnisz od tego rezerwację stolika, może dać (choć na chwilę) do myślenia właścicielowi. To, co robisz, ma znaczenie.

2 **Zmień nawyki.** Największy i najbardziej bezpośredni wpływ na poprawę losu stworzeń możemy wywrzeć przez zmianę nawyków żywieniowych, bo to w tym obszarze krzywdzimy zdecydowanie najwięcej naszych ziemskich współlokatorów. A z jedzeniem sprawa jest o tyle trudna, że to czynność nie tylko szalenie ważna, ale również dla zdecydowanej większości przedstawicieli naszego gatunku mająca mnóstwo konotacji emocjonalnych, kulturowych, społecznych. Liczne badania pokazują, że ludzie są niezwykle sprawni w wynajdowaniu uzasadnień dla tego, co robią; ciut gorzej idzie im z robieniem tego, co ma uzasadnienie. Zmiana nawyków żywieniowych nie jest więc sprawą prostą, a spośród tych, którzy decydują się zmienić je na lepsze, wielu prędzej czy później wraca na stare ścieżki. Redukcja spożycia mięsa może być szczególnie trudna u nas, w Polsce, w Europie, także w USA, w krajach względnie zamożnych, gdzie mięso je się w znacznych ilościach od pokoleń. Tobias Leenaert ma rację, pisząc, że zapytanie kogoś z nas o to, jakie jedno wegańskie danie przygotowywali często nasi rodzice i dziadkowie, spotyka się z kłopotliwym milczeniem. To samo pytanie zadane w Meksyku, Libanie, Chinach, Indiach owocuje długą wyliczanką. Łatwo więc nie będzie, ale da się – pod warunkiem że zachowamy w tym wszystkim umiar i pragmatyzm.

Skoro, jak ustaliliśmy, człowiek ma nie tylko świadomość, ale i samoświadomość – przyjrzyj się temu, jak o tym wszystkim myślisz, co wypierasz, od czego uciekasz, naruszenie jakiej granicy wywołuje w tobie niepokój czy gniew. Wykonaj sobie żywnościową psychoanalizę, sprawdź, w jakim stopniu sterują tobą przyzwyczajenia i nawyki, a w jakim – zewnętrzne wpływy. Wielki rolniczy biznes (wspierany mechanizmami dopłat unijnych czy – w USA – federalnych) nie produkuje w pierwszym rzędzie substancji odżywczych, produkuje pieniądze (dla siebie). Nie zapominaj o tym, oglądając sielskie reklamy szyneczek i mleczka albo sponsorowane przez producentów mięsa sympatyczne programy, w których znany polski kucharz (w tym momencie straciłem do niego całą miętę) odwiedza półprzemysłową hodowlę indyków i zachwyca się ich kondycją, dopytując z troską, kiedy zostaną ubite (po kilkunastu tygodniach życia). Gdy idzie o jedzenie – zapomnijmy o racjonalności, w jednej głowie spokojnie zmieści się i płacz na widok zabijanej świni, i sen o soczystym schabowym. Czasem naprawdę warto, jeszcze zanim się zacznie cokolwiek robić, przysiąść na chwilę i zastanowić się nad tym, jak nieprzewidywalną maszyną potrafi być nasz własny mózg. Leenaert opisuje w swojej książce restaurację Heart Attack Grill w Las Vegas, w której tłuste mięsne dania mają nazwy takie jak „Poczwórny Bypass", klientów obsługują kelnerki przebrane za pielęgniarki, a gości witał do niedawna (zanim zmarł na zawał serca) człowiek z otyłością olbrzymią. Przypomina, że gdy w brytyjskich szkołach wprowadzono program zdrowych posiłków zaprojektowanych przez Jamiego Oliviera, niektóre matki przychodziły pod szkolny płot, by w akcie protestu odbierać od swoich dzieci zamówienia na burgery i frytki z McDonalda.

Czytaj etykiety i stań się świadomym konsumentem. Prawdopodobnie nawet nie zdajesz sobie sprawy, jak wiele produktów, które na co dzień kupujesz, zawiera składniki pochodzenia zwierzęcego albo wszechobecny olej palmowy. W ramach ćwiczenia spróbuj znaleźć żelki bez żelatyny (są, i to nawet Haribo!) lub ciasteczka bez oleju palmowego. Obejrzyj filmy: *Super Size Me*, *What the Health*, *Fork over Knives* – to świetne motywatory do zmian w diecie.

3 **Jedz mniej mięsa.** To absolutnie kluczowe dla twojego zdrowia, zdrowia i życia milionów ludzi, których osobiście nigdy nie poznasz, ale oni kiedyś, na sądzie, z pewnością rozpoznają ciebie. Już dziś chęć zmiany przekuj w zasadę. Jeśli jesteś katolikiem, wróć do tradycji bezmięsnych piątków, bo dziś wiemy już, że nie są one wyłącznie umartwieniem dla ciebie, ale też zbawieniem dla stworzeń (ludzkich i nie), pozostawieniem im na tej samej Ziemi miejsca do życia. Jeśli już je praktykujesz albo nie jesteś katolikiem, wprowadź „bezmięsne poniedziałki", „bezmięsny marzec" (lub jakikolwiek inny miesiąc), przyjmij zasadę: kolacja zawsze bez mięsa, *etc*. Sam najlepiej wiesz, co i jak zrobić w swoim życiu, by osiągnąć redukcję spożycia i zakupu mięsa. Przypilnowanie, by nie wyrzucać, by kupować dokładnie tyle mięsa i produktów odzwierzęcych, ile się zje – to *minimum minimorum*. Rezygnacja nawet z jednego posiłku mięsnego w tygodniu to akt troski, miłości, miłosierdzia wobec otoczenia (ludzkiego i nie), ale również wobec naszych dzieci i wnuków, które naprawdę od wszystkich dronów i wakacji dziś wolałyby pewnie gwarancję, że za dwadzieścia czy trzydzieści lat zwyczajnie będą miały gdzie żyć.

Nie patrz na mędrców, których horyzont to stwierdzenie: „A ja lubię wieprzowinkę, hihi". Czytaj choćby opublikowane w październiku 2018 roku w „Nature" wyniki wielkich międzynarodowych badań, z których wyraźnie wynika, że jeśli świat nie ma się ugotować za dwa lub trzy pokolenia, jego przeciętny mieszkaniec musi jeść o siedemdziesiąt pięć procent mniej wołowiny, o dziewięćdziesiąt procent mniej wieprzowiny, o połowę mniej jajek, potroić konsumpcję roślin strączkowych i czterokrotnie zwiększyć wykorzystanie w swojej diecie orzechów i nasion. W krajach zamożnych postulowane zmiany muszą być jeszcze większe (wołowina – minus dziewięćdziesiąt procent, mleko – minus sześćdziesiąt procent, strączkowe – razy sześć), tak by wyrobić część normy za tych mieszkańców uboższego Południa, którzy – by nie wpaść w niedożywienie – będą musieli na razie posiłkować się białkiem pochodzącym z mięsa.

Chciałbyś, a nie wiesz od czego zacząć? Zapisz się do programu *Zostań vege na 30 dni* fundacji Viva!, a codziennie dostaniesz garść niezbędnych informacji, jak przetrwać dzień na roślinach (powiało grozą).

4 **Utrzymaj motywację.** Nie opowiadaj sobie dłużej bajek, że bez jedzenia mięsa nie dasz rady, że to przyzwyczajenie nie do zmiany, bo jesteś z natury mięsożerny. Nie ma ludzi z natury mięsożernych, człowiek jest bowiem wszystkożerny. Dieta bezmięsna jest dokładnie tak samo odżywcza jak mięsna, a przy tym zdrowsza. W internecie znajdziesz pełno nazwisk wegańskich sportowców, a nawet kulturystów. Wegańscy aktorzy zdobywają Oscary, piosenkarze – szczyty list przebojów, naukowcy – tytuły i granty. Człowiek jedzący rośliny nie staje się królikiem. Radzi sobie, żyje, ma świetne osiągnięcia. Jednak ty nie musisz przecież zostawać weganinem. Nie myśl: nie będę jadł mięsa. Myśl: ile wspaniałych nowych rzeczy będę

jadł, jeśli zdecyduję się urozmaicić dietę, wpuścić na talerz więcej kolorów. Wypuść swój zmysł smaku z wieloletniej niewoli (najczęściej wdrukowanej już w dzieciństwie) i niemocy. W restauracji, w której możesz wybrać danie bezmięsne (bo wygląda nieźle), wybierz je. Kup wegańską książkę kucharską (klasyką gatunku w Polsce jest *Jadłonomia* Marty Dymek) i raz na jakiś czas – dla poszerzenia wrażliwości, nauczenia się czegoś nowego, kulinarnej eksploracji – odkryj, ile fantastycznych smaków mają do zaoferowania rośliny, które naprawdę poradzą sobie również w roli głównej, a nie wyłącznie w tle, w kategorii „dodatki: ziemniaki i surówka". Naprawdę – nie umrzesz bez kotleta (jeśli już, to umrzesz raczej dzięki niemu). Pamiętaj: jedzenie to jeszcze nie odżywianie (się).

Odwiedzaj wegetariańskie i wegańskie knajpki, znajdź wegańskie targi, zobacz, ile cudowności mają do zaoferowania polskie firmy: spróbuj serów z orzechów Serotoniny, produktów wspomnianej firmy Bezmięsny Mięsny, prawdziwych lodów (żadnych tam sorbetów) produkowanych przez Zielony Talerz albo surowej czekolady od Cocoa. Zapisz się do grup zrzeszających wegetarian, gdzie znajdziesz wsparcie, informacje o wege wydarzeniach, pomysły na obiad i wskazówki, w której Biedronce rzucili właśnie tanie tofu (patrz: niezastąpiona grupa na Facebooku dla łowców promocji Wegańskie Okazje). Czy jadłeś już pasternak, brukiew, skorzonerę albo topinambur? Czy wiesz, że są fioletowe marchewki, że kwiaty cukinii świetnie smakują, a z odmian pomidorów można zrobić doktorat? Dieta roślinna to różnorodność, jakiej wcześniej nie znałeś.

5 **Stosuj zasadę małych kroków.** Nie udawaj wyczynowca, gdy jesteś początkującym wspinaczem. Posuwaj się naprzód krok po kroku. Gdy poczujesz się pewnie na kolejnej

skalnej półce – bierz się do kroku następnego. Popraw świat o centymetr. Jeśli dotąd kupowałeś jajka „trójki", sprawdź, czy nie byłoby cię stać na przejście na „dwójki". Jeśli kupowałeś „dwójki", może w twoim zasięgu jest przestawienie się na „jedynki"? Kupuj mniej mięsa, ale lepszej jakości. Jeśli jesz każdy jego rodzaj, spróbuj najpierw ograniczyć, a później wyeliminować generujące najwięcej patologii zdrowotnych i środowiskowych mięso czerwone. Gdy ci się to uda – zastanów się, czy musisz jeść drób, czy nie wystarczą ci ryby. Itd. Naprawdę nie będzie to oznaczało śmierci z głodu, lecz jedynie ciut więcej zdrowych, pysznych roślin na talerzu. W Polsce nie dowiemy się z opakowania, jak żyło przed śmiercią zwierzę, które zjadamy (bo etykieta „wiejski kurczak", jak już wspomniałem, nie znaczy nic – ferm przemysłowych raczej nie buduje się w miastach). Każde mięso ma jednak producenta. Sklep nie musi tego wiedzieć, ale producent z pewnością będzie wiedział, czy mięso pochodzi z chowu intensywnego (unikać), półintensywnego (unikać, jeśli to możliwe) czy ekstensywnego albo w ogóle gospodarskiego. Wystarczy jeden telefon. Za komunizmu jakoś sobie z tym radziliśmy i przeżyliśmy, więc może teraz też warto wspierać raczej tych sprzedawców, którzy znają swoich producentów, sprzedają mało, drożej, ale dobrze. Prawa popytu i podaży są jasne: jeśli będziemy kupować więcej rzeczy dobrej jakości, rynek zauważy rosnący popyt i zacznie ich więcej produkować, a gdy wzrośnie podaż – spadną ceny (żywność to jednak nie jest torebka Louisa Vuittona, której zawsze będzie się produkować mało, żeby była droga). Przepisy unijne (i polskie) robią, co mogą, by utrudnić rolnikom bezpośrednią sprzedaż produkowanej przez nich żywności, ale gdy tylko zaczniemy odpowiednio wspierać swoimi pieniędzmi (i głosami) tych, którzy naprawdę chcą współdziałać z przyrodą, byśmy mieli co jeść, zamiast ją wykorzystywać – bez wątpienia w końcu się to zmieni. Poszukaj w swojej okolicy kooperatywy spożywczej: dzięki temu kupisz świetne produkty od lokalnych producentów i włączysz się w społeczność wspierającą polskie rolnictwo. W Warszawie działa sklep kooperatywy „Dobrze”, w internecie znajdziesz też sporo stron oferujących żywność prosto od ekologicznych producentów: paczkaodrolnika.pl, ranozebrano.pl, lokalnyrolnik.pl. Odwiedzaj lokalne targi i bazarki, oglądaj asortyment, gadaj z ludźmi, wtedy szybko się zorientujesz, którzy z nich sprzedają swoje produkty, a którzy zrobili rano zakupy w hurtowni warzyw i owoców.

6 **Nie wspieraj biznesów wykorzystujących zwierzęta.** Jeśli płacisz za coś, w czym biorą udział zwierzęta, to bardzo prawdopodobne, że wspierasz ich krzywdę. Biznes i zwierzęta to nie jest dobre połączenie. Tam, gdzie jest nastawienie na zysk, zwykle ktoś jest wyzyskiwany – najczęściej ci, których głosu nikt nie słyszy. Reaguj na oczywiste idiotyzmy w rodzaju pomysłów z warszawskiego Ursynowa, gdzie w ubiegłym roku pod ratuszem ustawiono „świętego Mikołaja” i żywe renifery. Kostka brukowa i wielkie miasto to nie jest komfortowe środowisko dla tych zwierząt; Boże Narodzenie to już w ogóle dla stworzeń kataklizm – patrz dewiacje w postaci męczenia żywych karpi w sklepowych akwariach (ja widywałem nawet w wiadrach), atakowane przez tabuny dzieci osły w „żywych szopkach” *etc*. W Wielkiej Brytanii środowiska wegetariańskie ostro protestują przeciwko wprowadzeniu do obiegu nowych plastikowych banknotów pięcio- i dziesięciofuntowych, do których produkcji wykorzystuje się wołowy tłuszcz. Bank Anglii na razie ma to w nosie, twierdząc, że za dużo już wydał na produkcję, ale jeśli presja będzie rosła – może się okazać, że

przyniesie efekt i Anglicy nie będą mieli pieniędzy krzywdzących nie tylko przez ich wykorzystanie, ale już nawet przez sam fakt, że są.

Nie chodź do cyrku, w którym występują zwierzęta. Cyrk nie jest naturalnym środowiskiem słonia, żyrafy ani małpy. Tylko człowiek świetnie się tam bawi. Oglądanie zwierzęcia w cyrku to oglądanie więźnia, któremu kazano przygotować spektakl. Obserwowanie corridy to obserwowanie więźnia skazanego na śmierć, któremu wmawia się, że ma jeszcze szansę zawalczyć o życie. Nie korzystaj z pracy zwierząt, jeśli nie musisz. Jeżeli masz sprawne nogi, nie ma powodu, byś pakował się na wóz wiozący ceprów z Palenicy do Morskiego Oka. Myślisz, że gdy nie będziesz korzystał z pracy tych zwierząt, z pewnością trafią do rzeźni? I tak tam trafią. A ty, korzystając z ich usług, będziesz przedłużał tę aberrację, rozciągając ją na kolejne pokolenia biednych stworzeń. Nie nakręcaj biznesu hodowlanego, kupując rasowe zwierzęta, jeśli rzeczywiście nie musisz. Argument: „Wolę wziąć zwierzę z hodowli, bo wiem, jaki będzie miało charakter, nie chcę po paru miesiącach oddawać psa do schroniska", dziś nie wystarczy, trzeba poszukać innego. Każde sensownie prowadzone schronisko (a tych w Polsce przybywa) doskonale wie i jasno komunikuje kandydatom do przygarnięcia na przykład psa: ten nie nadaje się do dzieci, ten nie odnajdzie się w towarzystwie kota, ten potrzebuje spokoju, tamten sporej dawki aktywności.

Zwróć uwagę, czy kupowane przez ciebie kosmetyki produkuje firma, która testuje je na zwierzętach (co dziś jest już po prostu zbędne, są inne metody) czy nie. Prawo Unii Europejskiej od 2013 roku zabrania wprawdzie sprzedaży na jej terytorium kosmetyków, których jakikolwiek składnik byłby testowany na zwierzętach, ale znaczna część produktów obecnych dziś na rynku powstaje na bazie składników, które były w ten sposób przetestowane już wcześniej. Wielkie firmy często też wypuszczają dwie linie kosmetyków – jedną „czystą" na nasz rynek i drugą, testowaną na zwierzętach, do krajów, gdzie jest to wymagane (głównie chodzi tu o Chiny). Osobiście nie do końca dowierzam publikowanym w internecie listom producentów „okrutnych" i „nieokrutnych", zauważyłem bowiem, że opierają się one najczęściej na tym jednym, najprostszym kryterium: sprzedaje w Chinach (*ergo* testuje) czy nie. (Miałem kiedyś w telefonie aplikację, która po zeskanowaniu w drogerii kodu produktu wyświetlała ostrzegający lub kojący komunikat). Nie jestem (jak widać w naturze) specjalistą od kosmetologii, ale wiem, że także w polskich drogeriach i aptekach można dziś spokojnie kupić świetne kosmetyki (mam dwie swoje ulubione marki, jedną niemiecką, jedną z USA), które ja uznaję za „pragmatycznie etyczne". Mówią one wprost: co było, to było, co się przetestowało, to się nie odtestuje, ale na pewno dziś w żaden sposób nie dręczymy zwierząt i nie zamierzamy tego dla zysków eksportowych robić; spróbujemy nie upaść, będąc w porządku. Z ciekawością obserwuję rosnący rynek kosmetyków wegańskich, które – jak zapewniają fachowcy od kondycji skóry i make-upu – wcale nie są jakościowo gorsze (choć nie wiem, czy etykieta nie ogranicza ich szans na rynku; być może jest tu podobnie jak z żywnością – jeśli coś leży na półce „wegańskie", sprzedaje się znacznie gorzej, niż gdyby je umieścić wśród „standardowej" żywności; w tym drugim przypadku eksponowanym kryterium wyboru staje się jakość i smak, a nie etyczne CV produktu).

7 **Zachwyć się stworzeniem.** Raz dziennie, choćby przez sekundę, zachwyć się współlokatorami, którzy żyją na Ziemi nie tylko dla nas, ale z nami. W rozdziale szóstym opisywałem

zwierzęta uznane przez ludzi za wyjątkowe: stawia się im pomniki, pisze się o nich, myśli, wspomina. Ich liczni pobratymcy też mają „to coś" w sobie, tyle że my ozłacamy tylko tych, których łaskawi byliśmy zauważyć. Dostrzeż, że swoją historię ma każda napotkana przez ciebie istota. Pomyśl, że tak jak ty chce żyć, wykarmić swoje dzieci. Mucha wpadła ci do szklanki? Nie zrobiła ci tego na złość, topi się. Pomóż jej, a zyskasz wdzięczność jej Stwórcy, który widzi ją, zna. Pająk wieczorem znalazł się na twojej ścianie? Nie snuje morderczych myśli. Na zewnątrz było zimno, znalazł schronienie pod twoim dachem, z pewnością boi się bardziej ciebie niż ty jego.

Bardzo dużo jeżdżę po Polsce i często wracam do domu ze spotkań autorskich w nocy, w czasie gdy zwierzęta chętnie migrują. Zawsze przed startem modlę się o bezpieczną drogę, ale też proszę świętego Franciszka, by wstawił się za mną i nie pozwolił mi skrzywdzić żadnego stworzenia ani żadnemu stworzeniu – skrzywdzić mnie. U prawosławnych znajomych podpatrzyłem gest błogosławienia (znakiem krzyża) pokonywanej drogi, swojego pojazdu, ale też mijanych ludzi, lasów, pól, zwierząt. Powtarzam go, zwłaszcza gdy widzę znak drogowy A-18b ostrzegający kierowców przed dzikimi zwierzętami (no i zawsze zmniejszam prędkość, uważnie obserwuję pobocza). Gdy na spacerze z psami spotkamy dziki, sarny, kaczki, wiewiórki, napotkanemu życiu chcę życzyć dobrego życia (a stworzeniom, które jadą właśnie na rzeź – błogosławię ze smutkiem, prosząc, by miały lekką śmierć). Wprowadzaj na ten świat harmonię, a znajdziesz jej więcej w swoim życiu. Przekonasz się, że dostrzegając mrówkę, wiewiórkę, kaczkę, psa, wybiwszy się z egocentrycznego stuporu, zaczniesz też dostrzegać ludzi, którzy wokół ciebie są. Owe osiemdziesiąt tysięcy ludzi, które każdy z nas spotyka w swoim życiu, pokaże ci nieznane lądy. Świat naprawdę nie jest scenografią do twojego monologu.

8 **Poszerzaj wiedzę, wrażliwość, dbaj o źródła, z których codziennie pijesz.** Jeśli tylko będzie okazja – spróbuj krajowych i zagranicznych zamienników mięsa. Zalajkuj już dziś na Facebooku profil organizacji ekologicznej i bez wysiłku pozyskuj kęsy informacji o świecie. Ja oprócz polubienia profili CIWF, Otwartych Klatek, Niech Żyją!, Mercy for Animals czy dołączenia do grup Pragmatyczny i Racjonalny Weganizm i Wegetarianizm oraz Weganizm Chrześcijański zaabonowałem papierową wersję czasopisma „Dzikie Życie", staram się też regularnie odwiedzać stronę swietostworzenia.pl prowadzoną przez franciszkański ekologiczny ruch REFA i niestrudzonego ojca doktora Stanisława Jaromiego, najlepszego w Polsce specjalistę od ekologii w katolicyzmie.

9 **Spraw, by Kościół się zazielenił.** Jeśli jesteś aktywnym członkiem Kościoła, spróbuj sprawić, by ojciec Jaromi nie był sam. Słyszę o oddolnych ruchach parafian, którzy namawiają proboszcza, żeby w dniu wspomnienia świętego Franciszka w październiku pozwolił wiernym przyjść do kościoła ze swoimi domowymi zwierzętami, by mogły zostać pobłogosławione. Widziałem kościoły (w Anglii), w których wystawiona jest miska z wodą i przysmaki dla innych niż dwunożne stworzeń Bożych. Słyszałem o księdzu z diecezji łowickiej, który z radością wita u siebie wegan, częstuje serem z nerkowców, celebruje Boga obecnego w każdym stworzeniu. Zdecydowana większość znanych mi polskich parafii to jednak ekologiczne pustynie. Raz na jakiś czas podejmuje się w nich refleksję na ten temat, na przykład gdy można uzyskać dotacje na panele

fotowoltaiczne. Do działania budzi je więc zysk, nie współczucie. A gdyby tak namówić proboszcza, by pobłogosławił lokalne schronisko dla zwierząt, a ministranci, zamiast jeździć na niezliczone rowerowe wycieczki, udali się tam w sobotę na wolontariat, co można by połączyć z serią katechez o sakramentalnym charakterze świata? Gdyby zorganizować w miastach parafialny program opieki nad bezdomnymi zwierzętami, do tego bazę wolontariuszy, którzy zobowiązaliby się wyprowadzać psy i koty, gdyby nie mógł tego zrobić właściciel, a na wsiach urządzić święto stworzenia, zwierząt gospodarskich, na które po takiej nobilitacji każdy patrzyłby zupełnie innym okiem?

Znam kilka parafii w Polsce, w których księża mają rybki, papugi, psy. W parafii moich teściów pies proboszcza regularnie zwiewa z domu i melduje się w kościele, siadając przed ambonką w trakcie nabożeństwa, bo przecież pies powinien być blisko swego pana. Ksiądz, związany przepisami liturgicznymi, nie może nawet mrugnąć okiem i odprawia dalej, ale tylu życzliwych uśmiechów, tyle ciepła, troski, która nagle budzi się wśród uczestników Eucharystii, ze świecą by szukać, gdyby tej psiny tam nie było. Ten pies za każdym razem gdy tam go widzę, głosi mi kazanie lepsze niż wiele tych, które słyszę w swojej mowie. Wyganianie z kościoła zwierząt, które się tam zabłąkały (z pewnością nie w bluźnierczych celach), to jedna z największych głupot, z jakimi się w życiu zetknąłem (sam ją kiedyś jako głupi ministrant praktykowałem). Jaka to wspaniała okazja, jaka szansa, by nie tylko okazać miłosierdzie słabszemu, ale i powiedzieć kazanie o stworzeniu lgnącym do swego Stwórcy, szukającym schronienia w Jego domu! Jestem przekonany, że pies, gołąb czy mysz nie gorszą Boga, że w sercach ludzi obecnych na Eucharystii jest zazwyczaj więcej zła niż w ich obecności w kościele. Organizacje religijne (zakony, parafie, wspólnoty) prowadzą połowę wszystkich szkół działających na świecie, mają osiem procent ziemi uprawnej, siedem procent lasów, są czwartym co do wielkości graczem inwestycyjnym. To wielka siła (i wielkie możliwości) zarówno na poziomie parafii, jak i całego świata. Proekologiczny proboszcz to nie fanaberia. To więcej szans na dobre życie dla moich wnuków, a ono jest dla mnie zdecydowanie ważniejsze od stanu cmentarza, na którym spocznę ja (nekropolie są oczkiem w głowie naszych duchownych ze względu na przynoszony dochód). Trochę wody upłynie, zanim księża *en bloc* zrozumieją, że od troski o pośmiertny komfort babci ważniejsze jest rodzące się życie jej prawnuka, ale nie skłoni ich do tego nikt inny, tylko „klienci" owych księży. Prawo popytu i podaży w Kościele też działa w najlepsze.

Na spotkaniach wspólnotowych, jarmarkach i klasztornych grillach szokuj współbiesiadników parówkami sojowymi, ciastem bez mleka i jajek albo własnoręcznie robionym hummusem. Chętni do rozmów na tematy okołowegetariańskie wyrosną niczym grzyby po deszczu, choć zapewne zaczną od drwin, żartów i propozycji: „A może boczku?". Pamiętaj: spokojnie można by ułożyć słowne bingo ze standardowych tekstów padających po wegetariańskim coming oucie. Jeśli masz ochotę w nie zagrać, wejdź na https://www.otwarteklatki.pl/bingo/.

10 **Świętuj życie.** Świat nie jest liczbami i wykresami. Jest relacją. Gdy cię spotkam, nie opowiadaj mi więc, ile spalisz, ile ważysz (choć ja sam uważam się za awatar Janusza Piechocińskiego – kto raz był na Twitterze pana Janusza, ten wie, o czym mówię – bo wszystko, czego doświadczam, staram się opowiedzieć w liczbach). Powiedz mi, kogo kochasz. Co kochasz. Powiedz mi, co jest w tej miłości najważniejsze, co ją stanowi. Szacunek? Radość? Współczucie? Wspólne tworzenie?

Przywiązanie? Spełnienie w dzieleniu się z innym? Wszystko to masz od Ziemi za darmo. Ziemia, odkąd postawiłeś na niej pierwszy krok, próbuje powiedzieć ci (na ile pozwalają jej na to twoi bracia i siostry), że jesteś kochany, że jesteś potrzebny, że miliardy lat czekała na to, by cię nosić. Nie zawiedź jej, nie rozczaruj. Nie dopuść, by musiała skarżyć się naszemu Ojcu. Jeszcze dziś podziękuj za to, że masz taką Siostrę. Która cię przygarnęła, pozwala ci u siebie mieszkać, karmi cię i próbuje chronić.

PODZIĘKOWANIA

Za pomoc w przygotowaniu miniporadnika dziękuję Teresie Zaorskiej-Łukaszuk, pierwszej ekochrześcijance (i katowegeteriance), jaką miałem okazję poznać.

Za konsultację i krytyczne (acz bardzo konstruktywne) uwagi dziękuję ojcu Stanisławowi Jaromiemu.

A nade wszystko chciałbym podziękować mojej Żonie – za to, że wytrzymała (i wytrzymuje) ze mną to wszystko. :)

BIBLIOGRAFIA

Bibliografia, często przez czytelników pomijana, jest jednak niczym napisy końcowe w kinie. Warto przez nie przejść, mimo że nazwiska nic nam nie mówią, by oddać honor tym, bez których nie powstałoby to, co właśnie zobaczyliśmy. Do tego zachęcam i w tym przypadku: każdemu z autorów wymienionych niżej jestem dozgonnie wdzięczny za wiedzę, inspirację, przyjemność poszerzania obrazu świata.

Aysha Akhtar, *Animals and Public Health. Why Treating Animals Better is Critical to Human Welfare*, New York 2012

ks. Roman Batorski, *Jezus i zwierzęta. Interpretacja Mk 1, 13*, w: *Zwierzę – człowiek – Bóg*, red. Grażyna Stanek-Czerny, Anna Piliszewska, Kraków 2017

Biblia Tysiąclecia. Pismo Święte Starego i Nowego Testamentu, wyd. 4

Ewa Bińczyk, *Epoka człowieka. Retoryka i marazm antropocenu*, Warszawa 2018

Czesław Bosak, *Leksykon wszystkich zwierząt biblijnych*, Kraków 2018

Compassion for Animals. Readings and Prayers, red. Andrew Linzey, Eugene, OR 1988

Celia Deane-Drummond, *Eco-theology*, London 2008

Tippi Degre, *Tippi My Book of Africa*, Cape Town 2012
Richard van Emden, *Tommy's Ark. Soldiers and Their Animals in The Great War*, London 2011
Edward Payson Evans, *The Criminal Prosecution and Capitol Punishment of Animals*, London 1906
The Future of Meat Without Animals, red. Brianne Donaldson i Christopher Carter, London 2016
Gary L. Francione, Anna Charlton, *Eat Like You Care. An Examination of the Morality of Eating Animals*, Providence, UT 2015
Ralf Fücks, *Zielona rewolucja*, tłum. Światosław F. Nowicki, Warszawa 2016
Greenpeace, *Mniej znaczy więcej. Mniej mięsa i nabiału – zdrowsze życie i planeta*, Warszawa 2018
Donald R. Griffin, *Umysły zwierząt. Czy zwierzęta mają świadomość?*, tłum. Magda Ślósarska, Anna Tabaczyńska, Gdańsk 2004
Dave Goulson, *A Buzz in the Meadow*, London 2014
Caroline Grigson, *Menagerie. The History of Exotic Animals in England*, Oxford 2016
Dariusz Gzyra, *Dziękuję za świńskie oczy. Jak krzywdzimy zwierzęta*, Warszawa 2018
Yuval Noah Harari, *Homo deus. Krótka historia jutra*, tłum. Michał Romanek, Kraków 2018
Yuval Noah Harari, *Sapiens. Od zwierząt do bogów*, tłum. Justyn Hunia, Warszawa 2014
Nicola Hoggard Creegan, *Animal Suffering and the Problem of Evil*, Oxford 2013
Stanisław Jaromi OFMConv, *Czy w raju będą z nami zwierzęta?*, „Psychologia Dziś" 2015, nr 2
Elizabeth A. Johnson, *Ask the Beasts. Darwin and the God of Love*, London 2015
Jaś Kapela, *Polskie mięso. Jak zostałem weganinem i przestałem się bać*, Warszawa 2018
Sam Kean, *Caesar's Last Breath. Decoding the Secrets of the Air Around Us*, London 2017

Naomi Klein, *This Changes Everything*, New York 2014
Elizabeth Kolbert, *Szóste wymieranie. Historia nienaturalna*, tłum. Tatiana Grzegorzewska, Piotr Grzegorzewski, Warszawa 2016
Encyklika *Laudato Si'* Ojca Świętego Franciszka poświęcona trosce o wspólny dom, 2015
Tobias Leenaert, *How To Create a Vegan World. A Pragmatic Approach*, New York 2017
Andrew Linzey, *Teologia zwierząt*, tłum. Wiktor Kostrzewski, Kraków 2010
Philip Lymbery, *Dead Zone. Where The Wild Things Were*, London 2017
Philip Lymbery, Isabel Oakeshott, *Farmageddon. The True Cost of Cheap Meat*, London 2015 (wyd. pol.: Philip Lymbery, Isabel Oakeshott, *Farmageddon. Rzeczywisty koszt taniego mięsa*, tłum. Bartłomiej Kotarski, Białystok 2015)
Maurice Maeterlinck, *Życie pszczół*, tłum. Franciszek Mirandola, Warszawa 2017
Sallie McFague, *Blessed Are The Consumers. Climate Change and the Practice of Restraint*, Minneapolis 2013
Adam Nicolson, *Krzyk morskich ptaków. Ginący świat podniebnych wędrowców*, tłum. Natalia Mętrak-Ruda, Kraków 2017
Ida Nowak, *O czym nie mówi Franciszek*, „Kontakt" 2018, nr 37
Raj Patel, *Stuffed and Starved. From Farm to Fork. The Hidden Battle for the World Food System*, London 2012
Charles Patterson, *Eternal Treblinka. Our Treatment of Animals and The Holocaust*, New York 2002
Richard Pierce, *Nicole*, New York 2016
Larry L. Rasmussen, *Earth-honoring Faith. Religious Ethics in a New Key*, Oxford 2012
Joseph Ratzinger, *Bóg i świat. Wiara i życie w dzisiejszych czasach. Z kardynałem Ratzingerem rozmawia Peter Seewald*, tłum. Grzegorz Sowiński, Kraków 2001
ks. Roman Rogowski, *Teoekologia. Mistyka wszystkich rzeczy*, Kraków 2002
Marcin Rotkiewicz, *W królestwie Monszatana. GMO, gluten i szczepionki*, Wołowiec 2017

Annabelle Sabloff, *Reordering the Natural World. Humans and Animals in the City*, Toronto 2001
Carl Safina, *Poza słowami. Co myślą i czują zwierzęta*, tłum. Dominika Dymińska, Warszawa 2018
Jame Schaefer, *Theological Foundations for Enviromental Ethics. Reconstructing Patristic and Medieval Concepts*, Washington, D.C. 2009
Matthew Scully, *Dominion. The Power of Man, the Suffering of Animals, and the Call to Mercy*, London 2011
Paul Shapiro, *Czyste mięso. Jak hodowla mięsa bez zwierząt zrewolucjonizuje twój obiad i cały świat*, tłum. Natalia Mętrak-Ruda, Warszawa 2018
Jerzy Sosnowski, *Co Bóg zrobił szympansom?*, Warszawa 2015
Pía Spry-Marqués, *Pig/Pork. Archaeology, Zoology and Edibility*, London 2017
ks. Marek Starowieyski, *Zapytaj zwierząt, pouczą, czyli opowiadania wczesnochrześcijańskich pisarzy o zwierzętach*, Kraków 2014
Status zwierzęcia. Zagadnienia filozoficzne i prawne, red. Teresa Gardocka, Agnieszka Gruszczyńska, Toruń 2012
Dariusz Suska, *Cała w piachu*, Wołowiec 2004
Paweł Średziński, *Bo pomyliłem ambony*, „Więź" 2018, nr 2 (672)
The Theological and Ecological Vision of Laudato Si'. *Everything is Connected*, red. Vincent J. Miller, London 2017
Ptolemy Tompkins, *The Divine Life of Animals. One Man's Quest to Discover Whether the Souls of Animals Live On*, New York 2010
Natalia Tułasiewicz, *Być poetką życia. Zapiski z lat 1938–1943*, Poznań 2006
Olesya Turkina, *Soviet Space Dogs*, London 2014
Frans de Waal, *Are We Smart Enough to Know How Smart Animals Are?*, London 2016
Frans de Waal, *Bonobo i ateista. W poszukiwaniu humanizmu wśród naczelnych*, tłum. Krzysztof Kornas, Kraków 2014
Kallistos Ware, *Kościół prawosławny*, tłum. ks. Włodzimierz Misijuk, Białystok 2011
Andrew Wasley, *Ecologist Guide to Food*, Lewes 2014
The Willey Blackwell Companion to Religion and Ecology, red. John Hart, Oxford 2017

Krzysztof Wojciechowski, *Opanować swe panowanie. Ekospołeczna nauka Kościoła*, „Więź" 2018, nr 2 (672)
Marta Zaraska, *Mięsoholicy. 2,5 miliona lat mięsożerczej obsesji człowieka*, Warszawa 2017
Tadeusz Żychiewicz, *Stary Testament*, Kraków 2000
Źródła Franciszkańskie, red. Roland Prejs OFMCap, Zdzisław Kijas OFMCap, Kraków 2005

SPIS TREŚCI